近代名家首版著作導讀叢書

金石學 導讀

朱劍心 著

上海科学技术文献出版社
Shanghai Scientific and Technological Literature Press

國學小叢書

金石學

朱劍心著

图书在版编目(CIP)数据

《金石学》导读/朱剑心著. —上海:上海科学技术文献出版社,2020
(近代名家首版著作导读丛书)
ISBN 978-7-5439-8061-7

Ⅰ.①金…　Ⅱ.①朱…　Ⅲ.①金石学　Ⅳ.①K87

中国版本图书馆 CIP 数据核字(2020)第 016207 号

组稿编辑:张　树
责任编辑:苏密娅

《金石学》导读

朱剑心　著

*
上海科学技术文献出版社出版发行
(上海市长乐路 746 号　邮政编码 200040)
全 国 新 华 书 店 经 销
四川省南方印务有限公司印刷
*
开本 880×1230　1/32　印张 10.25　字数 205 000
2020 年 5 月第 1 版　　2020 年 5 月第 1 次印刷
ISBN 978-7-5439-8061-7
定价:148.00 元
http://www.sstlp.com

导 读

朱剑心(1905—1967),名建新,以字行,浙江海宁人。朱氏幼承庭训,博览群书,善诗词书法,精于篆刻金石之学。1925 年,毕业于上海国民大学。1926 年,奉公赴日本、朝鲜考察,次年因时局变动提前回国。1928 至 1935 年间,辗转任教于台州、杭州、衢州等地。1936 年,经张元济引荐,入上海商务印书馆任编辑,抗日战争爆发后随馆南迁香港,后因香港沦陷返回上海。1945 年起,先后执教于上海市敬业中学、上海市民立女中、上海电力专科学校,直至病逝。有《金石学》《孙过庭书谱笺证》《晚明小品选注》《乐府诗选注》《黄仲则诗选注》等著作。

《金石学》共三编:一为"通论",总述金石学之名义、价值及其发展之历史;二为"说金",分述古金诸器之原始、名物、制度、铭刻及历代之毁坏与伪造;三为"说石",分述历代刻石之名义、制度、文字、源流及其厄运。凡属金石学范围应有之知识,无不涉及,且别出心裁,多前人所未发之见。

金石學

集漢曹全碑字

序例

昔王蘭泉氏自序其金石萃編曰：「爲金石之學者，非獨字畫之工，使人臨摹把翫而不厭也。跡其囊括包舉，靡所不備，凡經史小學、暨於山經地志、叢書別集，皆當參稽會萃，覈其異同，而索其詳略，是非輇才末學能與於此。」誠哉斯言！嘗考金石之制，始於三代，秦、漢以下，訖於宋、元，其器物之傳於今者，殆難數計；而千百年來，風雨剝蝕，兵火銷亡，爲吾人所不得見者，又不知其幾何！金石之學，所以著錄考訂及身所見之器物文字，而使之永存於天地間，俾後之學者得所鑑焉。其學濫觴於漢，歷魏、晉、六朝、隋、唐而稍稍演進。惟其見於當時之著錄者，大抵一鱗片甲，猶未足以言學也。至宋劉原父、歐陽公起，搜集考證，著爲專書，而學以立。更經呂大臨、王黼、薛尚功、趙明誠、洪适、王象之諸家，而學乃臻於極盛。元、明承極盛之餘，難乎爲繼，而金石器物之少所發見，亦斯學不振之大原因也。清初百餘年間，海內清平，而文網綦嚴，於是承學之士，相率而遁於樸學之塗，金石則其一也。且其時金石器物之出於丘隴窟穴者，更十數倍於往昔，宜其流派之宏，著述之富，更遠過於宋人矣。夫自北宋以來，金石名家，至千數百人，著作之多，且二千種，就其存於今者論之，尚數萬卷，略言其例，凡十有七：曰存目，曰跋尾，始於歐陽修之集古錄；曰錄文，始於洪适之隸釋；曰圖象，始於呂大臨之考古圖；曰摹字，始於薛尚功之鐘鼎款識；曰纂字，始於劉球之隸韻；曰分地，始於王象之之輿地碑目；曰分人，始於無名氏之寶刻類編；而劉原父之先秦古器記，其自序中具言攻究之法，尤爲諸家之先導：是皆作始於宋人也。曰音釋，——宋人摹錄金文，皆附釋文，而專書則始於元吾丘衍之周秦刻石釋音；曰義例，創於元潘昂霄之金石例。明人著述雖多，而作始者鮮，僅曹昭之格古要論，略言鑒別，而宋張世南之游宦紀聞，趙希鵠之洞天清錄，實已發之。清於前代成例之外，又有斷代著錄者，如翁方綱之兩漢金石記；有分類專攻者，如錢幣，璽印，兵符，鏡鑑等類，皆附庸蔚爲大國，別出一類以著錄之；有專考一種者，如所謂「銘心絕品，人間至寶，」自石鼓秦碑而下，不勝舉焉；有集錄衆說，兼諸派之長者，如王昶之金石萃編；有考訂源流，辨別體製，評述書迹，近於所謂概論大綱之性質者，如葉昌熾之語石；有舉歷代從事斯學者之著作大凡，及其有功於斯學之言行，而爲學術史料之纂集者，如李遇孫之金石學錄；又有專輯金石著作之目錄者，如葉銘之金石書目。以上所舉，雖體例各殊，精博攸異，要皆有王蘭泉氏所云：「囊括包舉，」「參稽會萃」之長；金石之學，幾乎蔑以進於此矣。至於近世以來，若王國維、羅振玉、董作賓、郭沫若諸先生，其所著書，辨訂名物，考證世謚，訓釋文字，補正經史，其識偉，其學邃，似又非前賢可得而及，則時代使然也。

此金石學過去之大概也。嫿新少承庭訓，篤好斯學，壯遊四方，見聞略廣，自三代彝器，秦碑漢碣，以至六朝造象，唐、宋碑版，墨本流傳，率多寓目；又自北宋以降，訖於明代，諸家著錄，亦略有所窺。以爲前代器物與夫昔賢著述之存於今者，既若是其豐，我人生當斯世，宜如何董理而研治之，方不負此巨量之寶藏！而最近數十年來，若殷虛之甲骨，燕、齊之陶器，西域之簡牘，齊、魯之封泥，河、洛之明器，皆先後出土，金石學者，咸注其精力於新出諸器物之考索，於舊學之整理研治，反未暇也。有之，惟葉昌熾氏之於石刻，王國維氏之於吉金，寥寥天壤，之二氏者，要爲斯學之殿矣。建新竊不自揆，輒思就二十年來所嘗努力攻究而略具心得者，草成一書，粗示梗概；並取過去千百年間之金石器物，名家著述，作一總結，庶使金石之器物著述，若網在綱，如指諸掌，既以自省，亦便初學。而風塵荏苒，卒卒未遑。去秋江南淪陷，故里丘墟，兵燹之餘，百物蕩盡。尤可悲者，自先母見背，盡室流亡，逮及桐廬，而先君又逝！建新旅食申江，竟不一面，痛父骨之未歸，嗟手澤之莫存，肝腸斷絕，抱恨終天。讀禮之餘，每念先人所藏金石圖書，凡二萬卷，三百年來奕世傳守，未嘗失墜。先君在時，常出所藏以詔建新，或言制度，或訂源流，或釋文字，或辨眞贋，或別拓本之先後，或評書迹之優劣，風雨晨昏，一卷摩挲，恆忘寢食，趨庭之樂，蓋有過於師友之督責者；而今已矣，痛可言耶！於是發憤欲成茲一編，以志我先人傳守之不易，而冀以告慰先靈於萬一。嗚呼！河山破碎，遍地烽烟，舉國庋藏，盡歸浩劫，一家傳守，庸何足道！則居今日而言金石，豈止如紹興古器之評，僅及金人之劫遺；輿地碑目之記，不出南渡之疆域而已哉！雖然，吾書固非有時地之限也。試舉其例，可得而言：

一、攻究斯學，首宜知其名義，明其價值，而瞭然其肇始、演進、發達之過程。故本書先述金石學之名義、價值、歷史三者爲第一編，名曰「通論」，凡分五章。

一、吉金諸器，盛於三代；秦、漢以後，除錢幣、璽印、兵符、鏡鑑等小品而外，便無足甚重。故二編「說金」，詳於殷、周，而略於後世。自原始、寶重、品類、數量、銘刻、義例之總說；以至禮器、兵器、度量衡器、雜器、及錢幣、璽印、兵符、鏡鑑等類，咸略考其名義制度，以著於篇。最後更述歷代之毀壞與僞造，以示保存鑑別之不易，而爲吾人所當究心也。凡分五章，采王國維氏之說爲多。

一、三代以上，有金而無石；秦、漢以下，石盛而金衰，其有紀功述事，垂示來茲者，咸在於石。論其名義，有刻石、碑碣、墓誌、塔銘、浮圖、經幢、造象、石闕、摩厓、地莂之異；而制度亦各殊焉。至其所刻文字，自儒釋經典，以至詩文雜著，幾於無體不備；而書象尤爲特色。又由其源流，得考書法之變；因其厄運，可知護惜之難。述「說石」爲第三編，凡分四章，采葉昌熾氏之說爲多。

一、金石以外，若陶器，若玉器，若簡牘，若甲骨，遠自北宋，近或清季，咸有專著，蓋亦斯學之附庸，而且蔚爲大國矣。本書初擬編述，以示無外。繼思陶玉多無文字，應屬於工藝美術之考古；簡牘傳世無多，價值未顯；甲骨之學，方興未艾，難爲定論。以上四者，僅於第一編中略引其緒；條分縷析，暫付闕如。

一、攻究之法，自北宋以降，日益精進，迄於今，凡訪求、發掘、整理、鑑定、考釋、著錄之方，賴昔賢之啓牖，有成例之可援，竭其愚昧，願貢其詳。會當屬草，而有海南之行，塵務嬰心，筆墨都廢，功虧一簣，良用自悼，爰誌於此，以俟異日。

一、學術文章，天下公器；然掠美勦說，古今所鄙。本書引用舊說，或直錄其文，或稍加删節，咸標所出，示不掠美。亦有避免枝蔓，偶不明注，特書於此，示非勦說。蓋本書意在述舊，非創作也。然提要鉤玄，博而反約，差似有一得之長。參證之書，達數百種，具見篇中，無俟再贅。

例之可舉，略盡於此。夫本書之述，原以追念先人，聊寄哀思，作始於先君亡後之六十日，而脫稿於南行之前一月餘。中間屬草經過，半在傭書歸來，更深人定之際，一燈黯淡，每致目倦神昏，彷徨無據，而恍惚若侍親側，則又擲筆汍瀾，頹然而臥，作輟靡常，僅成三卷。邇來藏庋緘篋，又踰兩月；去先君之亡，且一周矣！憂患餘生，何心文字，序而問世，豈得已哉！尚望海內賢達，矜而教之！

時中華建國之二十七年十二月一日，海寧朱建新識於香島。

目錄

第一編　通論……一
第一章　金石學之名義……一
一、金石甲骨竹木三者之比較……一
二、金石之始制……一
三、金石二字連用之始……二
四、吉金樂石之義……三
五、何謂金　何謂石　何謂金石學……三
第二章　金石學之價值……四
一、考訂——證經、訂史、補佚、考字……四
二、文章——淵源、體製、工拙……九
三、藝術——書、畫、雕刻……一一
第三章　金石學之肇始及演進……一二
第一節　肇始——漢……一三
一、時代之鑒定……一三
二、文字之考釋……一三

三、文字之互證……一四
四、文字之存錄……一四
第二節　演進——魏至唐……一四
一、訂史正俗之例……一四
二、撰述引用之例……一六
三、專著之始創……一六
四、石經之著錄……一六
五、石鼓之發見……一八
第四章　金石學之極盛及中衰……一九
第一節　極盛——宋……一九
一、吉金之著錄……二〇
二、石刻之著錄……二四
第二節　中衰——元明……二九
一、元人之著錄……二九
二、明人之著錄……三〇
第五章　金石學之復興創獲及整理……三四
第一節　復興——清初至現代……三四
一、石刻之著錄……三四

二、吉金之著錄……四[illegible]
三、錢幣之著錄……五〇
四、璽印之著錄……五〇
五、兵符之著錄……五一
六、鏡鑑之著錄……五二
七、玉器之著錄……五二
八、瓦甑之著錄……五三
第二節　創獲——清末至現代……五三
一、甲骨之著錄……五四
二、簡牘之著錄……五六
三、封泥之著錄……五七
四、陶器及明器之著錄……五八
第三節　整理——清中葉至現代……五九
一、史料之纂述……五九
二、書目之編輯……六〇
第二編　說金……六四
第一章　總說……六四

第一節　制作之原始及歷代之寶重……六四
一、三代以上之傳說……六四
二、周以前……六四
三、漢至唐……六六
四、歷代寶重之原因……六八
第二節　古器之品類及著錄之數量……七〇
一、王國維宋代金文著錄表著錄之數……七一
二、王國維國朝金文著錄表及鮑鼎國朝金文著錄表補遺及王氏原本脫漏諸器表著錄之數……七三
三、鮑鼎元明金文表著錄之數……七七
第三節　銘刻之變遷及記時之義例……七七
一、銘刻之始……七八
二、經傳所載古器之銘……七八
三、銘之意義……八二
四、銘刻之變遷……八七
五、記時之義例……八七
第二章　殷周諸器……九七
第一節　緒言……九七
一、論殷周諸器之區別實無顯著之界限……九七

第二節 禮器常用器附……一〇〇
一、鐘……一〇一
二、鼎……一〇一
三、鬲……一〇二
四、甗……一〇三
五、敦與彝……一〇三
六、簠……一〇五
七、簋……一〇五
八、豆……一〇七
九、尊……一〇八
十、壺、卣、罍……一〇八
十一、盉……一〇九
十二、爵、觚、觶、角……一一一
十三、斝與散……一一四
十四、觥與匜……一一六
十五、盤……一二〇
十六、盂……一二〇
十七、盦……一二一
十八、鈃……一二一

十九、鐙……一二一
二十、甗……一二二
第三節 兵器……一二二
一、戈、戟……一二二
二、戣、瞿……一二四
三、矛……一二四
四、劍……一二五
五、匕首……一二五
六、刀……一二五
七、斧、戉、戚……一二六
八、矢鏃……一二七
九、距末……一二七
十、弩機、弩牙……一二七
十一、槍、鑿、刀珌、削……一二八
第三章 秦漢以後諸器……一二九
第一節 緒言……一二九
一、論秦漢以後諸器與殷周諸器之異趣……一二九
第二節 度量衡器……一三〇

一、權……一三〇
二、量……一三〇
三、甬、鍾、鈁……一三二
四、尺……一三二
第三節　雜器……一三四
一、銷……一三五
二、洗……一三五
三、鐙、錠、燭盤……一三五
四、釜、鍑、鈷鏤……一三七
五、熏鑪……一三八
六、鐎斗……一三八
七、鈴、鐸……一三九
八、帶鈎……一三九
九、銅鼓……一四〇
十、造象……一四〇
十一、浮屠……一四一
第四章　錢幣璽印兵符鏡鑑……一四二
第一節　錢幣錢笵附……一四二

一、古幣……四三
二、周錢……四四
三、齊莒刀……四五
四、秦錢……四五
五、漢錢……四五
六、莽貨……四六
七、東漢以後錢……四八
八、唐以後錢……四九
九、錢笵……五〇
第二節　璽印封泥附……五〇
一、璽印之始……五〇
二、秦璽……五一
三、漢印……五二
四、古印體制……五三
五、古印字畫……五四
六、古印製法……五四
七、古印吉語……五四
八、封泥……五五
第三節　兵符……五七

一、兵符之始……………………………………一五七
二、歷代兵符之制……………………………………一五八
第四節　鏡鑑……………………………………一五九
一、漢鏡之製作……………………………………一六〇
二、歷代鏡銘及圖象……………………………………一六〇
第五章　古器之厄……………………………………一六七
第一節　毀壞……………………………………一六七
一、毀壞之始見……………………………………一六七
二、歷代毀壞之記錄……………………………………一六七
三、明代之毀壞……………………………………一六八
第二節　僞造……………………………………一六八
一、作僞之始見……………………………………一六八
二、宋代辨僞之著述……………………………………一六九
三、明清仿古僞造之盛行……………………………………一六九
第三編　說石……………………………………一七一
第一章　名義制度……………………………………一七一
一、刻石……………………………………一七一

二、碑、碣……七二
三、墓誌……七四
四、塔銘……七五
五、浮圖……七六
六、經幢……七七
七、造象……七八
八、石闕……八〇
九、摩厓……八〇
十、地莂……八一
十一、雜類（橋柱、井闌、柱礎、神位、食堂、石人、石獅子、石香爐、石盆）……八二
第二章　文字圖象……八四
一、六經……八五
二、佛經……八六
三、道經……八七
四、封禪……八八
五、詛盟……八九
六、詔敕……八九
七、符牒……九〇
八、投龍……九一

九、典章……………………………………一九三
十、譜系……………………………………一九三
十一、界至…………………………………一九三
十二、鑑方…………………………………一九三
十三、書目…………………………………一九四
十四、題名…………………………………一九四
十五、詩文…………………………………一九五
十六、書札…………………………………一九六
十七、字書…………………………………一九七
十八、格言…………………………………一九八
十九、古語…………………………………一九八
二十、題榜…………………………………一九九
二十一、楹聯………………………………一九九
二十二、符籙………………………………二〇〇
二十三、畫押………………………………二〇〇
二十四、畫象………………………………二〇一
二十五、地圖、禮圖………………………二〇二
第三章　碑版源流…………………………二〇三
一、三代……………………………………二〇三

二、秦……一〇四
三、前漢……一一一
四、後漢……一一四
五、三國……一二二
六、晉……一三九
七、東晉僭號諸國……一四二
八、南朝……一四三
九、北朝……一四五
十、隋……一六二
十一、唐……一六五
十二、唐僭號諸國……一八三
十三、五代十國……一八四
十四、北宋……一八六
十五、南宋（附僞齊）……一八八
十六、遼金（附西夏、吐番）……一八九
十七、元（附淮張）……一九一
十八、明清……一九二
第四章　石刻之厄……一九三
一、崩溺……一九三

二、遷徙……一九四
三、摧殘……一九四
四、鑱毀……一九六
五、妄刻……一九七
六、拓損……一九九
七、僞造……二〇〇
八、封禁……二〇一

金石學

第一編　通論

第一章　金石學之名義

金石甲骨竹木三者之比較——金石之始制——金石二字連用之始——吉金與石之義——何謂金、何謂石、何謂金石學。

王靜安先生（國維）曰：「書契之用，自刻畫始。金石也，甲骨也，竹木也，三者不知孰爲後先，而以竹木之用爲最廣。」（見簡牘檢署考）。然竹木之用，至南北朝之終而全廢；甲骨之用，僅限於殷商一朝。且竹木歲久腐朽，甲骨只用於貞卜。惟金石之用，自上古以訖現代，無時而或間，其用特著，其壽特永，且被學者所注意爲最早，故遺存於今日之器物爲獨多。而金石二字，所以爲吾人所熟知也。

考金石之始制：王嘉拾遺記曰：「黃帝以神金鑄器，皆有銘題。凡所造建，皆記其年時。」此銘金之始也。事祖廣記引管子曰：「無懷氏封泰山，刻石紀功。」此刻石之始也。是雖未足據以爲信；然墨子：尚賢，兼愛，天志，非命，明鬼，貴義，魯問諸篇，皆有「古者聖王，……書於竹帛，鏤於金石，琢於盤盂，傳遺後世子孫」之語。又秦琅邪臺刻石曰：「古之帝者，地不過千里，諸侯各守其封域，或朝或否，相侵暴亂，殘伐不止，猶刻金石以自爲紀。」是皆言古之帝王，其說有相合者。至宋鄭樵通志金石略序云：「三代而上，惟勒鼎彝；秦人始大其制而用石鼓，始皇欲詳其文而用豐碑；自秦迄今，惟用石刻。」則據當時所見而言耳。

至於金石二字之連詞其見於載籍者，厥惟上述墨子之「鏤於金石」一語爲最古。（周禮秋官職金：「凡國有大故而用金石，則掌其令，」其義不同，故不具引。）其見於金石刻者，則如上述秦琅邪臺刻石：「古之帝者，……猶刻金石以自爲紀。」又：「今皇帝并一海內，……羣臣相與誦皇帝功德，刻於金石，以爲表經。」及繹山刻石：「皇帝曰：金石刻，盡始皇帝所爲也。今襲號而金石刻辭不稱始皇帝，其於久遠也，如後嗣爲之者不稱成功盛德。丞相臣斯臣去疾御史大夫臣德昧死言，臣請具刻詔書金石刻，因明白矣。」兩刻凡五言金石。漢碑之中，並稱尤多，略而舉之，如：孝女曹娥碑曰：「銘勒金石」，玄儒先生婁壽碑曰：「緜緜日月，與金石存，」封丘令王君碑曰：「宜在金石，垂示無窮，」山陽太守祝君碑曰：「乃相與刊勒金石」，衞尉卿衡府君碑曰：「勒銘金石」，沛相楊君碑曰：「載名金石」，冀州從事張君碑曰：「鏤金石兮負不亡」，北海淳于長夏君碑曰：「勒銘金石」，北軍中候郭君碑曰：「勒金石，示後昆」……是也。然其成爲學術上之名詞，則自宋曾鞏金石錄始（其書不傳）。稍後趙明誠亦有金石錄，鄭樵有金石略，元潘昂霄有金石例，明郭宗昌有金石史，于奕正有天下金石志，來濬有金石備考，孫楨有金石評考，朱雲有金石韻府，楊慎有金石古文，陳暐有吳中金石新編。清代斯學大盛，其著作以金石名者，尤不勝舉焉。蓋自北宋以來卽成爲學術上之名詞，而有別於普通之意義矣。

又今人稱金曰吉金，石曰樂石，蓋亦有所本。周代彝器之銘，多曰「吉金」；吉，堅結之意也。如王孫遺者鐘曰：「擇其吉金」，邾公華鐘曰：「擇厥吉金」，僕兒編鐘曰：「得吉金鑄鋁」，陳侯因資敦曰：「諸侯寅薦吉金」……是也。秦嶧山刻石曰：「刻此樂石」。樂，言其質之美也。故漢碑亦稱「嘉石」，六朝墓誌或曰「貞石」，其義一也。

然則「金」者何？以鐘鼎彝器爲大宗，旁及兵器，度量衡器，符璽，錢幣，鏡鑑等物，凡古銅器之有銘識或無銘識者皆屬之。「石」者何？以碑碣墓誌爲大宗，旁及摩厓，造象，經幢，柱礎，石闕等物，凡古石刻之有文字圖象者，皆屬之。「金石學」者何？研究中國歷代金石之名義，形式，制度，沿革；及其所刻文字圖象之體例，作風；上自經史考訂，文章義例，下至藝術鑒賞之學也。其制作之原，與文字同古；自三代秦漢以來，無不重之；而成爲一種專門獨立之學問，則自宋劉敞，歐陽修，呂大臨，王黼，薛尙功，趙明誠，洪适，王象之諸家始。歷元明至清，而斯學大盛。其間金石名家，無慮千數，著作稱是。近世地層發掘，愈見進步，古物出土之種類亦愈多：殷虛之甲骨，燕齊之陶器，齊魯之封泥，西域之簡牘，河洛之明器，皆有專載；雖不盡屬金石之範圍，而皆得以金石之名賅之也。

第二章　金石學之價值

考訂（證經，訂史、補佚、考字）——文章（淵源、體製、工拙）——藝術（書、畫、雕刻）

金石文字，自成專門獨立之學，可不待言。而其裨於他學者，亦有三焉。一曰考訂，統經史小學而言；一曰文章，重其原始體制；一曰藝術，兼賅書畫雕刻。而骨董家之鑒賞把翫不與焉。茲分別述之於下：

一曰考訂　金石之運用於考訂，始於兩漢，發達於宋，極盛於清。其學廣，其業專。王昶所謂：「凡經史小學暨於山經地志叢書別集，皆當參稽會萃，覈其異同，而審其詳略；是非輇才末學能與於此。」（金石萃編序）綜其功用，可以證經典之同異，正諸史之謬誤，補載籍之缺佚，考文字之變遷。寶藏無盡，取之不竭，在學者之善用之耳。趙明誠金石錄序曰：

詩書以後君臣行事之迹，悉載於史，雖是非褒貶，出於秉筆者私意，或失其實；然至於善惡大迹，有不可誣，而又傳說既久，理當依據。若夫歲月地理官爵世次，以金石刻考之，其牴牾十常三四。蓋史牒出於後人之手，不能無失；而刻辭當時所立，可信不疑。

此言金石爲當時所立，可信不疑，足以訂正史傳；而尤莫備於葉昌熾語石之論。其「碑版有資考訂」一則云：

撰書題額結銜，可以考官爵。碑陰姓氏，亦往往書官於上；斗筲之祿，史或不言，則更可以之補闕。郡邑省并，陵谷遷改，參互考求，瞭於目驗。關中碑志，凡書生卒，必云終於某縣某坊某里之私第，或云葬於某縣某鄉某里之原，以證雍錄長安志，無不脗合。推之他處，其有資於邑乘者多矣。

至於訂史，唐碑之族望，及子孫名位，可補宗室宰相世系表。建碑之年月，可補朔閏表。生卒之年月，可補疑年錄。北朝造象寺記，可補魏書釋老志。天璽紀功、天發神讖之類，可補符瑞志。投龍，齋醮，五嶽登封，可補郊祀志。漢之孔廟諸碑，魏之受禪、尊號，宋之道君五禮，可補禮志。唐之令長新誡，宋之愼刑箴、戒石銘，可補刑法志。古人詩集，凡有登覽紀遊之作，注家皆可以題名考之。郡邑流寓，亦可據爲實錄。舉一反三，觸遺靡盡。

然以上所述，猶僅就普通碑版而言耳。又有所謂特種之石刻，或具外族之遺文，或關邊裔之交涉，雖傳世無多，而價值尤重。梁任公先生（啓超）中國歷史研究法說史料云：

中國石刻，……其中確有價值者：例如唐建中二年（西七八一）之大秦景教流行中國碑，爲基督教初入中國唯一之掌故；且下段附有敍里亞文，尤爲全世界所罕見。景教碑今在長安碑林。其原文，自金石萃編以下，諸家書多全錄。前人或疑爲波斯教，回回教等，今則景教確爲基督教，已成學界定論。今人錢恂歸潛記有跋一篇，考證最精確。如元至正八年刻於居庸關之佛經，書以蒙古，畏兀，女眞，梵，漢五體；祥符大相國寺中，有元至元三年聖旨碑，書以蒙古，畏兀，漢字三體；元至正八年之莫高窟造象記，其首行有書六體；異族文字，得借此以永其傳。如唐長慶間（八二一至八二四）之唐蕃會盟碑，將盟約原文，刻兩國文字，可以見當時條約格式及其他史實。唐蕃會盟碑，今人羅振玉西陲石刻錄有其全文。碑陽刻漢文，碑陰刻唐古忒文，兩文合璧，皆盟約正文也。兩側則刻兩國蒞盟人之官銜姓名。此刻石文中之最特別者。如開封挑筋教人所立寺，有明正德六年（一五一一）佚碑，可證猶太人及猶太教人中國之久。開封之挑筋教寺，據錢恂歸潛記引清同治五年英人某報告，稱寺中有兩碑，言寺創設於宋隆興二年（一一六四），改築於明成化四年（一四六九）。今碑已佚矣。淸洪鈞元史譯文證補卷二十九記此事，猶云：「地有猶太碑，碑文附後。」然今洪書無碑，殆刊時失之。此孤微之史料，恐從此湮滅矣。諸如此類，良可珍貴。

大抵碑版之在四裔者，其有助於考史最宏：如東部之丸都紀功刻石，（魏正始間），新羅眞興王定界碑，（陳光大二年），平百濟碑，（唐顯慶三年），劉仁願紀功碑（唐麟德龍朔間）等；西部之裴岑紀功刻石，（漢永和二年），沙南侯獲刻石，（漢永和五年），劉平國作關城頌，（無年月），姜行本紀功頌，（唐貞觀十四年），索勳紀德碑（唐景德元年），等；北部之苾伽可汗碑，（唐開元二十三年），闕特勤碑，（唐開元二十年），九姓回鶻可汗碑（無年月，亦唐刻，）等；南部之爨寶子碑，（晉大亨四年），爨龍顏碑，（劉宋大明二年），平蠻頌（唐大歷十二年），大理石城碑（宋開寶五年）等；皆跡存片石，價重連城。各碑錄文，多見淸王昶金石萃編、陸耀遹金石續編。惟丸都紀功乃新出土者；苾伽可汗，九姓回鶻，乃俄人以影本送致總理衙門者；諸家皆未著錄。何則？邊裔之事，關於我族與他族之交涉者甚鉅；然舊史語焉不詳，非借助石刻，則此種史料遂湮也。

以上言外族遺文及邊裔石刻之價值。此外又有常人所認爲無足重輕之文，與夫文中無足重輕之字句，而其價值反出普通碑誌之上者。梁氏續云：

研究普通碑版，與其從長篇墓銘中考證事蹟，毋寧注意於常人所認爲無足重輕之文，與夫文中無足重輕之字句。例如觀西漢之趙王上壽，魯王泮池兩刻石之年號，而知當時諸侯王在所封國內各自紀年。此兩石實漢石之最古者，錄文見金石萃編。觀漢碑陰所紀捐錢數，而略推當時之工價物價。漢碑紀此者，有禮器，倉頡廟，成陽靈臺，魯峻，堯廟，曹全，張遷等碑。此所謂無足重輕之字句也。例如觀各種買地莂，可察社會之迷信，滑稽的心理。詳見葉昌熾語石卷五。觀元代諸聖旨碑，可見當時奇異之文體及公文格式。元聖旨碑，現存者如泰安嶽廟，襄陽五龍廟，尙十餘通。語石卷三，曾全錄其一，文詞之鄙俚怪誕，殊可發噱。嶽廟碑有云：「和尙，也里可溫，先生，達識蠻每，不拘揀甚麼差發，休當者。」文見淸顧炎武山東考古錄。其所云「也里可溫」，卽天主教徒；「先生」卽道士；「達識蠻」卽回教徒；「每」者，們也。意言釋道耶回教徒人等，皆蠲免賦役也。此亦可考當時信教自由之制。此所謂無足重輕之文也。

上述石刻之有裨於考史，其價值如此；而金文之功尤鉅。蓋欲考宗周史料，眞本竹書紀年已亡，今本竹書紀年甚謬。皇甫謐帝王世紀，譙周古史考等，亦久失傳。雖由古書所引，間能輯佚，亦係殘篇斷簡，究非全豹。今略可徵信者，僅今文尚書，詩大小雅，史記周本紀，及逸周書而已。然今文尚書之洪範，亦係周末僞托；詩之二雅，既無年代可徵，且其詞亦約略；周本紀記事極略，逸周書什七可疑。餘如孔壁所發，魏墓所出，雖皆古文原本，未經今隸迻譯，竹帛傳抄；然或孔門所傳，亦或晚周追記，上距宗周，歷有年所；以比彝器銘文，價值恐非所及。東周以後，著述雖多；然列國禮器，有裨史事者亦甚夥。故研究兩周故實，首推吉金文字。韙白珍商周彝器文錄敘曰：「凡古文，可以補今許慎書之闕；其韻，可以補雅頌之隙；其事，可以補春秋之隙；其禮，可以補逸禮；其官位氏族，可以補七十子大義之隙。」可謂知言。又梁氏前篇續云：

金文證史之功，過於石刻；蓋以年代愈遠，史料愈湮，片鱗殘甲，罔不可寶也。例如周宣王伐玁狁之役，實我民族上古時代對外一大事，其跡僅見詩經，而簡略不可理；及小盂鼎，虢季子白盤，不嬰敦，梁伯戈諸器出世，經學者悉心考釋，然後茲役之年月，戰線，戰略，兵數，皆歷歷可推。王國維有鬼方昆夷玁狁考及不嬰敦蓋銘考釋兩篇，考證茲役，甚多新解。又如西周時民間債權交易準折之狀況，及民事案件之裁判，古書中一無可考；自曶鼎出，推釋之即略見其概。清劉心源奇觚室吉金文述釋曶鼎文最精。餘如克鼎，大盂鼎，毛公鼎等，字數抵一篇尚書，典章制度之藉以傳者蓋多矣。又如秦詛楚文，於當時宗教信仰情狀，兩國交惡始末，皆有關係；雖原器已佚，而摹本猶爲瓌寶也。（詛楚文摹本見絳帖，古文苑有釋文。）若衡以吾所謂抽象的史料者，則吾曾將金文中之古國名，試一蒐集，竟得九十餘國，其國在春秋時已亡者，蓋什而八九矣。若將此法應用於各方面，其所得必當不乏也。至如文字變遷之跡，賴此大明，則衆所共知，無勞喋述矣。

此言鐘鼎彝器之可以補證經史也。他如兵器，度量衡器，符璽，錢幣，鏡鑑，以及一切雜器，苟比而觀之，得其沿革變遷之跡，皆無不有繫於古代之文化，而爲考史之一助。金石以外，又如殷虛出土之甲骨文字，研究考定，歷年三十，其貢獻於我國古文字學，古史學，以及其他考據旁證之新材料者，尤精且鉅，暫不贅焉。

二曰文章　金石之文，初不爲選家所采。其有存錄金文，亦無與文章之事。良以三代鼎彝，文字奇古；秦漢碑版，殘泐居多；所由委置而弗道也。不知金石文字之所以重，其道又別有在。龔自珍商周彝器文錄序曰：

三代以上，無文章之士，而有羣史之官。羣史之官之職，以文字刻之宗彝，大氐爲有士之孝孫，使祝嘏告孝慈之言，文章亦莫大乎是。是又宜爲文章家祖。

又黃公渚周秦金石文選緒言曰：

古文之精嚴雅絜者，莫如金石文字。而周秦金石諸作，上接典謨雅頌之緒，下導兩漢碑刻之先，尤爲崇閎瑰偉之鉅製。……大氐金石文字，皆有法度，其文大半出太史手筆，故立言皆有史法。文之有史法者，乃可以傳千秋，史漢之所以號稱卓絕者，有史法故也。況周秦金石諸作，尤在其上乎？後之學爲文者，不當於此中求之乎？……金石文字，既爲太史氏所作，然則讀金石文字者，不啻爲太史氏親炙弟子，不猶愈於讀史漢乎？

又兩漢金石文選緒言曰：

> 文之有法度者，史漢尚已。其書志、帝紀、列傳，非司馬班范諸儒所憑空杜撰者也。泰半取材於金石，可斷言也。史漢列傳諸人物，其生平皆有鼎彝，沒後皆有碑碣。第歷世久遠，毀於天災人禍者泰半。今存者如泰山諸石刻，並見於秦本紀。新莽量銘，即爲班書律曆志所本。他如楊震、馮緄、陳紀、劉寬、曹娥諸碑，皆范書所本。其他可以補史漢之缺佚，校正史漢之謬誤者，尤不一而足。故以文論，金石之文，實爲史漢之祖；司馬、班范之作，並皆取法於金石者也。

此淵源之說也。湯楨翁序潘昂霄金石例曰：

> 文章先體製而後論其工拙。體製不明，雖操觚弄翰於當時猶不可，況其勒於金石者乎！陸士衡文賦論作文體製，大略可見。由先秦以來迄於近代，金石之所篆刻，具有體製，好古博雅之士，皆不可以不之考也。

又吳闓生漢碑文範序曰：

> 文章之事，以金石爲最重，其體亦最難。……三代以上，銘功德於彝鼎，其辭尚簡；今

存者雖多，而不盡可識。石刻之文，惟岐陽之鼓，後世亦未能盡解。秦皇倔起，褒功立石，皆丞相斯爲之；原本雅頌，一變而爲金石之體；法律森嚴，足以範圍百世。……繼斯而作者，則孟堅燕然山銘。皆軒天拔地，壁立萬仞。豈獨二子才雄？抑金石之作，其道固如是也。此體製之說也。又黃公渚兩漢金石文選緒言曰：

文章有傳世壽世之分。金石之文，尤與金石同壽；故作者下筆時，必有空前絕後之想，非苟焉而已也。故爲金石文章者，人不必舒、向、卿、雲，而要有金玉黼黻之才；時不必虞、夏、商、周，而要有渾渾灝灝之氣。有是才，有是氣；而後縱筆所至，無不合矩。長至數千言，短或百餘字；字皆有律有度，辭皆有倫有脊；可以動天地，泣鬼神；固非輇才諷說之徒所能勝也。

此就工拙而言也。綜上三說，可知金石之於文章，關係甚鉅；又不僅如王昶所謂：「其文多瓌偉怪麗，人世罕見，」（金石萃編序）而已。而葉昌熾以爲：「吾人搜訪著錄，究以書爲主，文爲賓。文以考異訂訛，抱殘守闕爲主；不必苛繩其字句，若明之弇山尚書輩，每得一碑，惟評騭其文之美惡，則嫌於買櫝還珠矣。」（語石）猶未免一偏之見耳。

三曰藝術　金石之文，可以訂史，可以補佚，爲文章之祖，百世之範，已如前述。而其書體之美，變化之多，尤爲特色。自漢、魏以來，文臣學士，研習歲滋，摹搨日廣，亦早成專門之學。雖古人臨摹，惟重眞迹；然世代綿邈，縑素莫傳，惟有留於金石，得永其存。故自昔研究斯學，無不垂意於茲。綜計金石之刻，據吳式芬攈古錄所載，自三代迄元，都一萬八千餘種。書法名家，據萬斯同書學彙編錄歷代善書之人，上自蒼頡，下迄明季，共一千五十四人。書學專著，據四庫總目所載，亦不下六七十種；而漢、魏六朝單篇零簡，悉收入於唐、宋專著之中，不復別出；乾、嘉以後，尤爲繁富，皆不與焉。

其他圖繪雕刻，如三代之鼎彝，吾儕觀其數量之多，可以想見當時社會崇尚此物之程度；觀其種類之異，可以想見當時他種器物之配置；觀其質相之純固，可以想見當時鑄冶術之精良；觀其花紋之複雜優美，圖案之新奇淵雅，可以想見當時審美觀念之發達。自秦、漢至元、明之鏡鑑，吾儕比其年代，觀其銘文，亦可以尋美術思想發展之迹。又如漢代各種石刻畫象，人物鳥獸，宮室器具，無一不備，別有作風。循流而下，以至魏、齊造象，種類繁多，雕刻精絕。觀此可知五世紀時中國雕刻美術之成績，及其與印度、希臘藝術之關係。更下如唐昭陵石馬，宋靈巖羅漢，明碧雲刻桷，清圓明雕柱等，比較研究，不啻一部美術變遷史矣。他如玉器陶器，三代秦、漢以來，流傳極多，觀其雕刻之美（玉），埏埴之精（陶），亦我民族藝術活動之一表徵也。而璽印封泥之屬，尤爲古雅絕倫，千百年來篆刻家所師資取法，莫能外焉。此金石有裨於藝術之大較也。

第三章　金石學之肇始及演進

第一節 肇始——漢

金石文字，考古之重要資料也。金石之學，我國過去考古學之核心也。其價值之鉅，已如前述。而器物之傳於世者，三代之間，有金而無石；秦、漢以後，石多而金少，而金亦無足甚重。故欲究三代之史莫如金，（及近代出土之甲骨）。究秦、漢以後之史莫如石。而漢、魏、六朝、隋、唐之學者，已多重之，惟尙無搜集以研究耳。試舉其例：

一 時代之鑒定

有爲時代之鑒定者，如史記封禪書：少君見上（武帝），上有故銅器，問少君，少君曰：「此器齊桓公十年陳於柏寢」。已而按其刻，果齊桓公器。

二 文字之考釋

有爲文字之考釋者，如漢書郊祀志：宣帝時，美陽得鼎獻之，下有司議，多以爲宜薦見宗廟，如元鼎時故事。張敞好古文字，按鼎銘勒而上議曰：「臣聞周祖始乎后稷，后稷封於斄，公劉發迹於豳，太王建國於郊、梁，文武興於酆、鄗。由此言之，則郊、梁、酆、鄗之間，周舊居也，固宜有宗廟壇場祭祠之藏。今鼎出於郊東，中有刻書曰：『王命尸臣，官此栒邑，賜爾旂鸞黼黻琱戈。尸臣拜手稽首曰：敢對揚天子，丕顯休命。』臣愚不足以迹古文，竊以傳記言之，此鼎殆周之所以褒揚大臣，大臣子孫刻銘其先功，藏之於宮廟也。鼎小有款識，不宜薦於宗廟。」

又後漢書竇憲傳：和帝永元元年九月，竇憲伐單于，單于於漢北遺憲古鼎，容五斗，案其銘而知爲仲山甫鼎。此亦文字之考釋也。

三　文字之互證

有藉以互證文字之變遷者，如許愼說文解字序：郡國亦往往於山川得鼎彝，其銘卽前代之古文，皆自相似。（與魯恭王壞孔子宅得古文書相似）。雖叵復見遠流，其詳可得略說也。

四　文字之存錄

史有存錄金石之文字者，如司馬遷作史記，於始皇本紀錄秦之刻石凡六：一泰山刻石，二琅邪臺刻石，三之罘刻石，四之罘東觀刻石，五碣石刻石，六會稽刻石；所不錄者，繹山刻石。班固漢書藝文志春秋家有奏事二十篇，注曰：秦時大臣奏事及刻石名山文也。又班志道家類載黃帝銘六篇，雜家類載孔甲盤盂二十六篇，其書不存，疑爲古器文字也。凡此，皆以見馬、班二子之留意金石，不僅如左傳之載讒鼎及正考父鼎之銘，國語晉語引商衰之銘，周禮考工記引嘉量之銘，禮記祭統篇引孔悝之鼎銘，大學篇引湯之盤銘，但屬偶然而已。

第二節　演進——魏至唐

以上所述，皆金石之學肇於兩漢之徵。魏、晉至唐，乃更見演進，以成北宋專門之學。遞嬗之迹，亦可得而言焉：

一　訂史正俗之例

魏孟康註漢書律歷志，據漢章帝時零陵文學奚景於冷道舜祠下得白玉琯；古以玉作管，不但竹也；以證漢志之說不盡然。

張晏注漢書儒林傳，案碑而知伏生名勝。

王肅釋犧尊，據太和中魯郡於地中得齊大夫子尾送女器，有犧尊，純爲牛形；以證其羽婆娑。然說非是。見毛詩魯頌閟宮疏。

晉晉灼注漢書地理志，魏郡黎陽，據山上碑所云：縣取山之名，取水在其陽以爲名；以證地之名黎陽，不名黎陰也。

梁劉杳嘗與沈約坐，語及宗廟犧尊。約云：「鄭玄答張逸，謂爲畫鳳凰尾婆娑，然今無復此器，則不依古。」杳曰：「此言未必可，按古者尊彝皆刻木爲鳥獸，鑿頂及背以出內酒。先引子尾送女器，與王肅同。晉永嘉時曹嶷，於青州發齊景公冢，又得二尊，形亦爲牛象，皆古之遺器，知匪虛也。」幷以證象骨飾尊之說非是。見南史。

後魏酈道元水經注，青州刺史傅宏仁說：臨淄人發古冢，得桐棺，前和外隱起爲隸字，言齊太公六世孫胡公之棺也。惟三字是古，餘同今書；以證隸字自出古，非始於秦也。

北齊顏之推家訓書證篇，據秦時鐵稱權旁有銅塗鐫銘：「詔丞相狀、綰」古隸文，知俗作隗林之當作隗狀也。

又書證篇，柏人城東北有一孤山，闞駰十三州志以爲舜納於大麓即此。山上有堯祠。世俗或呼爲宣務山，或呼爲虛無山。顏氏據城西門內漢碑有銘：「山有巏務，王喬所仙。」知俗名宣務山之當名巏務山也。案顏氏據碑以證山名；若闞駰只言柏人城東北孤山，爲舜納於大麓地，與碑無涉。

唐司馬貞史記索隱於高祖本紀，據班固泗上亭長碑，知「母媼」當作「母溫」。

二 撰述引用之例

酈道元注水經四十卷，凡引漢碑百，魏碑二十，晉及宋、魏稱是。（宋洪适、明楊愼俱輯碑目另刻。）

楊衒之著洛陽伽藍記五卷，引寺中所有碑志。約二十條。

北齊魏收撰魏書，仿道元水經注，於地形志府縣下，每引漢、魏以來石刻。

三 專著之始創

至於集錄碑文，則梁元帝嘗著碑英一百二十卷，見所撰金樓子。是眞金石專著之祖，惜其書不傳。此據四庫提要所引。案鮑氏知不足齋所刊金樓子第五卷著書篇，止載碑集十帙百卷。鮑廷博案云：隋經籍志：梁元帝撰雜碑二十二卷，碑文十五卷；此作百卷，疑至隋時已失其全文。又隋志載梁顧烜著錢譜一卷，亦佚。

其存者，有陶宏景古今刀劍錄一卷，虞荔鼎錄一卷，但眞僞雜糅，不足以爲信也。

四 石經之著錄

上述以外，又有二事之足述者，則漢、魏石經之著錄，及陳倉石鼓之發見是也。

按六朝、隋、唐之間，其著作之述及石經者，有洛陽記，西征記，後漢書水經注，洛陽伽藍記，北齊書，隋書經籍志及西京新記八種。然以漢、魏石經，其時相接，其地又同。（漢石經，熹平四年；魏石經，正始中，同立於太學。）故諸書所記，往往互誤。其最甚者，無如隋志，三字一字，且未明辨，曰：「後漢鐫刻七經，著於石碑，皆蔡邕所書。魏正始中，又立一字石經。」西京新記復承其誤，曰：「蔡邕三字石經」。至於經數石數，所記尤多紛紜，今略述之於下，以見考核之欠精也。

漢石經經數，據後漢書靈帝紀，盧植傳，儒林傳序，宦者傳，皆云五經；蔡邕傳，儒林傳，張馴傳，則云六經；隋書經籍志又云七經。其目，則洛陽記（後漢書蔡邕傳注引）舉尚書，周易，公羊傳，禮記，論語五種；洛陽伽藍記舉周易，尚書，公羊，禮記四種；隋志則有周易，尚書，魯詩，儀禮，春秋，公羊傳，論語七種。其石數，則西征記（太平御覽卷五百八十九引）云四十枚；洛陽記云四十六枚；洛陽伽藍記云四十八碑；水經注穀水篇復以四十八碑為魏三字石經；北齊書文宣帝紀云五十二枚。此皆先儒所謂不可得而詳者也。

魏石經所刊經數，據西征記洛陽伽藍記為尚書春秋二部；隋書經籍志所載，亦僅有三字石經尚書九卷，（梁有十三卷。）三字石經春秋三卷（梁有十二卷。）（舊唐書經籍志於尚書、春秋二經外，又有左氏傳。）其石數，據水經注穀水篇則四十八碑；據西征記則三十五碑；據洛陽伽藍記則二十五碑。然無論二十五碑，三十五碑，四十八碑。均不足以容尚書、春秋、左傳三書字數，此亦不可得而詳者也。

右唐以前人所記漢、魏石經之經數石數，錯綜如是，若非經後人精密之考定，其疑終莫能決也。

五 石鼓之發見

至於陳倉石鼓，唐以前無聞焉。始出於陳倉之野，鄭餘慶始取置於鳳翔孔廟。唐人咸以爲周宣獵碣，且謂是史籀之筆，茲錄其說云：

李吉甫元和郡縣志：「石鼓文在（天興）縣南二十里許，石形如鼓，其數有十，蓋紀周宣王畋獵之事，其文卽史籀之跡也。貞觀中，吏部侍郞蘇勗記其事云：世言筆迹存者，李斯最古；不知史籀之迹，近在關中，虞、褚、歐陽，共稱古妙。雖歲久訛缺，遺迹尙有可觀。而歷代紀地理志者，不存記錄，尤可歎息。」據此則唐初虞世南，褚遂良，歐陽詢，已嘗稱述石鼓矣。

李嗣眞書後品贊：「史籀堙滅，陳倉藉甚。」卽指石鼓，言出於陳倉也。

張懷瓘書斷論籀文云：「史籀者，周宣王史官，……其迹有石鼓文存焉，蓋諷宣王畋獵之所作。今在陳倉。」

竇臮述書賦：「篆則周史籀，秦李斯，漢有蔡邕，當代稱之。俱遺芳刻石，永播清規。」

竇蒙注云：「史籀，周宣王時史官，著大篆，教學童。岐州、雍城南有周宣王獵碣十枚，並作鼓形，上有篆文，今見打本。」

韋續集五十六種書體幷序。內第十五大篆書云：「周宣王史史籀所作也，亦曰籀篆，石鼓文是也。」見陳思書苑菁華。

徐浩古蹟記，有「史籀石鼓文並爲曠絕」之言。

封演聞見記，其第七卷有石鼓一條，有目而缺文。

唐人之稱石鼓者，如此而已。其他歌詠所及，杜甫有「陳倉石鼓久已訛」之句，李潮八分小篆歌。韋應物，韓愈，皆有石鼓歌。其指爲周宣，史籀云云，要皆考據未精，率爾臆斷，後人視之，自不免覺其幼稚可笑耳。

此魏、晉至唐金石學之演進也。

第四章　金石學之極盛及中衰

第一節　極盛——宋

昔阮元論商、周銅器之史，分周以前，漢至唐，北宋以後爲三期。其言曰：「三代時，鐘鼎爲最重之器。……自漢至唐，罕見古器，偶得古鼎，或至改元，稱神瑞，書之史册，儒臣有能辨之者，世驚爲奇。……北宋以後，高原古冢搜獲甚多，始不以爲神奇祥瑞，而或以玩賞加之，學者考古釋文，日益精核。……士大夫家有其器，人識其文，閱三四千年而道大顯矣。」擇星衍序寰宇訪碑錄，謂：「金石之學，始自漢藝文志春秋家奏事二十篇載秦刻石名山文；其後謝莊梁元帝俱撰碑文，見於隋經籍志；酈道元注水經，魏收作地形志，附列諸碑以徵古迹；而專書則創自宋歐陽修、趙明誠、王象之諸人。」今觀先秦以至漢、唐，學者對於金石，固已有近於研究之事；然偶得一器，偶見一石，偶然而得之，亦偶然而述之，一鱗半爪，未足爲專門之學。一至北宋，金石之出土愈多，於是士大夫如劉敞、歐陽修之羣，篳路藍縷，倡爲斯學，阮元所謂「閟三四千年而道大顯矣。」一至其研究之方法，大約不出於著錄，摹寫，考釋，評述四端。有存其目者，有錄其文者，有圖其形者，有摹其字者，有分地紀載者，有分類編纂者，或考其時代，或述其制度，或釋其文字，或評其書迹，至爲詳備。此北宋以後研究之大概也。茲分別金石二者而言之。

一　吉金之著錄

古器之出，蓋無代而蔑有。隋、唐以前，其出於郡國山川者，雖頗見於史，然以識之者寡，而記之者復不詳，故其文之略存於今者，惟美陽、仲山甫二鼎，與秦權莽量而已。趙宋以後，古器愈出，祕閣太常既多藏器，士大夫家亦往往多有，呂大臨考古圖錄收藏之家凡四十處，續考古圖列三十處，除重複五處，政府及寺院五處外，私人收藏計六十家。而翟耆年籀史所載著錄金文之書，亦三十餘家，南渡後諸家之書猶多不與焉，可謂盛矣。

其間私家藏器，莫先於劉敞；而爲古器之學，及著錄所藏者，亦自敞始。歐陽修集古錄跋尾云：「嘉祐中（一〇五六——一〇六三），劉敞爲永興守。長安爲秦、漢故都，名古物奇器，埋沒於荒基敗冢，往往爲耕夫牧豎得之，遂得傳於人間。劉氏喜藏古器，由此所獲頗多。」於是就所藏十有一器，使工摹其文，圖其象，刻諸石，名之曰先秦古器記。其自序中自言攻究古器之法：曰禮家，明其制度；小學，正其文字；譜牒，次其世諡，乃爲能盡之。蓋古器之學，略盡於此數語；著錄古器之法，亦蔑以進於此矣。此吉金之學之開山者。

嗣後著錄之書，就今所存者論之，其別有三：呂氏考古之圖，宣和博古之錄，既寫其形，復摹其款，此一類也；嘯堂集錄，薛氏法帖，但以錄文爲主，不以圖譜自名，此又一類也；歐、趙金石之目，張掄古器之評，伯思東觀之論，黃逌廣川之跋，雖無關圖譜，而頗存名目，此又一類也。茲大略述之於下：

後於劉敞約三十年，呂大臨著考古圖十卷，釋文一卷，自序稱成於元祐壬申（一〇九二）。是書係將——自御府之外，三十七家所藏——古銅器二百十一，玉器十三，按其形狀，命良工繪畫，不失毫髮。其出土之地，收藏之家，及器之大小尺寸，無不詳注。體例謹嚴，有疑則闕。釋文一卷，取銘識古字，以廣韻四聲部分編之。其有所異同者，則各爲訓釋考證。疑字象形字無所從之字，則附於卷末。

其後又十餘年，而有王黼宣和博古圖出，凡三十卷。蔡絛鐵圍山叢談云：「李公麟，字伯時，最善畫，性喜古，取生平所得及其聞睹者，作爲圖狀，而名之曰考古圖。及大觀初（一一〇七），乃仿公麟之考古，作宣和殿博古圖。」則是書踵公麟而作，而公麟之書則已佚矣。按博古圖著錄宣和殿所藏古器八百三十有九，分二十類以圖寫之，每類各有總說。釋文列於圖下，其器之大小尺寸，容量輕重，亦有注明。大抵考證雖疎，而形模未失；音釋雖謬，而字畫俱存；裒集之功爲不可沒也。

又續考古圖五卷，蓋南宋人續大臨之書而佚其名氏。其書當成於紹興三十二年（一一六二）之後。所收共一百器，先後不以類從，蓋隨見隨錄，故第五卷所載獨少。卷一，二十器；卷二，二十二器；卷三，二十六器；卷四，二十器；卷五，十二器。或有銘而不摹其文，有文而不釋其讀者。其收藏名姓，皆載圖說之首，云右某人所得，與呂書註姓名於標目下者，例亦小殊。

以上諸書爲第一類。

後於王黼宣和博古圖又三十餘年，而有薛尚功歷代鐘鼎彝器款識法帖二十卷出。據曾宏父石刻鋪敍，以紹興十四年（一一四四）鐫置公庫。按是書以鐘鼎原器款識，依樣摹寫，凡錄夏器二，商器二百零九，周器二百五十三，秦器五，漢器四十二，共五百十一器。除夏器爲吳、越器誤認外，而商器亦多係周器。其錄石鼓文十章，而標題曰「周鼓」，則尤可笑。惟其所摹，雖大抵以考古、博古二圖爲本，而蒐輯較廣，實多出於兩書之外。箋釋訂謬，亦終有依據，非鈔撮蹈襲者比也。

同時王厚之亦著鐘鼎款識一卷。厚之，紹興時（一一三一——一一六二）人。其書凡錄款識五十九種，係將秦熺、朱敦儒等所藏之器，輯其拓本而成。

又王俅著嘯堂集古錄二卷，編錄彝器之屬，自商迄漢，凡三百四十五器，摹其款識，各以今文釋之，未有考證。按是書序於淳熙丙申（一一七六）；而四庫提要稱米芾書史曾著錄其人，則當爲北宋仁宗（一〇二三——一〇六三）或仁宗以前人，書不應成於百年後也。

以上諸書爲第二類。

張掄著紹興內府古器評二卷，四庫提要以爲明人所作。按是書共錄一百九十六器，而有九十器已見於博古圖，故提要以爲「明代妄人剽博古圖而僞作」。實則「靖康北徙，器亦并遷，」元馮子振序楊鉤增廣鐘鼎篆韻。此不足二百之器，或爲金人所脫遺耳。惟考館閣續錄所載，南渡後古器儲藏祕省者，凡四百十八事；淳熙以後續降付四十事，別有不知名者二十三事；嘉定以後，續降付八十三事；則與此書所錄，數又不符，眞僞殊難曉也。

黃伯思，政和中（一一一一——一一一七）官至祕書郎，學問淹貫，無不精詣。又好古文奇字，鐘鼎彝器款式體制，悉能了達辨正。所著有法帖刊誤二卷，古器說四百二十六篇。紹興丁卯（一一四七），其子訒，與其所著論辨題跋，合而刊之，總名曰東觀餘論。又書錄解題載伯思博古圖說十一卷，凡諸器五百二十七，印章四十五。又稱後來修博古圖者，多採用之。疑即是書之古器說四百二十六篇，以官書行而易名也。

董逌，亦官政和中。其廣川書跋十卷，皆著錄古器款識，及漢、唐以來碑帖，論斷考證。

皆極精當。

以上諸書爲第三類。至於歐、趙金石之目，則其價値於石刻爲尤鉅，擬於下節述之。

此外，宋人筆記之涉及古器者，尙有：張世南之游宦紀聞，內辨古器款識及顏色制度極詳；趙希鵠之洞天淸錄，有古鐘鼎彝器辨二十條，亦精，則爲鑒別之事矣。又有翟耆年籀史一卷，約南宋初（一一二七）作，則述斯學之原委甚詳焉。

上述宋人著錄古器之書，今所存者，大略在是。王靜安先生據此三類以作宋代金文著錄表，其序中總論諸書云：「國朝乾、嘉以後，古文之學復興，輒鄙薄宋人之書以爲不屑道。竊謂考古、博古二圖，摹寫形制，考訂名物，用力頗鉅，所得亦多；乃至出土之地，藏器之家，苟有所知，無不畢紀，後世著錄家當奉爲準則。至於考釋文字，宋人亦有鑿空之功；國朝阮、吳諸家不能出其範圍。若其穿鑿紕繆，誠若有可譏者，然亦國朝諸老之所不能免也。」洵爲的評。

二　石刻之著錄

石刻之爲古人所重，亦始於漢。歷六朝至唐，著錄考證，已數見不鮮。然其專輯成書，而傳於世者，則自宋人始。約而言之，其例有六：一曰存目，二曰跋尾，三曰錄文，四曰分地，五曰分人，六曰纂字。茲分別述之於下：

一曰存目，二曰跋尾　夫金石顯晦有時，古今見聞互異，是宜以及身所見，著之簡編；考索有得，則附以題識，此金石學之最初所有事也。上述古器著錄之第三類，即同於此。按此例應用之最早者，爲歐陽修之集古錄。其次爲曾鞏及趙明誠之金石錄。

歐陽修搜羅金石刻文，積至千卷，撮其大要，各爲之說，凡跋尾四百餘篇，爲集古錄十卷，於嘉祐六年（一〇六一）成書，其時略同於劉敞先秦古器記之作。修子棐，又撰集古錄目二十卷，則目與跋別行者也。

曾鞏，爲嘉祐進士，與修同時。史稱其嘗集古今篆刻爲金石錄五百餘卷，其書不傳；今存一序及跋尾十四則在南豐類稿中。是在趙明誠之先也。

趙明誠以所藏三代彝器，及漢、唐以來石刻，仿集古錄例，爲金石錄三十卷。前十卷以時代爲次，自第一至二千，咸著於目，每題下著年月撰書人名。後二十卷爲辨證，凡跋尾五百二篇。紹興中（一一三一——一一六二），其妻李清照表上於朝。是跋附於目而行也。

同時鄭樵著通志金石略，（二十略之第十八。）則但錄目而無跋。且所錄鐘鼎碑碣，核以考古、博古二圖，集古、金石二錄，脫略十之七八，蓋未爲精博也。

二曰錄文　古人著作，託金石以垂於後；然金石有時而銷泐，其幸而存者，不貴存目，貴錄其文，而後可傳於無窮。故歐、趙以後，繼而有具錄全文之作也。今所存者，惟洪适隸釋一書。

洪适隸釋，成於乾道二年丙戌（一一六六），明年正月，序而刻之，凡二十七卷。自卷一至十九，共列碑一百九十二，卷二十錄水經注中碑，卷二十一至二十三錄集古錄中碑，卷二十四至二十六錄金石錄中碑，卷二十七錄天下碑錄中碑。又隸續二十一卷，自乾道戊子（一一六八）至淳熙己亥（一一七九）漸次刻竣。兩書著錄碑文，每篇皆依其文字寫之。其以某字爲某字，則具疏其下；兼核著其關切史事者，爲之論證，稱精博云。

此外惟古文苑一書，不知爲何人所纂，所錄詩賦雜文，自東周訖於南齊，凡二百六十餘首，頗多金石刻辭。南宋淳熙間（一一七四），韓元吉次爲九卷。至紹定間（一二二八），章樵爲之注釋。其所載詛楚文、石鼓文，爲見於存錄全文之最早矣。

四曰分地　歐、趙諸書，著錄金石，惟詳於時，地或闕焉。於是又有分地紀載與專記一地之作。王象之輿地碑目，陳思寶刻叢編，鄭暘五路墨寶，統載之分地者；田概京兆金石，劉涇成都刻石總目，則專記一地者也。

王象之輿地碑目四卷，自序作於嘉定辛巳（一二二一）。以天下碑刻地志之目，分郡編次，而各注其年月姓氏大略於下。起臨安，訖龍州，皆南渡後疆域。其中頗有考訂精確者，實爲後世分地研究古物之先導。

同時，陳思著寶刻叢編二十卷。四庫提要稱思爲理宗時人（一二二五——一二六四）。其書蒐錄古碑，以元豐九域志京府州縣爲綱，其石刻地理之可考者，案各路編纂；未詳所在者，附於卷末。兼採諸家辨證審定之語，具著於下。又王象之輿地碑目，河、淮以北，概屬闕如；

此則於諸道郡邑，綱分目析，沿革瞭然，較象之特爲賅備。

又鄭暘集荊、襄、川、蜀金石刻爲五路墨寶；既錄碑之全文，附以己說，歐陽集古考究未備者，間有辨正。類爲數巨册，考證良備，悉上祕府。其書不傳，見清波雜志。按是書著作年代未詳，據所稱五路，當亦南渡後之作，同於象之之書。

田概京兆金石六卷，元豐五年（一○八二）王欽臣序。皆記京兆府縣古碑所在。其書不傳，陳氏寶刻叢編屢引之。

劉涇成都刻石總目，元祐中（一○八六——一○九三）蔡京帥成都，以意授涇，纂府縣碑版幢柱，自東漢初平迄僞蜀廣政，凡二百六十有八。此與田概京兆金石均作於象之輿地碑目之前，惜皆失傳。

五曰分人　又有寶刻類編八卷，不著撰人名氏，四庫提要稱其爲理宗（一二二五）後人。其編撰次第，斷自周、秦，迄於五季，凡分八類：曰帝王，曰太子諸王，曰國主，曰名臣，曰釋氏，曰道士，曰婦人，曰姓名殘闕。每類以人名爲綱，而載所書碑目其下，各係以年月地名。蒐採賅博，敍述詳明，前代金石著錄之富，未有過於此者。惟所分名臣釋道，考之史傳，不盡可徵，體例踳駮，難可依據，故後賢編輯，無依爲程式者。

六曰纂字　上述五種以外，又有纂集文字，編次爲書，所謂以隸爲經，以碑爲注腳，雖無關著錄，而頗存名目，如劉球隸韻，婁機漢隸字源是也。

劉球之先，洪适嘗有隸韻之作，今盤洲集中僅存一序，其書不傳。球書亦名隸韻，凡十卷，載入宋史藝文志。其碑目所引諸碑，凡二百六十一種，存於今者，不及四分之一。則球當日採獲之勤，編次之多；闢洪氏之緒餘，導字源之先路，爲功亦匪淺也。

婁機漢隸字源六卷，悉依隸釋原次，蓋以補洪氏之闕。凡錄漢碑三百有九，魏、晉碑三十有一，各紀其年月地里書人姓名，以次編列。文字異同，間有考證。按機爲乾道二年（一一六六）進士，其書成於何時不詳。

其他宋人筆記所及，或遺佚不傳，尚復不少，略而舉之，如：胡世將資古紹志錄，（多考訂金石文字。其書不傳，陳思寶刻叢編屢引之。）吳曾能改齋漫錄，（力辨石鼓文出於周宣王史籀大篆，仍本唐人之說。）洪邁容齋五筆，（內載唐平蠻碑，以證明皇之用內侍高守信主兵柄，不始於肅、代之用魚朝恩吐突承璀也。又駁正博古圖謬妄之說，一書再書。）程大昌雍錄，（有石鼓考，以爲成王時物。）考古編，（以瑯邪臺碑文，證秦以前已嘗刻石。）陳槱負暄野錄（上卷多論石刻）諸書，皆有考訂金石之作。尤可惜者，張淏雲谷雜記稱葉夢得取古碑所載與史違誤者，爲金石類考五十卷，書竟不傳，不知有幾多珍異材料被湮沒也！

綜計宋代金石學者及金石著作，李遇孫金石學錄錄六十一人，楊殿珣宋代金石佚書目（考古第四期）則八十九種；而容媛女士金石書錄目僅二十二人，書三十種，則今所存者，僅及佚書三之一焉，寧不可歎！

第二節　中衰——元明

一　元人之著錄

上述兩宋三百餘年間學者對於金石之學，可謂勤矣。遞傳至元，承前宋極盛之後，難乎爲繼，是固因風尙之不重實學，亦由金石器物之少所發見也。所可述者，僅吾邱衍，潘迪，楊鉤，潘昂霄諸家而已。

吾邱衍著有學古編及周秦刻石釋音二書。學古編一書，專爲篆刻印章而作，可弗具論。其周秦刻石釋音一卷，則因宋楊文炳嘗著周秦刻石釋音一書，載石鼓文、詛楚文、泰山、繹山、及琅琊臺碑；衍以所取琅邪臺碑不類秦篆，不應收入，因重加刪定，以成是書。

同時潘迪，亦著石鼓文音訓。按石鼓文，宋人考釋者，已不乏人，迪乃取薛尙功，王厚之，施宿，鄭樵諸家之說，考訂其音訓刻諸石。

楊鉤著增廣鐘鼎篆韻七卷。按宋王楚始作鐘鼎篆韻，薛尙功已重廣之（書皆不傳。）鉤又博采金石奇古之字，增補兩家之所未備。馮子振序稱是書參訂博采，使古文奇字，列列在目，可與薛氏書輔翼而行。

又有漢隸分韻七卷，不著撰人，亦無時代。四庫提要據其分韻標目，定爲元人所作。其書取洪适等所集漢隸，依次編纂。又以各碑字迹異同，縷列辨析，足資考證。此與前三書，皆爲字書之屬，所謂藉引證以存名目者也。

學者於金石文字著錄考訂以外，又有義例之說，則倡於元潘昂霄，宋人無有焉。惟自昂霄而後，學者多踵爲之，亦寖寖乎成大觀矣。是昂霄之功爲不可沒也。昂霄著金石例十卷，本示作文之式，非考訂金石也。然其述碑碣墓制之原始制度，頗引古刻，如「墓銘之始」條下，引王戎墓銘，比干墓銅盤銘，延陵季子墓銘，漢滕公、夏侯嬰得定葬石銘。「墓圖」條下引南陽宗資墓石刻字；不獨取材於昌黎集也。

又梁有於天歷間奉勅歷河南北，錄金石刻三萬餘通上進；類其副本，編三百卷，曰文海英瀾。則僅見詩人題詠，恐未可徵實，姑錄之以志異聞耳。

此外惟陸友研北雜志，多論書畫古器，中亦頗有考證，如援北史證馬定國以石鼓出宇文周之非，其說甚是也。

一　明人之著錄

元代八十餘年，金石著作，屈指可數。明承其敝，稍稍振起；然宋人古器之學，仍無繼承。惟著錄仿造之宣德鼎彝譜，辨析極精，或可資以鑒別耳。按是書，明宣德中禮部尚書呂震等奉敕編次。始宣宗以郊廟彝鼎不合古式，命工部尚書吳中採博古圖錄諸書，及內府所藏柴、汝、官、哥、均、定各窯之式更鑄；震等纂集前後本末，以成此書，實無與於古器也。

其述及古器者，僅曹昭之格古要論及王佐之新增格古要論，於古銅器俱有論次，考證頗詳。至於胡文煥之古器具名及古器總說，則全襲考古、博古二圖，又從而割裂汩亂，謬誤百，不足觀也。他若卞裘之古器銘釋，亦係抄襲博古圖及薛尙功鐘鼎款識之文，前後失次，摹刻舛謬，亦不足據。

纂錄古字之書，則有豐道生之金石遺文，李登之摭古遺文，朱時望之金石韻府，釋道泰之集鐘鼎古文韻選，方仕之集古隸韻，諸書皆分韻編次，大抵傳寫失眞，或竟以意杜撰，體例旣陋，考證尤疎，蓋無一足觀也。

石鼓音釋，宋、元諸家，已多聚訟。楊愼復爲石鼓文音釋三卷，自序稱「東陽嘗語愼及見東坡之本，篆籀特全，將爲手書上石，未竟而卒。愼因東陽舊本，錄而藏之。」金石古文亦言愼得唐人拓本，凡七百二字，乃其全文。實則愼以補綴爲奇，全出僞託，朱彝尊日下舊聞已詳辨之，根本不足信也。陶滋著石鼓文正誤二卷，以薛尙功、鄭樵、施宿等本不免舛謬，因親至太學，就原石抉剔刻文，一一校定。然年深闕畫，仍多影響揣摩。其後序踵楊愼之說，謂曾見蘇軾摹本六百一十一字，則仍是自欺欺人也。

石刻之著錄，一本宋人之成例。其存目者，有楊愼之水經注碑目一卷，葉盛之菉竹堂碑目六卷，及顧起元之金陵古金石考一卷。而楊愼之目，不知宋洪适隸釋，嘗以水經注所載諸碑，類爲三卷，未免贅疣，且精密亦不及适。

存目而附跋尾者，有趙崡之石墨鐫華六卷，凡錄碑目二百五十三種。金、元國書，世不多見，則仿集古錄摹載鐘鼎之例，鉤勒其文。惟所跋詳於筆法，而略於考證。又郭宗昌之金石史二卷所載雖止五十種，然其論衡岳碑，比干墓銅盤銘，季札碑，天發神讖碑，碧落碑諸條，皆灼指其僞，洵爲卓見。又論石鼓文謂以石爲鼓無所取義，石又不類鼓形，改爲岐陽石碣文，頗得其實。惟主董逌廣川書跋之說，據左傳定爲成王所作，則仍不免失之耳。

又有盛時泰之蒼潤軒碑跋一卷，續跋一卷，所著多六朝金陵之蹟，率皆借觀於人，非盡出所自藏；又多但據墨本，不復詳考原石，故考證多疎。

其錄文者，最初有陶宗儀之古刻叢鈔一卷，錄碑七十一種：漢一，後漢二，晉一，宋三，梁三，隋二，唐四十九，南唐一，北宋二，南宋一，無年月者六。皆全錄其文，以原額爲題，無所考辨，亦無先後次序。然所載諸碑，傳於世者甚罕，非惟補金石家之缺漏，即讀史談藝，亦均有所裨也。

繼有楊慎之金石古文十四卷，錄三代、秦、漢石刻最富，俱鈔列全文，間有跋語。漢碑之殘缺者，以洪适隸釋足之。然眞僞錯雜，殊多疎漏。蓋以文章爲主，不以考據爲歸也。又徐獻忠亦有金石文七卷，輯錄三代以來金石之文，商、周、秦各一卷，漢四卷。然未能博徵金石，皆採掇於考古、博古二圖，集古、金石二錄，鐘鼎款識、隸釋、隸續諸書，傳寫多誤，別無考證，意亦僅在文章也。

後有都穆之金薤琳瑯二十卷，亦具錄全文，各爲辨證。凡周刻二，秦刻六，漢刻二十三，隋刻五，唐刻二十七，然亦疏漏舛謬，不一而足。穆又輯吳下冢墓遺文，凡三十四篇，則皆諸家集中所不概見。

又前人著錄，惟詳於古，趙崡石墨鐫華之採及金、元，已爲難得。而陳暐撰吳中金石新編八卷，則專錄明初諸碑。其書採郡中石刻，分類編輯，自學校，官宇，倉驛，水利，橋梁，以及祠廟，寺觀諸碑碣，區爲七目，而錄其全文，凡一百餘篇。其有關於一郡之文獻者，頗不淺也。

又有自刻其字，而自輯其文爲一書者，則始於朱珪之名蹟錄六卷。珪善篆籀，精於刻印，又工勒石，因裒其生平所鐫，編爲此集。夫歐、趙諸家，以碑版證史之誤，不一而足。是編所錄，皆珪手鐫，固愈於年祀綿邈，搜求於磨滅之餘者矣。

其分地者，則有孫克宏之碑目三卷，來濬之金石備考十四卷，于奕正之天下金石志，（無卷數）趙均之金石林時地考二卷，皆仿陳思寶刻叢編之例，統載天下碑目，分郡編次。然諸書大抵僅取前人所著錄者，存其名目，非所親覩，故時復舛誤，無裨於考據也。

此外繼潘昂霄而言義例者，有王行之墓銘舉例四卷，爲例十二，蓋取昂霄金石例而增補也。

綜明一代之作，雖亦有數種可取；然大抵展轉稗販，罕有新識，疊牀架屋，徒形其贅。甚且紀載失實，眞贋莫辨，但逞臆說，毫無考訂。是則明儒治學之通病，吾不能爲賢者諱矣。故金石之學，至宋而極盛，至元、明而中衰也。

第五章　金石學之復興創獲及整理

金石之學，肇於漢，盛於宋，而中衰於元、明。入清以後，百年之間，海內承平，文化浹洽，而斯學乃復興焉。於是三古遺物，應世而出，金石之出於邱隴窟穴者，既十數倍於往昔；而自光緒季年甲骨之發見以訖今日，若陶器，若簡牘，若封泥，皆出於近數十年之間。其數量之多，年代之古，與金石同；其足以考經證史，亦與金石同，皆古人所不及見也。

大抵著錄之法，多本前代之成例。曰存目，曰跋尾，曰錄文，曰摹寫，曰纂字，曰義例，曰分地，皆前代所固有也。曰分代，曰通纂，曰概論，曰述史，曰書目，則前代所未嘗有也。準此諸例，略可盡此一期中金石學之大凡矣。若其發展之迹，先石刻，次吉金，更次甲骨。而甲骨之學，尤爲[illegible]之勁。蓋器物之時代愈古，其證史之價值愈大，其從事之工作亦愈艱，而所得之結果則愈鉅，然猶未能盡其什一也。茲先述石刻，次吉金，更次則甲骨簡牘等類。

第一節　復興——清初至現代

一　石刻之著錄

清初順治、康熙、雍正三朝（一六四四——一七三五），其時吉金之器，未聞續出，故諸家攻究，承前明之餘，偏於石刻。乾隆（一七三六）以後，古器之學復興，乃與石刻分途專精，各自名家，蔚爲極盛。茲仍按著錄之體例言之。

一曰存目　國初有曹溶古林金石表一卷，雜列碑帖之目八百餘種，無所編次，亦無所謂表也。其後錢大昕著潛研堂金石文字目錄八卷，與其跋尾別行，亦同於歐、趙之書。又有吳榮光之筠清館金石文字目二卷，續目二卷；趙魏之竹崦盦金石目錄五卷；而以吳式芬之攈古錄二十卷，自三代迄元，都一萬八千餘種，自有目錄以來，未之有也。近時繆荃孫著藝風堂金石文字目十八卷，則葉昌熾獨稱其網羅宏富，冠絕古今。後繆祿保復有續目五卷，中多譌誤。以上皆金石兼採，特石多於金耳。其專錄碑目，則有孫星衍、邢澍之寰宇訪碑錄十二卷，自周、秦迄元，約八千種。其後續補之書，有趙之謙、羅振玉、劉聲木三家，所增又不啻一倍過之。他如顧燮光之古誌彙目、古誌新目，黃立猷之石刻名彙，羅振玉之蒿里遺錄，皆著錄近世所出也。其有錄私家所藏，如范懋敏之天一閣碑目，王楠之話雨樓碑帖目錄，端方之陶齋藏石目，陶鑑泉之涉園藏石目，張鈁之千唐誌齋藏石目錄，則較孫、趙諸家之網羅無外，所錄不必其所藏者，略少舛誤。蓋題名歧出，往往多有，苟未見原石，或并其拓本而未按者，其重複遺漏，又何能免！惜數量太多，難以統古今而作一著錄表耳。

一曰跋尾　自國初顧炎武、朱彝尊輩重在考據，以爲證經訂史之資，此風一開，踵事者多，凡清人之言金石者，幾莫不以證經訂史爲能事。炎武所著，有金石文字記六卷，彝尊有曝書亭金石文字跋尾六卷。炎武自序謂「抉剔史傳，發揮經典，頗歐、趙二錄所未具者，」洵不虛也。彝尊博聞閎覽，考據亦精，與炎武稱抗手，繼前賢，開後學，於兩先生實無愧焉。其後錢大昕著潛研堂金石文跋尾二十八卷，王鳴盛稱其盡掩永叔，（歐陽修集古錄。）德父，（趙明誠金石錄）元敬，（都穆金薤琳瑯。）子函（趙崡石墨鐫華。）亭林，竹垞，虛舟（王澍虛舟題跋。）七家而出其上，遂爲古今金石學之冠。同時武億著授堂金石跋二十四卷，嚴可均著鐵橋金石跋四卷，皆考訂精卓，亦潛研之流亞也。以上所舉，葉昌熾所稱爲金石考訂之最精者。此外，國初如劉青藜之金石續錄，葉奕苞之金石錄補，林侗之來齋金石刻考略，李光暎之觀妙齋藏金石文考略；中世如瞿中溶之古泉山館金石文編，馮登府之石經閣金石跋文，趙紹祖之古墨齋金石跋，洪頤煊之平津讀碑記，及近時徐樹鈞之寶鴨齋題跋，楊守敬之壬癸、己庚、丁戊金石跋，吳士鑑之九鐘精舍金石跋尾，鄭業斅之獨笑齋金石文考，方若之校碑隨筆，羅振玉之雪堂金石文字跋尾，雪窗漫稿，松窗近稿，丙寅 丁戊、遼居、車塵、松翁未焚諸稿，皆稱精卓。至如孫承澤之庚子消夏記，王澍之虛舟題跋，[illegible]題跋，陳奕禧之隱綠軒題識，何焯之義門題跋，蔣衡之拙存堂題跋，翁方綱之蘇齋題跋，張廷濟之清儀閣題跋，梁章鉅之退庵金石跋，莫友芝之金石筆識，何紹基之東洲草堂金石跋，則諸家大抵以書法鑒賞著稱，故其緒論，詳於拓本之辨析，書學之源流，書品之高下，而亦不廢經史之考訂，蓋兼具考訂鑒賞評隲之長也。

一曰錄文　炎武又有求古錄一卷，則輯錄石刻之文者。其編集之例：凡已見方志者不錄，現有拓本者不錄，近代文集尙存者不錄，上自漢曹全碑，下至明建文霍山碑，共得五十六種，具載全文，幷志其地里，考其建立之由。其中官職年月，多可與正史相參。同時陳奕禧輯金石遺文錄十卷，王漁洋稱其於秦、漢以來金石文字，搜弃尤富，皆爲題跋辨證。其後吳玉搢有金石存十五卷，列篆隸碑一百二十通，黃本驥有古誌石華三十卷，趙紹祖有金石文鈔八卷，續鈔二卷，俱錄全文。張塤有張氏吉金貞石錄五卷，馮縉有話蘭堂后金石紀存二十卷，汪鋆有十二硯齋金石過眼錄十六卷，續錄六卷，端方有陶齋藏石記四十四卷，吳鼎昌有慕汲軒誌石文錄，關葆謙有審美堂藏石錄各一卷，則皆私家之籍也。而魏錫曾之績語堂碑錄，葉昌熾稱其「闕文泐字，空格跳行，皆以原碑爲準，鈎心鬥角，毫髮無遺。」尤爲體例之最善已。至馬邦玉之漢碑錄文，吳闓生之漢碑文範，則不獨爲斷代之書，抑亦近於評選之事矣。

一曰摹圖　吉金圖錄，自昔有之，於清爲盛，容述於後。至於摹[illegible]，則前代未有，始於褚峻之金石經眼錄。按是書峻自摹圖，牛運震補說。峻以己所親見之碑，縮於盪幅而摹勒之。自太學石鼓以下，迄於曲阜顏氏所藏漢無名碑陰，爲數四十有七。運震各系以說，詳其高卑廣狹，及所在之處。斷趺殘碣之形，雨蝕苔侵之迹，無不宛然在目。後運震復益以魏、吳以下迄於唐六十圖，改名金石圖。然但於一碑之中，約取數十字，而具說其上，大非前刻之精矣。其後如黃易之小蓬萊閣金石文字，全爲石刻。葉志詵之平安館金石文字七種，石刻六。吳雲之二百蘭亭齋金石文字七種，石刻五。徐渭仁之隨軒金石文字九種，石刻七。丁彥臣之梅花草盦石刻鈎本，何澂之漢碑篆額，劉心源之奇觚室樂石文述，皆祖褚峻之意。至於近世影印發明，無須以拓本摹刻，成書之易，遠非昔比；而其影本風行，適足爲臨池倣傚之資，雖精美勝舊，然與前人之苦心孤詣，亦迥不相侔，又當別論者焉。

一曰纂字　承宋劉球、婁機之緒者，最初有顧藹吉之隸辨八卷，鈎摹漢隸之文，以宋禮部韻編次，每字下分注碑名，并引碑語。雖舛誤甚多，惟於機後續出之碑，盡爲摹入，脩短肥瘠，不失本眞，足補字源之闕。又附碑考二卷，注今在某處，亡者引某書云在某處，以年代先後爲次，亦較字源碑目爲詳。乾、嘉以後，石刻之出土更多，於是據以修訂增輯之書，尚十餘種，如項懷述之隸法彙纂，甘揚聲之漢隸異同，翟云升之隸篇，皆鉅著也。又有邢澍之金石文字辨異，楊紹廉之金石文字辨異補編，梁廷枏之碑文摘奇，趙之謙之六朝別字記，羅振鋆之碑別字，羅振玉之碑別字補，則在辨證異同，條舉別體，并不限於漢隸也。至於諸書要旨，實不過爲臨池之一助　之下筆有本耳。若繩以六書之義，則連篇累牘，無非別字，美其名曰叚借，謂可以補訓故之缺佚，而有裨於小學，實對於古人之恕詞也。

一曰義例　承潘、王之緒，專言義例，最初有黃宗羲之金石要例一卷，標三十六例，以補其闕。後人續補無已，復有嚴長明之漢金石例，梁玉繩之誌銘廣例，李富孫之漢魏六朝墓銘纂例，郭麐之金石例補，吳鎬之漢魏六朝志墓金石例，及唐人墓志例，馮登府之金石綜例，梁廷枏之金石稱例，王芑孫之碑版文廣例，鮑振芳之金石訂例，劉寶楠之漢石例，……而不得其休，誠洋洋乎大觀矣。且前代諸書，實止取名家文集，罕及金石；後之繼作，方的采漢、魏以來石刻，斯名副其實；然亦惟詳於義例書法，究無關於著錄也。

一曰分地　石刻之分地紀載，在宋嘗有二派：一、統載寰宇而分地者；二、專記一地之所有者。自淸訖今，則概屬於第二派，且極爲發達。據容媛金石書錄目、地志類所載，凡一百五十六部，附錄十部。而淸以前人之作，僅三部而已。又方志中金石志目，其數尤多，凡二百九十七部。而淸以前人之作，僅一部而已。今就地志類所載而分析之，有專記一省者，如阮元之兩浙金石志，山左金石志，畢沅之中州金石記，關中金石記，翁方綱之粵東金石略，謝啓昆之粵西金石略，最負盛名。有專記一府者，如嚴觀之江寧金石記，杜春山之越中金石記，黃瑞之台州金石錄，戴咸弼之東甌金石志，李遇孫之括蒼金石志，陸心源之吳興金石記，皆有定本。有專記一邑者，如段嘉謨之金石一隅錄，段松苓之益都金石記，武億之安陽縣金石錄，偃師金石記，最爲膾炙。此外有專考一隅者，如林侗之唐昭陵石蹟考略，葉封之嵩陽石刻集記，張鑑之墨妙亭碑目考，劉喜海之蒼玉洞宋人題名，以上皆葉昌熾語石卷十所舉。皆其著稱者焉。至海外金石，劉喜海嘗有海東金石苑，及海東金石存考，傅雲龍有日本金石志等書。繼承諸家，如羅振玉之海外吉金錄，海外貞珉錄，及三韓冢墓遺文目錄，容庚之海外吉金圖錄，劉承幹之海東金石苑補遺，乃大備矣。

一曰分代　自宋以來之著錄金石，大抵統三代以迄其時。專記一代之書，惟明陳暐之吳中金石新編，專錄明初諸碑，此外未聞。然陳書局於一隅，體例有別。其統載一代域中之刻，則始於翁方綱之兩漢金石記。其後有吳蘭修之南漢金石志，王懿榮之漢石存目，王琛之漢隸今存錄，尹彭壽之魏晉石存目，繆荃孫之遼金石存目，黃本驥之元碑存目，羅振玉之秦金石刻辭，范壽民之元氏志錄等書，惜猶未能如分地記載之發達也。至於一代之中，擇其一二種所謂銘心絕品，而專考之，則未易悉數焉。略而舉之，如瞿中溶之漢武梁祠畫象考，阮元之華山碑考，許槤之夏承碑考，周在浚、汪照之天發神讖碑考，吳騫之國山碑考，張弨、汪士鋐、翁方綱、吳東發、汪鋆諸家之瘞鶴銘考，及近人秦更年之華山碑續考，顧燮光之劉熊碑考，羅振玉之天發神讖碑補考，鄭文焯之高麗國永樂好大王碑釋文纂考諸書，皆石刻之特著者。又如石鼓文之考釋音訓，自劉凝以下至近時馬衡，凡二十餘家；石經之考異補證，自顧炎武以下至近時王國維，且五十餘家，將不勝備錄矣。而馬衡之石鼓爲秦刻石考，證據確然，鐵案如山，千古聚訟，從此定讞。王國維之魏石經考，考定漢、魏石經之經數石數：漢爲易、書、詩、儀禮、春秋、公羊、論語七經，凡四十六碑；魏爲書、春秋及左傳至莊公中葉爲止，凡三十五碑；論斷確鑿，決千古之疑。此外諸家，皆可廢也。

一曰通纂　至有兼具存目，錄文，摹寫，跋尾之長，幾於集金石學之大成者，則王昶之金石萃編是。昶以所藏自三代至遼、金計千五百通而甄錄之，以時代爲次，先錄碑文。其文字漫漶見於他書者，則爲旁注以紀其全。篆隸及古文別體，則摹其點畫，加以訓釋。凡題額，碑陰，兩側，亦必詳載。碑制之長短寬博，取建初慮俿尺度其分寸，並志其行字之數。諸家題跋，見於金石諸書及文集所載者，悉附於下；最後則更列己說。書凡百六十卷，蓋頗近於類書之體例。葉昌熾稱其「譬之唐人義疏，經與傳合，注與疏合，雖異古本，實便學者，在金石著錄家可謂集其大成矣。」其後續補之書，如陸耀遹之金石續編二十一卷，王言之金石萃編補略二卷，方履籛之金石萃編補正四卷，皆是也。又同時嚴可均亦輯平津館金石萃編二十卷，後陸增祥又輯八瓊室金石補正一百三十卷，及近時劉承幹輯希古樓金石萃編十卷，體例略同，皆閎編鉅製也。

一曰概論　自宋以來金石著錄，可謂極盛，雖考證題跋，窮極博奧，然未有通古今寰宇而總論之；有之，惟光緒季年葉昌熾之語石十卷，然亦專論石刻者，金弗與焉。葉氏自少從事碑版之學，訪求逾二十載，藏碑至八千通，其自序云：「上溯古初，下迄宋、元，元覽中區，旁徵島索，制作之名義，標題之發凡，書學之升降，藏弆之源流，以逮摹拓裝池，軼聞瑣事，分門別類，不相雜廁，自首至尾，可析可拚。既非歐、趙之目，亦非潘、王之例，非考釋，非輯錄，但示津途，聊資談囿。」其書卓識別裁，精博通貫，梁任公先生嘗極稱之，可謂空前絕後著矣。他如方若之校碑隨筆，顧燮光之夢碧簃石言，雖亦近於概論之性質，而精粗純駁，迥不相侔，終非其匹也。

以上所述，皆偏於石刻著焉；後當述吉金之著錄。

二　吉金之著錄

吉金之學，自宋人考古、博古、鐘鼎款識以後，久無嗣響。清乾隆初，始命儒臣錄內府藏器，倣宣和博古圖爲西淸古鑑，凡四十卷。後又撰寧壽鑑古十六卷，西淸續鑑甲乙編各二十卷，皆成於乾隆一朝。於是海內士夫，聞風承流，相與購致古器，蒐集拓本。其集諸家器爲專書者，則始於阮元之積古齋鐘鼎彝器款識，而莫富於吳式芬之攈古錄金文。其著錄一家藏器者，則始於錢坫之十六長樂堂古器款識，而訖於端方之陶齋吉金錄。著錄之器，殆四倍於宋人焉。而數十年來，古器滋出，其新出土者與以前散在人間未經著錄者，又略得著錄者之半。王靜安先生嘗據淸人所爲吉金圖錄之書，作國朝金文著錄表六卷，其目如下；可以見淸代斯學發達之程度焉。

錢坫十六長樂堂古器款識四卷。
阮元積古齋鐘鼎彝器款識十卷。
曹載奎懷米山房吉金圖不分卷。
吳榮光筠淸館金文五卷。
劉喜海長安獲古編二卷。
吳式芬攈古錄金文九卷。
徐同柏從古堂款識學十六卷。
朱善旂敬吾心室彝器款識不分卷。
吳雲兩罍軒彝器圖釋十二卷。

潘祖蔭攀古樓彝器款識二卷。

吳大澂恆軒所見所藏吉金錄不分卷。

劉心源奇觚室吉金文述二十卷。

端方陶齋吉金錄八卷續錄二卷又續一卷。

羅振玉集古遺文中金文若干卷。未印行。建新按表中采錄羅氏夢郼草堂吉金圖（三卷，續編一卷）甚多，而序目未列。

又秦金石刻辭三卷。

又歷代符牌錄二卷。

按王氏書成於甲寅（民國三年）八月，其有當時未盡傳世，或不及見者，尚復多種。凡徒鮑鼎因復據續出之書，及原表未列之西清古鑑、西清續鑑及寧壽鑑古三書，作國朝金文著錄表補遺二卷，成於辛未（民國十年）初秋。其目如下：

西清古鑑四十卷。

西清續鑑甲編二十卷附錄一卷乙編二十卷。乙編未印行。

寧壽鑑古十六卷。

陳介祺簠齋吉金錄不分卷。順德鄧實輯。

張廷濟清儀閣所藏古器物文十卷。

又張叔未所藏金石文字不分卷。四會嚴荄輯。

方濬益詁籀誃吉金彝器款識不分卷。脩陽章琢其輯。

陳寶琛澂秋館吉金圖不分卷。

羅振玉集古遺文十六卷。

又金泥石屑二卷。

鄒安周金文存六卷。

又雙玉鉨齋金石圖錄不分卷。

容庚寶蘊樓彝器圖錄不分卷。以上各書皆已印行。

黃易小蓬萊閣金文不分卷。

王瓘兩漢吉金遺文不分卷。

徐乃昌隨盦吉金圖不分卷。

又積學齋集古器物文不分卷。

陳承修猗文閣金文不分卷。以上皆未印稿本。

清代吉金著述之富，觀此可知。然兩表於金文諸書，頗有去取，非一律採錄。今傳世之書，有非兩表所錄，及近年出版者，尚可舉焉：

張燕昌金石契五卷。

陳經求古精舍金石圖四卷。

馮雲鵬、雲鵷金石索十二卷。

劉喜海金石苑六卷。

張德容二銘草堂金石聚十六卷。

鮑昌熙金石屑四卷。

又金石文字一卷。以上皆金石雜采。

丁麟年移林館吉金圖識一卷。

吳大澂愙齋集古錄二十六册。民國七年印行。

盛昱鬱華閣金文四十八册。是即王氏表序所稱「一時鬱華閣金文拓本之富，稱海內第一」者，後歸於羅振玉。

關百益新鄭古器圖錄二卷。民國十八年印行。

容庚頌齋吉金圖錄一卷。民國二十一年印行。

又武英殿彝器圖錄二册。民國二十三年印行。

于省吾雙劍誃吉金圖錄二卷。民國二十三年印行。

方煥經楚寶齋藏器圖釋一卷。民國二十三年印行。

劉體智善齋吉金錄二十八册。民國二十三年印行。

又小校經閣金文拓本十八册。民國二十四年印行。

方濬益綴遺齋彝器款識考釋十四册。民國二十四年印行，是即鮑氏長例所稱「以南北間阻，未能寓目」者。

劉節壽縣所出楚器圖釋一卷。民國二十四年印行。

商承祚十二家吉金圖錄二册。民國二十四年印行。

郭沫若兩周金文辭大系圖錄二編。民國二十四年印行。

是皆吉金圖錄之書，承宋人考古、博古二圖，及薛氏款識之緒者也。至於攻究之法，亦不能外劉敞先秦古器記所云：制度、文字、世謚三者，而聚訟輒未能定。善乎王靜安先生之言曰：「夫古器之作，距今率二三千年，文物屢變，典籍俄空。原父所云：制度、文字、世謚三者，雖經數百年數十家之攻究，所通者劣得其半。如古器之名，皆定於宋人；然在今日，尚有遇物而不能名，或名而未盡確者。至於文字、世謚，尤爲糾紛，自王、薛以至阮、吳諸說，其可信者，十不過四五。蓋一人之學識有限，而方來之心思耳目無窮；今日所能爲者，在留其文字形制於天壤間，使天下後世，皆得而攻究焉。善於考古者，蓋莫逾此。」（隨庵吉金圖序）又論文字之考釋曰：「自周初訖今，垂三千年；其訖秦、漢，亦且千年。此千年中，文字之變化脈絡，不盡可尋，故古器文字，有不可盡識者，勢也。古代文字，假借至多，自周至漢，音亦屢變，假借之字，不能一一求其本字，故古器文義，有不可強通者，亦勢也。自來釋古器者，欲求無一字之不識，無一義之不通，而穿鑿附會之說以生。穿鑿附會者，非也；謂其字之不可識，義之不可通，而遂置之者，亦非也。文無古今，未有不文從字順者；今日通行文字，人人能讀之，能解之；詩、書、彝器，亦古之通行文字，今日所以難讀者，由今人之知古代，不如知現代之深故也。苟考之史事與制度文物，以知其時代之情狀；本之詩書，以求其文之義例；考之古音，以通其義之假借；參之彝器，以驗其文字之變化。由此而之彼，即甲以推乙，則於字之不可釋，義之不可通者，必間有獲焉。然後闕其不可知者，以俟後之君子，則庶乎其近之矣。」（毛公鼎考釋序）此先生自述其攻究之方法，而示我人以津梁，凡從事斯學者，蓋莫能外其說也。

摹寫考釋以外，則有錄其文者，如鄒安之周金文存，（已見彙表引用。）吳闓生之吉金文錄，于省吾之雙劍誃吉金文選，然皆意在評選，止於錄文而已。惟有王靜安先生之兩周金石文韻讀，凡錄文四十餘篇，其時代自宗周以訖戰國之初，國別如杞、鄶、邾、婁、徐、許等，幷出國風十五之外；然求其用韻，與三百篇無乎不合，則其足以補諸家韻書之所缺漏者多矣。

又有纂其字者，則採摭繁富，亦非前代諸書所能比擬者也。原漢許慎之作說文解字，敍云：「郡國亦往往於山川得鼎彝，其銘即前代之古文。」實則未加採錄，其所錄古籀之文，未必見於鼎彝。宋人始有集金文而編次者，書皆不傳。元明數家，亦不足觀。清初，汪立名所編鐘鼎字源五卷，專採鐘鼎之文，依韻編次，亦混淆殊甚。厥後惟吳大澂之說文古籀補十四卷，附錄一卷，依據許書，較爲可遵。然以鐘鼎文字續出者多，故有一再增補而不能盡，如近時丁佛言之說文古籀補補，強運開之說文古籀三補，林義光之文源，馬德璋之古籀文彙編，容庚之金文編及續編，大抵皆承吳氏而作也。而採錄之富，尤莫逾於最近徐文鏡之古籀彙編。惟馬、徐二書，并兼及甲骨文字，不僅限於金文焉。至於因鐘鼎文字之變化離奇，多與許書六書源流之說不合，頗有據以攻難許書之謬者，則屬文字學之問題，此不詳論；惟鐘鼎文字之有大造於文字之學，使昔日幾於尊許書以配六經之觀念一變，而促成文字學之革命，則斷可明焉。

自宋以來古器之著錄，或僅就一家所藏，或廣徵諸家之器，其稱名互異，紛歧錯出，幾於目眩神昏，莫可究詰，學者憾焉。於是王靜安先生有宋代金文著錄表（一卷）及國朝金文著錄表（六卷）之作。其自述作表之方法云：「器以類聚，名從主人。其有異同，分條於下。」（宋表序）又自述其工作之艱苦云：「長夏酷署，墨本堆案，或一器而數名，或一文而數器；其間比勘一器，往往檢書至十餘種，閱拓本至若干册，窮日之力，不過盡數十器而已。……然著錄之器，既以千計；拓本之數，亦復準之；文字異同，不過豪釐之間；摹拓先後，又有工拙之別。雖再三覆勘，期於無誤；然複重遺漏，固自不免。」（國朝表序）可以知之矣。是書既出，吉金諸器，始得如散錢一一在串，學者便之。繼其後者有鮑鼎之國朝金文著錄表補遺一卷，其依據之書，俱見前引。惟王表辨別眞僞，一一注明，鮑表則闕；王表於漢以後器采至宋、金而止，鮑表則增元、明兩朝；此其異也。最近羅福頤復有三代秦漢金文著錄表，及內府藏器著錄表，諸之嵒，豐列恐司。至柯昌濟著金文分域編二十一卷，則竟如王象之、陳思之著錄石刻矣。

上述諸家著錄，稱名互異，莫可究詰；則釐訂名稱，實爲著錄之先決問題。而名之待正，又有二端，一爲類名，一爲主名；古人於此，多所忽略，或觥而曰匜，則誤其類矣，或甲鼎而曰乙鼎，則誤其主矣。後者苟銘文未泐，尚易於辨正，至於類名，則難言焉。王靜安先生因據宋人之所定者，及清人之所命名，作說斝，說觥，說盉，說彝，說俎（俎以木爲之，非古金之器。）諸篇，而統名曰古禮器略說。其明「散」爲「斝」之譌字，「乙類匜」之爲「觥」，「盉」之非調味之器，「彝」實爲禮器之總名，皆宋、清兩代之所忽略誤認，得王氏之說而始正也。其後容庚有殷周禮樂器考略一篇，載燕京學報，亦釐訂名稱之事也。

又前人對於吉金諸器之考察，皆偏於款識文字之釋讀，及器物形制之研究；至於在重要方面，如器物之時代，及由器物本身以推論古代之文化，由款識文字以考知古代之史蹟，殆全爲學者所忽略。自王靜安先生著生霸死霸考，鬼方昆夷玁狁考，及觀堂古金文考釋五種，（毛公鼎，不嬰敦，散氏盤，盂鼎，克鼎五種。）始有方法以推定器物之時代，而著眼於古代文化史蹟之大端。其後郭沫若著古代銘刻彙考，殷周青銅器銘文研究，及金文叢考，吳其昌著金文曆朔疏證及續補，金文疑年表，及金文氏族譜，而兩周社會情狀，氏族世系，及諸器時代，始多所發明。其所考證，雖未必絕無疑義，要爲近世古金之學之一大貢獻也。

上述鐘鼎碑碣爲金石之大宗，所有著錄，十九繫此。然此外又有若干種附庸蔚爲大國，因而別出一類以研究者，則爲錢幣，璽印，兵符，鏡鑑，玉器，瓦甎等物。茲復依次述之於後。

三　錢幣之著錄

錢幣之專輯成書，肇於梁顧烜之錢譜，其後唐封演有續錢譜六卷，今皆不傳。傳者以宋洪遵之泉志十五卷爲最早。其時較王黼略後，約當西曆千一百六十年左右。是書彙輯歷代錢圖，分爲九品，自皇王偏霸，以及荒外之國，凡有文字可記，形象可繪者，莫不畢載。然大抵出自意造，誕妄不經。又有宋闕名之錢譜一卷，見於說郛原本。其後重刻，或題爲宋董逌著，或改爲明董遹著，皆依託耳。明胡我崐又有錢通三十二卷。前代著錄，此外無聞焉。自淸至今，據金石書錄目所載，計五十七部。其間官書除乾隆時敕編之錢錄十六卷外，餘皆私家之籍。其搜羅之富，鑑別之精，莫過於李佐賢之古泉匯六十四卷，後又一再續補至三十二卷，著錄凡六千品，泉譜中之巨擘也。按此種錢幣，卽我國古代交易之媒介。中古以後，帝王易代，必另鑄新錢，故由其質之美惡，量之輕重，形之大小，製之精粗，可以考見歷代之經濟狀況。且搜羅之輩，不特限於本國，卽國外輸入者，亦甚注意。則不僅可研究本國之經濟狀況，且可考見四圍外族與我國貿易之情形焉。

四　璽印之著錄

考輯錄古印，始於宋晁克一之集古印格，其書一卷，見於郡齋讀書志。此外王俅、顏叔夏、姜夔、王厚之，各有譜錄，今除王俅嘯堂集古錄略有採輯，及王厚之漢晉印章圖譜外，餘皆不存。元趙孟頫之印史，吾邱衍之學古編，楊遵之集古印譜，今亦惟存學古一編。明人著錄，見於四庫提要者，有來行學之宣和集古印史，徐官之古今印史，顧從德之印藪，何通之印史，然皆譌謬百出，鄙陋可笑。見於金石書錄目者，則有王常之集古印譜，甘暘之集古印譜，潘雲杰之秦漢印範，羅王常之秦漢印統四種；而後三種實爲增改集古印譜而成。自清至今，藏家既多，存錄尤富，除專錄政府收藏之金薤留珍二十五册，毓慶宮藏漢銅印二册，避暑山莊藏漢銅印四册外，餘皆私家之籍。據羅福頤印譜考所列，則順治時一種，康熙時二種，乾隆時十五種，嘉慶時十九種，道光時十六種，咸豐時一種，同治時六種，光緒時十八種，宣統時三十四種，清共一百一十二種。益以金石書錄目列民國以來二十六種，爲一百三十八種。其間收藏之富，應推陳氏介祺，其十鐘山房印舉存錄盈萬，世稱「萬印樓」者是也。古印拓存以外，又有纂其文字，以爲印學之一助者，則有桂馥之繆篆分韻，袁日省之漢印分韻選集，謝景卿之漢印分韻續集，及近人孟昭鴻之漢印分韻三集，及印字類纂，羅福頤之古璽文字徵，漢印文字徵等書，亦猶鐘鼎字源及隸辨之編次也。原古印之所以重，蓋於此可以考見古代官名及地名之更改，爲史書所不載者，往往甚多，故史家亦極重之。至於篆刻家之因以有所觀摩，而使其藝事精進，則有賴於古印之師資，價値之可貴，自更不待言矣。

五　兵符之著錄

兵符皆以銅製，秦、漢曰虎符，唐、宋曰魚符，元則俗名虎頭牌而不曰符。其物傳世雖少，而重要過於印章。宋人著錄，僅無名氏之續考古圖有一品。至清而遂有專輯之書，如瞿中溶之集古虎符魚符考，及翁大年之古兵符考略各一卷。近人則有羅振玉之歷代符牌圖錄一卷，後編一卷，隋唐兵符圖錄一卷等書。王靜安先生有秦新郪虎符跋，秦陽陵虎符跋，記新莽四虎符，記隋銅虎符，偽周二龜符跋，及元銅虎符跋等篇，言歷代兵符之制甚備，容詳於後。至於著錄之數，合王、鮑兩表，共得一百十器。

六　鏡鑑之著錄

鏡之為物，古以銅製，盛行於漢，歷魏、晉、六朝、隋、唐而猶不衰，元、明以後，玻璃代興，銅鏡始漸消滅。其所刻圖象之精，銘文之雋，至可玩味，容詳於後。宋人著錄，厥數甚鮮；出土傳世，清代為多。其專輯成書，始於錢坫之浣花拜石軒鏡銘集錄二卷，其次有梁廷枏之藤花亭鏡譜百卷，陳介祺之簠齋藏鏡二卷，徐元潤之銅仙傳一卷。近人則有羅振玉之古鏡圖錄三卷，古鏡銘集一卷，鏡話一卷，及徐乃昌之小檀欒室鏡景六卷等書。其著錄之數，尚無統計。

七　玉器之著錄

玉器之用，曰佩，曰執，曰陳，其有關典禮，載在經史，亦可以證經訓，考古制，價值與鐘鼎彝，不徒供玩好已也。至於品類之繁，雕琢之精，尤可以見古代藝術思想技巧之發展。其著錄之書，始於宋呂大臨之考古圖，惜無所考證。龍大淵之古玉圖譜，則係後人據三禮、考古、博古諸圖而偽作，四庫提要辨之甚詳。元朱德潤之古玉圖二卷，實為專輯之最早者，然祇寥寥數十器，沿用舊說，亦無考證。至清，瞿中溶有奕載堂古玉圖錄一卷，陳性有玉紀一卷，而以吳大澂之古玉圖考二冊，辨訂源流，引證經傳，圖說詳明，至爲精核。又陳、吳二書，後人均有補正，劉心寶之玉紀補，李鳳廷之玉紀正誤，鄭文焯之古玉圖考補正是也。而鄭書正吳氏之說凡二十三則，爲尤精卓。此外惟闕名之玉社古玉所見錄一卷，及古玉圖一卷，黃濬之衡齋藏見古玉圖二卷，劉子芬之古玉考一卷，及錢啓同之玉說沓刊一卷而已。

八　瓦甓之著錄

古甓文之著錄，始於宋洪氏隸續之收漢永平、建初等甓文，而不及瓦，瓦無年月也。惟元祐六年寶雞縣民權氏濬池得瓦，文曰：「羽陽千歲」，爲秦武公、羽陽宮瓦，其事載王闢之澠水燕談錄。外如長安圖志，東觀餘論，間亦及之。清代以後，祕藏日出，瓦甓並重，乃有專輯之書。其專錄瓦文者，始於乾隆時朱楓之秦漢瓦當圖記，而以近人羅振玉之秦漢瓦當文字爲最精。其專錄甓文者，始於道光時嚴福基之嚴氏古甓存，而以陸心源之千甓亭古專圖釋，端方之陶齋藏甓爲最富。亦有二者並錄者，則以高鴻裁之上匋室專瓦文攈爲最精博。總計自清至今著錄之書，都四十餘種；而品類之異，自秦、漢以訖隋、唐，各在三百以上。

第二節　創獲——清末至現代

上述金石及其附庸，著錄咸始於宋，至清而盛，而專。今則有最近四十年來各地創獲之器物，爲前此所未嘗發見，或發見而未嘗注意，或注意而未嘗著錄，或著錄而未嘗專門，則殷虛之甲骨，西域之簡牘，齊、魯之封泥，燕、齊之陶器及河、洛之明器是也。

一　甲骨之著錄

殷虛甲骨文字者，乃殷代卜時命龜之辭，刻於龜甲及獸骨上；光緒二十四五年間（一八九八——一八九九），始出於河南彰德府西北五里之小屯；其地在洹水之南，三面環之，史記項羽本紀所謂洹水南殷虛上者也。初出土後，（時土人認爲龍骨以治瘡，後乃入古董客之手。）濰縣估人得其數片，以售之福山王懿榮。（聞每字售銀四兩云）。王氏命祕其事，一時所出，先後皆歸之。二十六年王氏殉難，其所藏皆歸丹徒劉鶚。鶚復命估人蒐之河南，所藏至三四千片。二十八年，劉氏選千餘片影印傳世，所謂鐵雲藏龜是也。三十二年，上虞羅振玉官京師，復令估人大蒐之，於是三十二年以後所出，多歸羅氏；自其年至宣統三年，所得約二三萬片。而彰德長老會牧師明義士（T. M. Menzies 加拿大人）所得，亦五六千片。其餘散在各家者，尚近萬片。（總計已出土者，約有四萬至五萬片。）近年發掘，尚時有所獲，惟數甚寥寥，且有僞造者。其著錄此類文字之書，除鐵雲藏龜外，有羅氏之殷虛書契前編（民國元年），殷虛書契後編（民國五年），殷虛書契菁華（民國三年），鐵雲藏龜之餘（民國四年），日本林泰輔博士之龜甲獸骨文字附鈔釋（民國三年），明義士之殷虛卜辭（The Oracle Records of the Waste of Yin, 1917. 民國六年）。哈同氏之戩壽堂所藏殷虛文字附王國維考釋（民國八年），丹徒葉玉森之鐵雲藏龜拾遺附考釋（民國十四年），天津王襄之簠室殷契徵文附考釋

（民國十四年），南陽董作賓之新獲卜辭寫本（民國十七年），開封關百益之殷虛文字存眞附考釋（民國二十一年），樂山郭沫若之卜辭通纂及考辭索引，東莞容庚吳縣瞿潤緡之殷契卜辭附釋文及文編，番禺商承祚之福氏所藏甲骨文字附考釋，及殷契佚存附釋文（以上均民國二十二年），凡十六種。而研究其文字者，則瑞安孫詒讓始於光緒三十年撰契文舉例；羅氏於宣統二年撰殷商貞卜文字考，嗣撰殷虛書契考釋（民國三年），殷虛書契待問編（民國五年）等。其後王襄之簠室殷契類纂（民國十年），商承祚之殷虛文字類編（民國十二年），醴陵朱芳圃之甲骨學文字編（民國二十二年），潢川孫海波之甲骨文編（民國二十三年），諸書皆依說文分部，用吳大澂說文古籀補之例也。審釋文字，自以羅氏爲第一。其考定小屯之爲故殷虛，及審釋殷帝王名號，皆由羅氏發之。嗣王靜安先生復據此種材料，作殷卜辭中所見先公先王考，以證世本、史記之爲實錄，且可辨其舛誤；作殷周制度論，以比較二代之文化，皆大有裨於經史之學也。其後葉玉森之殷契鉤沈（民國十二年），說契（民國十三年），揅契枝譚（與前書合訂），丹徒陳邦福之殷虛霾契考，（民國十七年）殷契辨疑，（民國十八年）郭沫若之甲骨文字研究（民國十九年），鍾祥李濟及董作賓等之安陽發掘報告（民國十八年至二十二年），泰興陳晉之契學概論，鄞曰徐協貞之殷契通釋（以上均民國二十二年），朱芳圃之甲骨學商史編（民國二十四年），諸書於殷商史跡，及其時之社會風俗制度心理，均有述及。而郭著多具新解，啓發之功尤鉅。最近董作賓著甲骨文斷代研究例，載慶祝蔡元培先生六十五歲論文集。

定標準十項：一曰世系，二曰稱謂，三曰貞人，四曰坑位，五曰方國，六曰人物，七曰事類，八曰文法，九曰字形，十曰書體，以爲鑑別時代之準則，可謂集近世甲骨文字研究方法之大成矣。按此學自羅氏之審釋文字，王氏之考訂史實，十餘年來雖續有纂述，然其中所可研究發明之處尚多，正有待於後此之努力也。

二　簡牘之著錄

古人書刻，金石甲骨以外，其惟竹木。其用未識始於何時，要當於金甲相先後；然今日之所遺存，則以漢爲最早矣。按木簡之發見，第一次爲晉太康二年（二八〇），汲郡人不準盜發魏襄王墓，——或言安釐王冢，得竹書十車。見於晉書束晳傳，荀勗傳，衞恆傳，王接傳等篇。第二次亦爲晉時，時有人於嵩山下得竹簡一枚，上兩行科斗書，人莫能識，司空張華以問束晳，晳曰：此漢明帝顯節陵中策文也。見於文選任昉薦士表李善注引張隱文士傳。第三次爲齊建元元年，在襄陽楚王墓中得木簡。見於齊書文惠太子傳。第四次爲宋徽宗、政和中，於陝西發見漢永初二年木簡，僅有二枚，靖康之禍，爲金人索之而去。見於東觀餘論及困學紀聞。其在近世，則當光緒中葉（一九〇〇——一九〇一），英屬印度政府所派遣之匈牙利人斯坦因博士（M. Aurel Stein）訪古於我和闐，於尼雅河下流廢址，得魏、晉間人所書木簡數十枚。嗣於光緒季年，（一九〇六——一九〇八）先後於羅布淖爾東北故城，得晉初人書木簡百餘枚；於敦煌漢長城故址，得兩漢人所書木簡數百枚（原物均歸英國博物館收藏）。皆經法人沙畹教授（Ed. Chavannes）考釋。其第一次所得，印於斯氏和闐故蹟（Sand-Buried of Khotan）中。第二次所得，別爲專書，於民國二三年間出版。此項木簡，中有古書（蒼頡篇急就篇等），曆日，方書，而其大半皆屯戍簿錄（又有公文案卷信札等），於史地二學關係極大。民國二年，沙畹教授寄其校訂未印成之本於羅振玉、王國維二氏，重加考訂；并斯氏在和闐所得者，影印行世，所謂流沙墜簡（民國三年出版）是也。其後法人又於新疆掘得漢、晉木簡數百枚，張鳳據以印爲漢晉西陲木簡彙編（民國二十年出版）。此外俄人希亭（Hedin）亦有所得。又日人大谷光瑞所得，有西域圖譜一書，然其中木簡，只吐魯番之二三枚耳。按流沙墜簡，王氏有序，考證其出土之地，及諸地古代之情狀甚詳；又跋十八則，考證其官制文例亦精。又有簡牘檢署考，則更考證其制度沿革至盡。漢晉西陲木簡彙編，陳直亦據以考證，得三十一則，曰木簡考略（民國二十一年出版）。近世關於敦煌西域所出漢、晉木簡之著述，大略在是。

三　封泥之著錄

古人遣使傳信，中途恐有洩漏，乃以木簡縛成一束，於結繩處以含膠質之泥封固，取璽印鈐之，是爲封泥。按封泥出土，不過近百年內之事，當時或以爲印笵；蓋此事傳之後世，其制久廢，幾不知有此事實。及吳式芬、陳介祺之封泥考略出，（光緒三十年印行）始定爲封泥。考封泥之物，實與古璽相表裏；而官印之種類，較古璽印爲尤夥，其足以考正古代官制地理者，爲用至大。故自吳、陳二氏之考略行世，其後續有著錄，如羅振玉之齊魯封泥集存，陳寶琛之澂秋館藏古封泥，周明泰之續封泥考略，吳幼潛之封泥彙編，陳直之漢封泥考略，及胡瑞之封泥印古錄，北京大學文史部之封泥存眞，皆與古印譜同其價値。而羅氏集存自序，詳言出土源流；王靜安先生序，詳考官制地理，爲陳、吳所不及者；又王氏簡牘檢署考復詳其制度：於是封泥之爲物，乃大顯於世矣。

四　陶器及明器之著錄

古陶之大別，約有二端：一爲日常之用具，一爲喪葬之明器。而古陶之稍有系統可述者，多賴歷代明器之發見。卽日常用具，亦往往因明器而發覺，蓋掘墓獲得明器時，用具亦於無意中得之。至於近世燕、齊新出之古陶用具，有屬於史前者，有屬於三代者，有屬於秦、漢、六朝、隋、唐者。三代之器，率與其時之銅器相似，蓋卽鐘鼎彝器之所取范也。惟其文字，不與普通鐘鼎文同，近人考證爲戰國時文字，有與古璽封泥極相似者。隋、唐以後，則爲磁器藝術之發達時代矣。其著錄之書，在今日尙未發達，大抵與瓦甎並存。如高鴻裁之上匋室甎瓦文攈，所錄凡五十二種；方若之藏匋拓本，其第四册略有拓存。此外如陳介祺之簠齋藏陶，劉鶚之鐵雲藏陶，吳隱之遯庵古陶存，王獻唐之鄒滕古陶文字，黃文弼之高昌陶集，率有存錄。餘則附於明器著錄之書。

所謂明器，乃死者殉葬所用，如俑及鬼怪之類，近年出土甚多。其最初注意者爲羅振玉。

光緒三十三年，羅於北京廠肆得古俑二；嗣後續有所得，至民國五年，乃將歷年所藏，選其精者，印爲古明器圖錄，是爲明器加入古物之始。雖於器形外無所說明，時代鑒定亦未及半；然至此既引外人之注意，復動商賈之搜求，羅氏之功，蓋即在此。西人購器者固多，發掘者亦有。民國十一年，安特生博士(Anderson)及師丹斯基博士(Sdansky)，曾於河南澠池發掘仰韶遺址。後兩年，安氏又在甘肅發掘。故明器出土者日多，流出於國外者日衆，而外人之研究著述，亦漸刊行。民國八年，羅福有漢陶(Laufer: Chinese Pottery of the Han Dynasty)之刊行；十三年，濱田耕作有支那古明器泥象圖說之刊行；十七年，亨慈又有中國明器(Hentze, C: Chinese Tomb Figures)之刊行。其他論文及圖象之刊印於考古雜志者，不一而足。十九年，鄭德坤、沈維鈞二氏，收買古明器數十種於洛陽，歸而研究，並參照中西書籍，著中國明器，是爲中國研究陶器第一有系統之作。寶藏初闢，此後正未有涯涘也。

第三節　整理——清中葉至現代

一　史料之纂述

金石之學，濫觴於漢，極盛於宋，寖衰於元、明，而復興於清。自宋以來，學者蔚起，著作如林，或闊編巨製，或單篇零簡，不可勝計。即或未有著作，而其人之一言一行，有涉於金石之存廢者，亦復不少。是斯學之史蹟，有待於搜集而闡述者矣。此前代所未有，而作始於清嘉道間李遇孫之金石學錄。書凡四卷，刻於道光四年(一八二四)。其書歷敘自周、秦以後，直至清嘉慶年間（一八二〇）所有關於金石學之人物、事蹟、及著作。自經史類書筆記文集，無不兼采，搜輯賅備，誠有功於斯學也。其後補其遺漏，有陸心源之金石學錄補三卷，刻於光緒十二年（一八八六）。及褚德彝之金石學錄續補二卷，刻於民國八年。又有田士懿之金石著述名家考略四卷，刻於民國十七年；及宣哲之金石學人錄（稿本），皆其倫也。其著錄之數，以宣哲爲最富，計周五人，秦一人，漢十四人，魏六人，吳二人，晉（附後趙及秦）十五人，宋一人，齊一人，梁十人，北魏二人，後周一人，隋三人，唐三十一人，五代（附楊吳及南唐）三人，宋一百六十四人，遼二人，金（附齊及西夏）八人，元四十八人，明九十七人，清一千〇五十八人，合計一千四百七十二人（見衞聚賢中國考古學史引）。若更益以民國以來一百五十餘人（據容媛金石書錄目朝代人名通檢），則清至現代，實占全數三分之二以上，可謂盛矣。惟自李遇孫以至宣哲，其所搜採，頗多雜糅，意在求博，不無可議，嚴格論之，蓋泰半不得與於其列也。

二　書目之編輯

金石學書之在前代，經史子集四部之中，無不入之。明以前無論已；即如清四庫全書之中，系薛尚功鐘鼎款識於經部小學類字書之屬，系歐陽修集古錄，洪适隸釋、隸續等於史部目錄類金石之屬，系呂大臨考古圖，王黼博古圖等於子部譜錄類器物之屬，系潘昂霄金石例於集部詩文評類之屬，可謂不倫。清末，張之洞之書目答問，乃依鄭樵通志之例，於史部別出金石一門，分目錄之屬，圖象之屬，文字之屬，義例之屬四類；然薛氏之書，仍入小學，猶未嘗也。

至於專錄金石之書者，首推葉銘之金石書目。宣統二年（一九一〇）刊行。著錄金石書凡四百九十二種，不著時代，不分類屬。後十五年（民國十四年）而有田士懿之金石名著彙目，正、續、補遺、失錄，都六百六十二種。以時代爲次，目下間注版本。後一年（民國十五年）而有黃立猷之金石書目，書分金文，石文，匋文，骨文，地方，法書，義例，題跋，彙考，目錄十類，著錄都八百七十八種，補遺四十七種。又後二年（民國十七年）而有林鈞之石廬金石書志，著錄九百七十種，分分地，斷代，錄文，存目，圖譜，石經，記載，考證，釋例，字書，法帖，雜著十二類。而容庚以爲皆所未慊，列舉其謬。最近容媛女士輯金石書錄目十卷，（民國二十四年）分總類，金類，錢幣類，璽印類，石類，玉類，甲骨類，匋類，竹木類，地志類十類。而每類之中又別爲目錄，圖象，文字，通考，題跋，字書，雜著等子目以分領之。分類明確，體例精當，著錄九百七十七種，上自蕭梁，下迄最近，皆據其涉覽所及，絕無以耳代目之弊。茲列表於下：

分目 \ 總類		總
目錄	清以前	六
	清至今	一六
圖象	清以前	
	清至今	二二
文字	清以前	一
	清至今	三二
通考	清以前	
	清至今	六
題跋	清以前	五
	清至今	五五
字書	清以前	一
	清至今	一一
雜著	清以前	二
	清至今	一三
傳記	清以前	
	清至今	七
義例	清以前	
	清至今	
合計	清以前	一五
	清至今	一六一

金	錢幣	璽印	石	玉	甲骨	陶	竹木	地志	合計
一			六					一	一四
一五	一	二	二一	一	一			三三	九〇
五	二			二					九
五〇	三八	三	六	四	三	二八		八	一六一
三	一	五	九					一	二〇
三六	四	六四	一三二		一六	一八		一〇七	四一〇
			一						一
四		三	九	四	一七	一			四四
一			七						一三
二	一		二二	一				七	八八
			三						四
四		六	一四		六		六		四七
二三	一三		六	一	一			八	四四五
									七
			二						二
			一一		二				一四
一二一一四	二九七	五七八	二八一二三	二一一	四六	四七	六	二三一六三	六七九〇六

上表（除日本、高麗）共九百〇六種，六千〇〇七卷。此外尚有方志中金石志目：江蘇二十三種，三十八卷；浙江五十二種，一百二十八卷；安徽七種，十一卷；江西十一種，十二卷；福建八種，三十八卷；廣東三十種，八十四卷；廣西三種，十八卷，湖南十四種，六十五卷；湖北七種，二十二卷；四川二十八種，三十卷；貴州一種，一卷；雲南三種，六卷；吉林

一種，一卷；黑龍江一種，一卷；河北十五種，四十卷，河南二十六種，七十八卷，山東二十二種，五十七卷；山西十二種，二十一卷；陝西十九種，三十四卷；甘肅一種，一卷；察哈爾一種，二卷；新疆一種，二卷，以上共二百九十七種，六百八十卷。

又按以上所舉，均就今所存者而言；其有遺佚不傳，幷存者而統計之，據黃沂之金石學著述考，（稿本見衞聚賢中國考古學史引）共約二千二百餘種；則代之興存，數幾相埒，則又金石學之不幸已。

第二編 說金

第一章 總說

第一節 制作之原始及歷代之寶重

三代以上之傳說——周以前——漢至唐——歷代寶重之原因

史記封禪書：「黃帝作寶鼎三，象天地人。」又：「禹收九牧之金，鑄九鼎，象九州。」此金器之始制也。按黃帝三鼎，餘無可徵，自是傳說云爾。夏禹九鼎，則屢見於經傳，歷代傳遞，一若信而有徵者，試舉其說：

左傳宣三年：「昔夏之方有德也，遠方圖物，貢金九牧，鑄鼎象物。……桀有昏德，鼎遷於商。……商紂暴虐，鼎遷於周。」

又桓二年：「武王克商，遷九鼎於雒邑。」

墨子耕柱則以鼎為啟作：「昔者夏后開（啟）使蜚廉採金於山川，而陶鑄之於昆吾。……九鼎既成，遷於三國；夏后失之，殷人受之；殷人失之，周人受之。」

國策東周策：「昔周之伐殷，得九鼎。」

史記封禪書：「夏德衰，鼎遷於殷；殷德衰，鼎遷於周；周德衰，鼎遷於秦；秦德衰，宋之社亡，鼎乃淪伏而不見。」

此禹鼎之一大掌故。其鼎之有無，及三代之是否以德而遷，俱在疑信之間。惟銅鑛之初被發見，冶術之初被應用，及其時銅鑛產量之稀少，而為有國者所寶重，則斷可明焉。特所重在質而非古耳。

殷周兩朝，產量增加，制作大盛，而愈以為重器。自漢至唐，則古器罕見，得之以為祥瑞。北宋以後，出土漸多，始不以為神奇，而或以玩賞加之。故阮元論商周銅器，分周以前，漢至唐，北宋以後為三期。茲錄其說如下：

三代時鐘鼎為最重之器，故有立國以鼎彝為分器者：武王有分器之篇，書序：武王封諸侯，班宗彝作分器。魯公有彝器之分左定四年，分魯公官司彝器，分康叔大呂，分唐叔姑洗，皆鐘也。是也。

有諸侯大夫朝享而賜以重器者：周王與虢公以爵，莊二十一年，鄭伯之享王也，王以后之鞶鑑予之。虢公請器，王予之爵，鄭伯由是惡王。晉侯賜子產以鼎左昭七年，晉侯賜子產莒之二方鼎。是也。

有以小事大而賂以重器者：齊侯賂晉以地而先以紀甗，左成二年。魯公賄晉卿以壽夢之鼎，左襄十九年，公享晉六卿，賄荀偃束錦加璧乘馬，先吳壽夢之鼎。鄭賂晉以襄鐘，左成十年，鄭子罕賂晉以襄鐘。杜注：鄭襄公之廟鐘。齊人賂晉以宗器，左襄二十五年。杜注：宗器，祭祀之器。陳侯賂鄭以宗器，左襄二十五年。燕人賂齊以斝耳，左昭七年。徐人賂齊以甲父鼎，左昭十六年。鄭伯納晉以鐘鑄（左襄十一年。亦見晉語。）是也。

有以大伐小而取爲重器者：魯取鄆鐘以爲公盤，（左襄十二年。）齊攻魯以求岑鼎（呂氏春秋：齊攻魯，求岑鼎，魯君載他鼎以往，齊侯弗信。又見說苑、新序。）是也。

有爲述德儆身之銘以爲重器者：祭統述孔悝之銘，叔向述讒鼎之銘，（左昭三年。）孟僖子述正考父鼎銘，（左昭七年。）史蘇述商衰之銘（晉語。）是也。

有爲自矜之銘以爲重器者：禮至銘殺國子，（左僖二十五年。）季武子銘得齊兵（左襄十九年。）是也。

有鑄政令於鼎彝以爲重器者：司約書約劑於宗彝，（周禮秋官。）晉鄭鑄刑書於刑鼎（左昭六年。又二十九年。）是也。

且有王綱廢墜之時，以天子之社稷，而與鼎器共存亡輕重者：武王遷商九鼎於洛，楚子問鼎於周（左宣三年。）秦興師臨周求九鼎（戰國策。）是也。

此周以前之說也。

自漢至唐，罕見古器，偶得古鼎，或至改元，稱神瑞，書之史册。儒臣有能辨之者，世尚爲奇。故說文序曰：「郡國往往於山川得鼎彝，其銘即前代之古文」是也。

今略數之：

則有漢元鼎汾陰得寶鼎，（漢書元鼎元年夏五月，得鼎汾水上。四年六月得寶鼎后土祠旁，漢書武帝紀。又郊祀志。宣帝時美陽得鼎獻之，張敞辨之，敞釋文曰：「王命尸臣，官此栒邑，賜爾旂鸞黼黻琱戈，尸臣拜手稽首，曰：敢對揚天子丕顯休命。」鼎小有款識，不宜薦於宗廟。元按：此銘乃漢書約記張敞之言，非銘全文也。永平六年王雒出寶鼎，漢書明帝紀：永平二年六月，王雒山出寶鼎，廬江太守獻之。詔陳鼎於廟。永元元年竇憲上仲山甫鼎。竇憲傳：和帝永元元年九月，竇憲伐單于，遺憲古鼎，容五斗，其旁銘曰：「仲山甫鼎，其萬年，子子孫孫永寶用。」元按漢人習隸，罕識籀文，此銘亦約辭，非全銘之體。

吳赤烏十二年，寶鼎出臨平湖，又出酃縣。

宋元嘉十三年，武昌縣章山出神鼎。二十二年，新陽獲古鼎，有篆書四十二字。泰始五年，南昌獲古鼎，容斛七斗。七年，義陽郡鼎，受一斛。皆獻於朝。並見符瑞志。

唐貞觀二十二年，遂州涪水中獲古鼎，旁有銘刻。開元十年，獲鼎，改河中府之縣名寶鼎縣。十二年，后土祠獲鼎二：大者容四升，小者容一升，色皆青。十三年，萬年人獲寶鼎五，獻之。四鼎皆有銘。銘曰：「垂作尊鼎，萬壽無疆，子孫寶用。」元按此銘文亦不全。二十二年，眉州獻寶鼎，重七百斤，有篆書。天寶元年，平涼獲古鑊鼎，獻之。元和二年，詔以湖南所獻古鼎，付有司，重一百十二斤。咸平三年，乾州獻古銅鼎，狀方，四足，上有古文二十一字。直昭文館句中正與杜鎬詳其文曰：「維六月初吉，史信父作鬻甗，斯萬年，子子孫孫永寶用。」

以上皆見正史及會要。

此自漢至唐之說也。

北宋以後，高原古冢搜獲甚多，始不以古器爲神奇祥瑞，而或以玩賞加之。學者考古釋文，日益精核，故考古圖列宋人收藏者，河南文潞公，廬江李伯時等三十餘家，士大夫家有其器，人識其文，閱三四千年而道大顯矣。……（阮元商周銅器說下篇）

右述歷代對於古器之寶重，較然可知。至其所以寶重之故，又不僅以其制作之精，器物之古，銘識文字之有裨於經訓；蓋在當時，有繫於家國宗廟之吉凶常變，興滅存亡也。龔自珍說宗彝第其功用，凡十九事；茲復錄其說如下：

史佚之裔官曰：彝者，常也。宗者，宗廟也。彝者，百器之總名也。宗彝也者，宗廟之器。然而暨於百器，皆以宗名，何也？事莫始於宗廟，地莫嚴於宗廟。然則宗彝者何？古之祭器也。君公有國，大夫有家，造祭器爲先。祭器具則爲孝，祭器不具爲不孝。

宗彝者何？古之養器也。所以羞耆老，受祿祉。養器具則爲敬，養器不具爲不敬。

宗彝者何？古之享器也。古者賓師亞祭祀，君公大夫享器具則爲富，享器不具爲不富。

宗彝者何？古之藏器也。國而既世矣，家而既世矣，富貴而既久長矣，於是乎有府庫以實重器，所以鳴世守，媲祖禰，矜閥閱也。

宗彝者何？古之陳器也。出之府庫，登之房序，無事則藏之，有事則陳之，其義一也。

宗彝者何？古之好器也。享之日，於是有賓，於是有好貨。

宗彝者何？古之征器也。征器也者，亦謂之從器。從器也者，以別於居器。

宗彝者何？古之旌器也。君公大夫有功烈，則刻之吉金以矜子孫。

宗彝者何？古之約劑器也。有大訟，則書其辭，與其曲直而刻之，以傳信子孫。

宗彝者何？古之分器也。三王之盛，封支庶以土田，必以大器從。

宗彝者何？古之賂器也。三王之衰，割土田以予敵國，必以大器從。

宗彝者何？古之獻器也。小事大，卑事尊，則有之。

宗彝者何？古之媵器也。君公以嫁子，以鎮撫異姓。

宗彝者何？古之服器也。大者以御，次者以服，小者以佩。

宗彝者何？古之抱器也。國亡，則抱之以奔人之國；身喪，則抱之以奔人之國。

宗彝者何？古之殉器也。隧之外，棺之中；棺之外，槨之中；槨之外，冢之中；於是乎有之。起於中古。

宗彝者何？古之樂器也。八音金爲尊，故銘之，衎神人也。

宗彝者何？古之儆器也。或取之象，或刻之銘，以自教戒，以教戒子孫。

宗彝者何？古之瑞命也。有天下者，得古之重器，以爲有天下之祥；有士者，得古之重器，以爲有士之祥；有爵邑者，得古之重器，以爲有爵邑之祥。

凡有徵於先史之籍，有此十九說者，皆不可以不識也，不可以不類識也。

古之於器，又有二大端焉，又不可以不辨也。一曰自造器；一曰以古人之器。蓋於祭，於養，於享，於約劑，於旌，古者必自造器於分，於藏，於陳，於好，於獻，於賂，則以其古人之器。

自夏后氏以降，莫不尊器者，莫不關器者，其吉凶常變，興滅存亡之際，未有不關器者。是以君子樂論之焉。

按態氏所舉之十九事，曰祭，曰養，曰享，曰藏，曰陳，曰好，曰征，曰服，曰殉，曰樂，爲彝器之本用，皆阮氏所未及也。曰旌，有爲自矜之銘。曰約劑，有鑄政令於鼎彝。曰分，有立國以鼎彝爲分器。曰路，有以小事大而賂以重器。曰獻，有以大代小而取爲重器。曰媵，有諸侯大夫朝享而賜以重器。曰抱，有王綱廢墜之時，以天子之社稷，而與鼎器共存亡輕重。曰儆，有爲述德儆身之銘。曰瑞命，自漢至唐，偶得古鼎，或至改元，稱神瑞。皆阮氏所嘗言之。觀二氏之說，可以知歷代寶重之所由矣。

第二節　古器之品類及著錄之數量

王國維宋代金文著錄表，國朝金文著錄表、鮑鼎國朝金文著錄表補遺、王氏原本脊漏諸器表、元明金文表，各表著錄之品類及數量

所謂古器，以銅爲主。自夏后氏發見銅鑛，應用冶術，鑄鼎象物；逮殷及周，百器制作，

遂臻極盛。秦、漢以後，此風漸衰，而世亦不以爲重。今以見於前人著錄者言之，約可別爲樂器，禮器，兵器，度量衡器，及雜器五大類，而以禮樂之器爲大宗。他如錢幣，璽印，鏡鑑等物，後世續出尤多，又非以上五類所可賅括，則皆附庸蔚爲大國者也。茲據王、鮑諸表，記其關於前五類之名稱數量於下：

一、王國維宋代金文著錄表著錄之數：（并秦、漢以後及僞器在內）

鐘四十有四（僞六）
鐸一
鼎百三十有七（疑僞四，漢以後器十一。）
鬲二十有八
甗十有七
敦五十有八（疑僞二）
簠八
盨八（僞一）
盦一
豆三
盉九

尊壺罍四十有一（尊三十四，壺四，罍二，斝一。）
彝四十有四（僞二）
舟一
卣五十有五（僞二）
爵六十（僞一）
觚二十
觶十有二
角二
斝四
巵一（漢器）
不知器名六（斝五，飲一。按前列尊壺罍中，已有斝一；此附於不知器名，未識何故。）
盤盂洗二十有一（盤十三，盂一，洗七。其中僞一，漢以後器九。）
匜二十（漢以後器一）
鐙錠燭盤熏鑪十有五（鐙十，錠一，燭盤一，熏鑪三，皆漢以後器。）
度量權律管十有五（秦度量銘一，秦權二，銅甬一，鐵量一，銅鍾二，壺二，鈁一，甗鍑一，釜二、律管一，晉尺一。皆秦漢以後器。）

兵器六（戈四，刀一，弩機一。其中漢以後器二。）

雜器六（虎符一，漏壺一，甑一，鋗一，銅鉦一，漢不知名器一。皆漢以後器。）

上表都六百四十有三器；除疑偽器十九，秦、漢以後器六十，三代器實得五百六十有四。

二、王國維國朝金文著錄表，及鮑鼎國朝金文著錄表補遺，王氏原本奪漏諸器表著錄之數：

名目	王氏著錄表				鮑氏補遺	王氏原本奪漏	三表合計
	宋拓本	疑偽	眞	總計	總計（未別眞偽）	總計（未別眞偽）	
鐘	五	九	九〇	一〇四	八六	三	一九三
鼎	二〇	四〇	四四六	五一六	三三七	一	八五四
甗	一		四一	四二	三七		七九
鬲	三	八	九九	一一〇	七二		一八二
彝		一九	二四一	二六〇	一四三	二	四〇五
敦	三	一三	四二二	四三八	二〇八	一二	六五八
簠	一	四	六七	七二	三六		一〇八

簋				五二	五二	二七	一	八〇
尊			五	二一四	二一九	一一五	二	三三六
罍			一	一三	一三	一五		一八
壺			五	七二	七七	五九	四	一四〇
卣		六	八	二四二	二六六	一三六	九	四一一
斝			一	二七	二八	二三		九一
盉			一	三三	三四	三九	一	七四
觚			七	一一九	一二六	九〇	二	二二八
觶			七	一四一	一四八	一三三	五	二八六
爵		五	五	四五二	四六二	二四五	二〇	七二七
角				三三	三三	一六		四八
雜酒器㊀		五		五	一〇	五		五
盤			二	五五	五七	三一		八八
匜				六一	六一	三三		九四

雜器㈠		一	七四	七五	九七	五	一七七
兵器㈡		四六	二三〇	二六六	二七四	一二	五五二
列國雜器㈣			一二	一二	一四		二六
兵符權量（秦）㈤		二	八四	八六	五二		二二八
鼎（漢）		四	九四	九八	四二		四
壺（漢）		四	三六	四〇	一〇		五
鐙錠燭槃（漢）		四	四八	五二	三五		八七
權度量㈥（漢，晉至唐附）	一	九	五九	六九	（隋附）三一		〇〇
洗（漢）		一	一一六	一一七	七〇		八八
鈎（漢）		七	六〇	六七	七一		二九
雜器㈦（漢，魏晉至宋附）		一七	一二五	一四二	九九	四	二四五
兵器㈧（漢，蜀魏附）		四	四四	四八（魏晉附）	四八		九六
符（漢，晉至宋金附）		四	八九	九二（晉至唐附）	一七		一一〇
銀錠鈔板㈨（漢，唐至金附）					一一		一一

地券（漢）⑩					七		七
合計	四九	一三九	四、一〇四	⑪四、二九二	⑫二、七五四	九七	七、二四三

註㈠王表所謂「雜酒器」，凡有甗，觥，卮，飲，斝等名。鮑表僅有觥一種。㈡王表所謂「雜器」，凡有鐙鉤，句鑃，鉦鐵，鐸，豆，亘，奩，匕，盌蓋，盂，盆，盨，豐，盌，銚，鐙蓋，瓢，罍，鍭，盤，釜、鋗，鑑，盧，監，金鋪，車軎，車鍵，馬銜，節，權，勺，符鈕，及小銅器等。鮑表除已見於王表外，又有鐃，鈴，錞于，盆，盌，會，甗，鍑，舟，登，車飾，車鑾，符，小量，小器，（亦量器）鍘，印鉤，銅刀，印子金，銀餅，及異小器等。㈢王表所謂「兵器」，凡有戈，戟，句兵，瞿，矛，劍，刺，匕首，劍格，刀，削，斧，矢鏃，矢括，弩機，戣，槍，距末，刀珌，鑿等。鮑表除已見於王表外．又有鉞，戚，弩牙，刀鞘，古兵，甲飾等。㈣王表所謂「列國雜器」，凡有鼎，鎖，盉，梠，壺，鍾，兵符，銅環等。並自注云：「陶齋著錄諸器，均作秦；然大率晚周列國物。間有西漢器，姑附此。」鮑表除已見於王表外，又有鉼，鐎，印鉤，弩等。㈤王表所謂「秦兵符權量」，凡有符，權，量，詔版，秦斤等。鮑表略同。㈥王表所謂「漢權度量」，凡有權，槼，尺，斛，勺，合，鍾，鈁，升等。（晉至唐附。）鮑表除已見於王表外，又有衡，斗等。（隋附。）㈦王表所謂「漢雜器」，凡有鐙，鉦，錞于，鬲，鍑，甗，匜，櫝，銅扁，鈃鏤，盉，卣，鋗，酒樽，盆，銚，鍪，金刀，銅器柄，盤，奩蓋，熏鑪，熨斗，渠斗，鐎斗，梧，博局，車飾，農器，銅犂，鐸，鈴，鈴范，杖首，銀塊，銅器，香爐，帳構銅，澡盤，鐙，釜，鐃，銅鼓，簋，豆，尊，壺，椎等。（魏、晉至宋附。）鮑表除已見於王表外，又有缶，奩，盌，書刀，漏，刀圭，甲環，烙馬印，銅牌，洗，鉛牌，鉛人，鉛守宮，銅磬，銅板，銅筩，鐵券，銀筩，文字范，刻漏銘，爵，鐵桶等。（魏、晉至宋附。）㈧王表所謂

「漢兵器」，凡有戟，刀，劍格，弩機等。（蜀、魏附。）鮑表略同。⑨、⑩「銀錠鈔板」及「地券」，王表未列，鮑氏所增。其略例曰：「原表不收古璽印，錢幣，錢笵，鏡銘，造象等，謂當各爲專書；此表一仍其例，不敢改易。其有表中未列之物，如鉛券、銀錠等，出土不多，未能專爲一書，依集古遺文例附錄於後。」⑪按王氏原表統計作四千二百九十有五。⑫按鮑氏原表統計作二千七百有四。兩表計數小誤。

按上三表合計，都七千一百四十有三器，而三代器實占五千八百有四，列國先秦器一百六十有四，漢以後器一千一百七十有六。於此可以見歷代銅器制作之盛衰焉。

三、鮑鼎元明金文表（附國朝表補遺後）著錄之數：按鮑氏略例曰：「漢以後器，原表采至宋、金而止，元、明諸器，皆同土苴；茲推廣之，增元明金文表附錄於後。惟佛寺之鐘及香爐等，不勝采錄，概未列入。」

禮器樂器附　十有二（凡鐘一，磬一，簠二，尊一，爵四，鋗一，祭器二。）

制器九十有一（凡權七十有九，尺一，銀錠二，鈔板七，鐵券一，魚符一。）

雜器十有二（凡銅漏二，壺一，盂一，洗三，碗一，銅書瑞一，香爐一，鐵瓦題記一，銅香盒蓋一。）

兵器八（凡刀一，銃一，火藥匙六。）

凡元明器一百一十有三。則其器皆無關重要，不必以其時代而薄之也。又若並宋代著錄，及前表與此而合計之，則得七千九百有九器。

第三節　銘刻之變遷及記時之義例

銘刻之始——經傳所載古器之銘——銘之意義——銘刻之變遷——記時之義例

古以吉金鑄器而銘以文字，相傳亦始於黃帝。漢書藝文志道家類有黃帝銘六篇，其書不傳。事祖廣記引蔡邕曰：「黃帝有金几之銘。」又王嘉拾遺記曰：「黃帝以神金鑄器，皆有銘題，凡所造建，皆記其年時。」此銘之起也。惟夏禹鑄鼎，未聞刻銘。殷周之器，今所傳者，十九有銘，其至簡者，或僅勒其名，或但有圖記。其長篇文字，則大抵以矜功述德為多，在銘文為後起。龔自珍曰：「商器文，但象形指事而已。周器文，乃備六書，乃有屬辭，」商周彝器

周虢叔旅編鐘銘

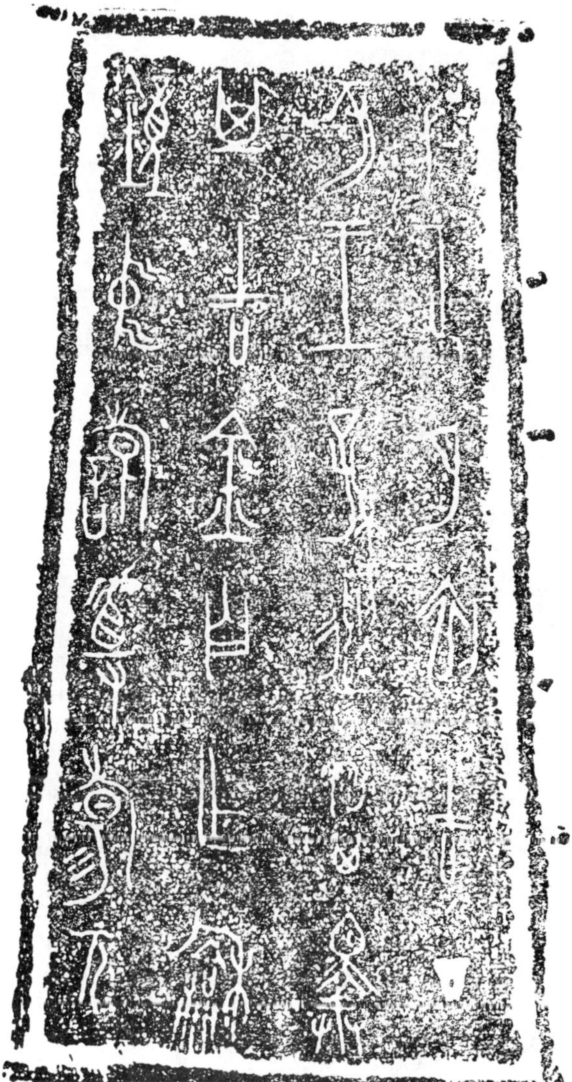

周王孫鐘銘

文錄序。其言是也。然古器之重如此，之多如此，而銘文之見於經傳者，則至爲寥寥，且又未必全錄，或更不免誤讀；今日之得見者，非賴宋人之摹本，卽恃器物之出土，是誠吉金文字之不宰也。茲以見於經傳所引，亟錄於後：

左傳僖二十五年，禮至殺國子，爲銘曰：余掖殺國子，莫余敢止。

又昭三年，叔向對晏子引讒鼎之銘曰：昧旦丕顯，後世猶怠。

又昭七年，孟僖子引正考父之鼎銘曰：一命而僂，再命而傴，三命而俯。循牆而走，亦莫余敢侮。饘於是，鬻於是，以餬余口。

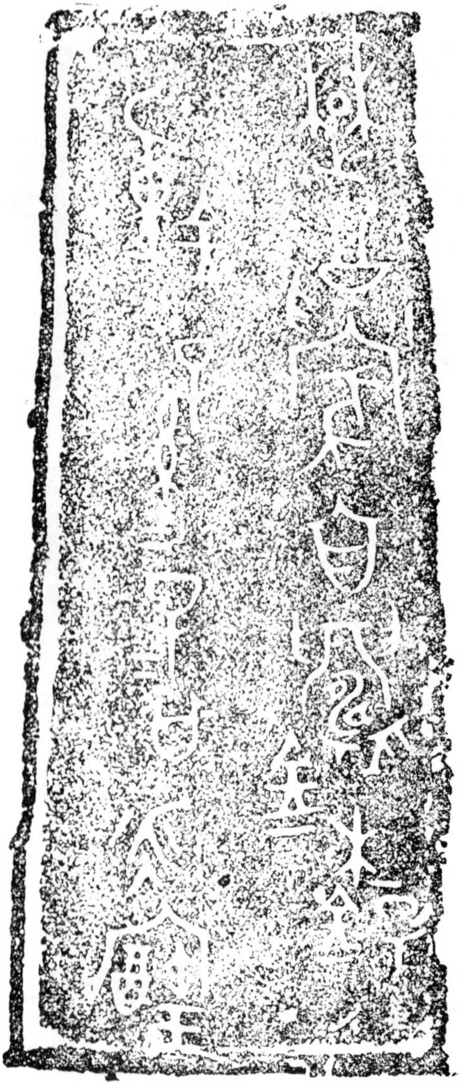

周楚公鐘銘

周毛公鼎銘

國語晉語引商衰之銘曰：嗛嗛之德，不足就也；不可以矜，而祇取憂也。嗛嗛之食，不足狃也；不能爲膏，而祇離咎也。或云「商鼎銘。」

周禮考工記㮚氏爲量，引嘉量銘曰：時文思索，允臻其極。嘉量既成，以觀四國。永啟厥後，茲器惟則。

禮記祭統篇引孔悝之鼎銘曰：六月丁亥，公假於大廟。公曰：叔舅，乃祖莊公，左右成公。成公乃命莊叔，隨難於漢陽，卽宮於宗周，奔走無射，啟右獻公。獻公乃命成叔，纂乃祖服，乃告文叔，興舊耆欲，作率慶士，躬恤衞國，其勤公家，夙夜不解，民咸曰休哉！公曰：叔舅，予女銘，若纂乃考服。悝拜稽首曰：對揚以辟之，勤大命施於烝彝鼎。

又大學篇引湯之盤銘曰：苟日新，日日新，又日新。按此，今人郭沫若考定爲前人之誤讀，其原詞當爲「兄日辛，祖日辛，父日辛。」詳見金文叢考。

此外左傳所載鐘鼎之屬，不可勝計，皆無文字。漢書郊祀志所載美陽之鼎，後漢書竇憲傳所載仲山甫鼎，其銘亦皆非全文。其後史書多載寶鼎之出，然銘多不傳。北宋以後，始見之著錄而集其成。至於銘之意義，極爲重大，非可假借。如左傳襄十九年，「季武子以所得於齊之兵作林鐘，而銘魯功；臧武仲謂季孫曰：非禮也。夫銘，天子令德，諸侯言時計功，大夫稱伐。今稱伐，則下等也；計功，則借人也；言時，則妨民多矣：何以爲銘！且夫大伐小，取其所得，以作彝器，銘其功烈，以示子孫，昭明德而懲無禮也。今將借人之力以救其死，若之何銘之！小國幸於大國，而昭所獲焉以怨之，亡之道也。」又禮記祭統論作銘之義曰：

周史頌鼎銘

周盂鼎銘

夫鼎有銘。銘者，自名也；自名以稱揚其先祖之美，而明著之後世者也。爲先祖者，莫不有美焉，莫不有惡焉；銘之義，稱美而不稱惡。此孝子孝孫之心也，惟賢者能之。

銘者，論譔其先祖之有德善、功烈、勳勞、慶賞、聲名列於天下，而酌之祭器。自成其名焉，以祀其先祖者也。顯揚先祖，所以崇孝也；身比焉，順也；明示後世，教也。

夫銘者，壹稱而上下皆得焉耳矣。是故君子之觀於銘也，既美其所稱，又美其所爲。爲之者，明足以見之，仁足以與之，知足以利之，可謂賢矣。賢而勿伐，可謂恭矣，……

周丁卯敦銘

古之君子，論譔其先祖之美，而明著之後世者也。以比其身，以重其國家。如此，子

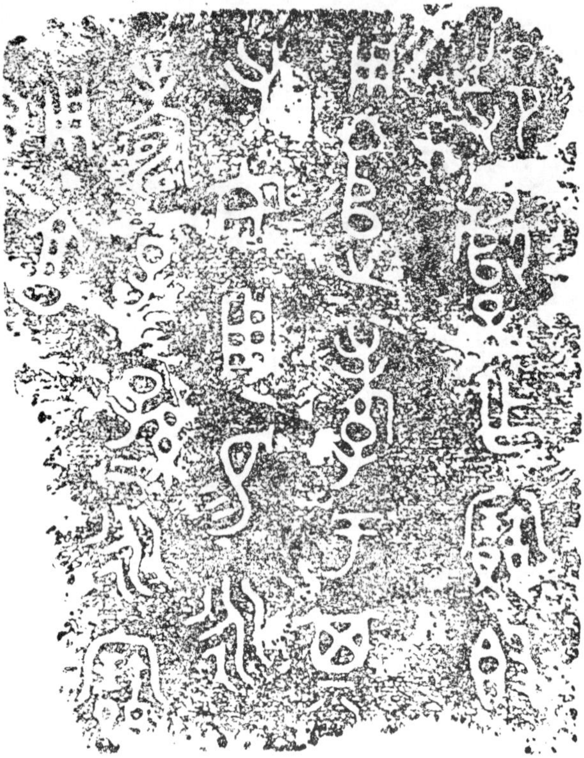

周邿遣敦銘

孫之守宗廟社稷者，其先祖無美而稱之，是誣也。有善而弗知，不明也，知而弗傳，不仁也。此三者，君子之所恥也。

觀此，可知「銘」之意義，重大如是。故鄒安古金餘錄曰：「古器之所以可貴者，大抵爲侯世爵有大勳於王室，其子孫復能守其業以祀其先。而爲之銘者，又皆出於一時之文人君子，非才藝優美，不敢與於其選」也。然此惟宗周則然；自是厥後，寖失其意，或以爲文飾之具，或但刻工匠之名，而馴至於廢滅。郭沫若著周代彝器進化觀，因分古代彝器之銘文爲四階段：其第一階段爲銘文之初生，「僅在自名，自勒其私人之名或圖記，以示其所有」，今所傳商器文是也。其次依文化之遞進，即至於「此階段之彝器，與竹帛同，直古人之書史矣」之程度。此以西周之器爲其最顯著之遺品。惟春秋中葉以降，即變而爲第三階段，「書史性質，變而爲文飾。」及第四階段，「復返於粗略之自名，或委之於工匠之手，而爲「物勒工名」」則漢以後器，大抵然也。

按古器時代之鑒定，雖方法甚多，而以根據銘文爲最確。漢以後器，其有記時者，大抵明示帝王年號，無庸考證。惟周器則不然，雖具年月，而不知其爲何王何代；更須觀其所記朔望干支，而後可以推算，故其記時之例，首宜詳考。而考證此例之最精者，厥惟王靜安先生之生霸死霸考。其後郭沫若著兩周金文辭大系，其所鑒定，共二百五十餘器；吳其昌著金文曆朔疏證及續補，及金文疑年表，考定亦數十器，且糾正郭氏者甚多：其說皆自王氏發之。茲節錄其說如下：

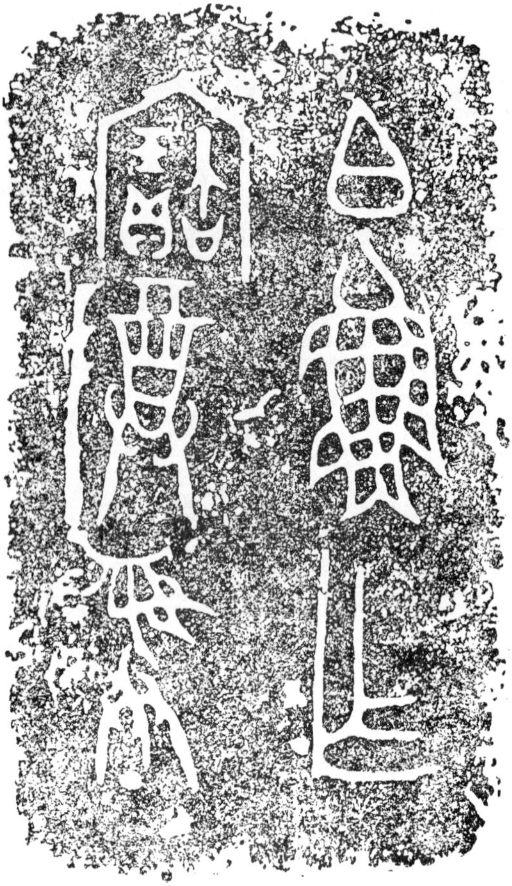

周伯魚敦蓋銘

商方卣蓋銘

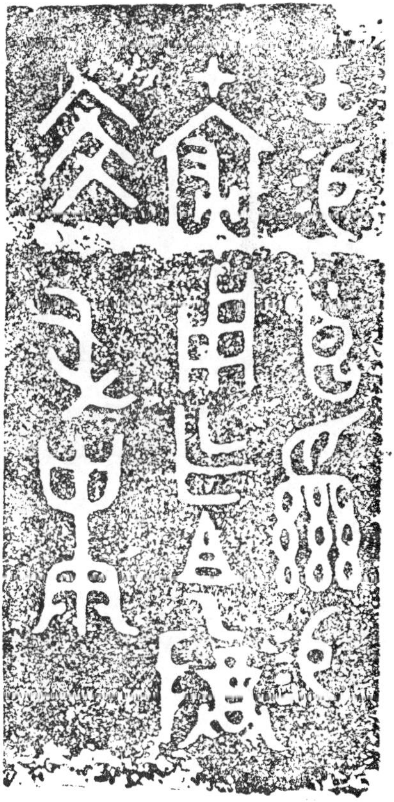

余覽古器物銘，而得古之所以名日者凡四：曰初吉，曰既生霸，曰既望，曰既死霸。因悟古者蓋分一月之日爲四分：一曰初吉，謂自一日至七八日也；二曰既生霸，謂自八九日以降至十四五日也；三曰既望，謂自十五六日以後至二十二三日也；四曰既死霸，謂自二十三日以後至於晦也。

八九日以降，月雖未滿，而未盛之明，則生已久矣。二十三日以降，月雖未晦，然始生之明，固已死矣。蓋月受日光之處，雖同此一面；然自地觀之，則二十三日以後月無光

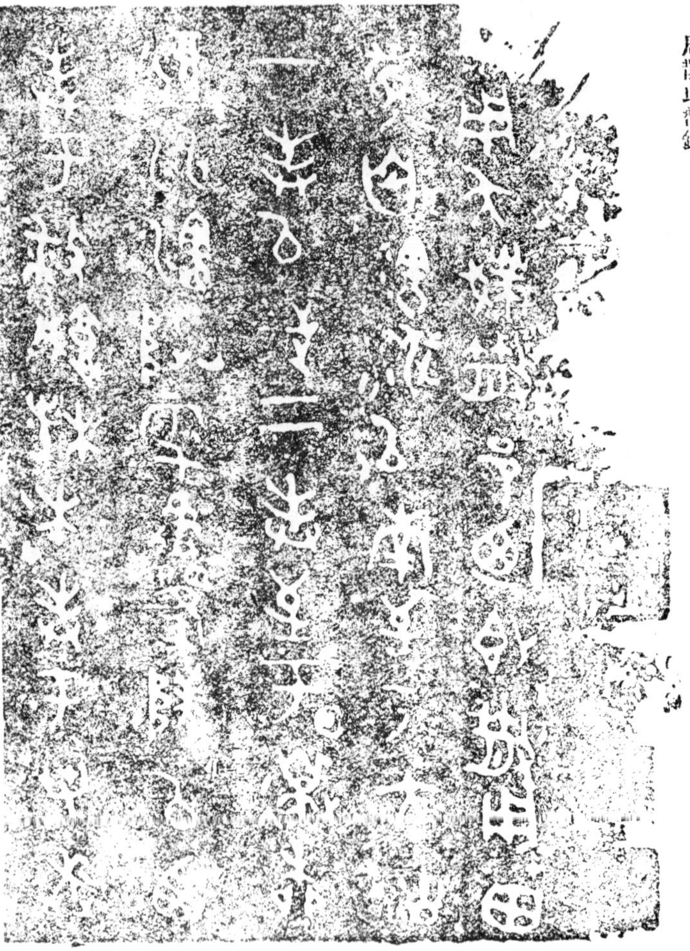

周散氏盤銘

周宗婦盤銘

之處，正八日以前月有光之處；此卽後世上弦下弦之由分。以始生之明既死，故謂之既死霸。此生霸死霸之確解，亦卽古代一月四分之術也。

若更欲明定其日，於是有哉生魄，書康誥及顧命。旁生霸，漢書律歷志引古文尚書武成，逸周書世俘解，均作既旁生霸，既字疑衍。旁死霸，古文尚書武成及周書世俘解。諸名。哉生魄之爲二日或三日，自漢已有定說。旁者，溥也，義進於既。以古文武成考之，如既生霸爲八日，則旁生霸爲十日；既死霸爲二十三日，則旁死霸爲二十五日。事與義會，此其證矣。

凡初吉，既生霸，既望，既死霸，各有七日或八日；哉生魄，旁生霸，旁死霸，各有五日若六日；而第一日亦得專其名。書器於上諸名，有作公名用者，如：

顧命：「惟四月哉生魄，王不懌；甲子，王乃洮頮水。」

周吳季子子逞劍銘

秦始皇詔版

哉生魄不日，至甲子乃日者，明甲子乃哉生魄中之一日；而王之不懌，固前乎甲子也。

靜敦云：「惟六月初吉，王在葊京；丁卯，王命靜司射。」

宂彝云：「惟六月初吉，王在鄭；丁亥，王格太室。」

郘敦云：「惟二年正月初吉，王在周邵宮；丁亥，王格於宣榭。」

初吉皆不日；至丁卯，丁亥乃日者，明丁卯丁亥皆初吉中之一日。至王之在葊，在鄭，在周邵宮，固前乎丁卯丁亥也。更證之他器，則——

虢季子白盤云：「惟王十有二年正月初吉，丁亥。」

案宣王十二年正月己酉，朔；丁亥，乃月三日。

吳尊蓋，首云：「惟二月初吉丁亥。」末云：「惟王二祀。」

案宣王二年二月癸未，朔；則丁亥，乃月四日。

師兌敦云：「惟三年二月初吉，丁亥。」

案幽王三年二月庚辰，朔；丁亥，乃月之八日。

是一日至八日，均可謂之初吉也。

師虎敦云：「惟元年六月既望，甲戌。」

案宣王元年六月丁巳，朔；十八日得甲戌。是十八日可謂之既望也。

秦權(二世詔)

兮伯吉父盤 亦稱兮田盤。云：「唯五年三月既死霸，庚寅。」

此器有伯吉父之名，有伐玁狁之事，當即詩六月之「文武吉甫」所作，必宣王時器。而宣王五年三月己丑，朔；二十六日得庚寅。

又如頌鼎，頌敦，頌壺諸器，皆云：「惟三年五月既死霸，甲戌。」此諸器自其文字辭命觀之，皆厲、宣以降之器。而宣王三年六月乙亥，朔；三十日得甲戌。

是二十六日，三十日，皆得謂之既死霸也。此用爲公名者也。其用爲專名者，如：

漢陶陵鼎蓋銘

古文武成云：「惟一月壬辰，旁死霸，若翌日癸巳。」又云：「粵若來二月既死霸，粵五日甲子。」又云：「惟四月既旁生霸，粵五日庚戌。」

召誥云：「惟二月既望，越六日乙未。」

此皆以旁死霸，既死霸，既旁生霸，既望等，專屬第一日，然皆不日；惟武成之旁死霸獨日。顧不云「旁死霸壬辰，」而云「惟一月壬辰旁死霸」者，亦謂旁死霸自壬辰始，而非壬辰所得而專有也。

故欲精紀其日，則先紀諸名之第一日，而又云粵幾日某某以定之，如武成召誥是也。否則但舉初吉、既生霸諸名，以使人得知是日在是月之第幾分，如顧命及諸古器銘是也。

（本篇節略甚多，如欲讀王氏原文，可檢觀堂集林，或王忠慤公遺書。）

第二章　殷周諸器

第一節　緒言

論殷周諸器之區別實無顯著之界限

三代之器，最遠爲殷。惟前以殷器發見尚少，佐證不多，故宋人以器銘有干支人名者，即定爲殷物，清人復疑其實不盡然。而近時若干研究中國古代社會史之學者，言殷爲石器時代之末期，證以最近在河南安陽殷虛發掘所得之遺物，其說亦謬。殷虛出土之物，以兵器爲最多，此外則爲飲食起居之用器，凡今所定爲周器者，殷亦無不有之。胡厚宣中央研究院殷墟出土展品參觀記記殷人飲食之銅器，凡分多組，每組同在一處出土，自成一套。飲器共二組：一組十器，爵二，觚一，觶二，角一，斝二，卣一，彝一；一組亦十器，爵四，觚三，觶一，卣一。斝一。食器共二組：一組二器，鼎一，殷一；一組二十器，中柱旋龍盂形器二，盂一，壺二，鏟三，箸三雙六支，瓢勺一，圓片形器一，及其他盂形陶器二，骨椎一。飲食器一組三器，爵一，觚一，鼎一。飲食烹飪器共三組：一組七器，爵一，觚一，斝一，彝一，鼎一，甗一，殷一；一組十三器，爵二，觚二，斝一，彝一，殷一，鼎一，甗一，匕四；一組大方鼎二，[illegible]。烹飪用器一組三器，帶柄無耳鼎形銅器二，大圓鼎一。此外零星不能成組之器，尚有多種。又有起居用具，有盥洗器一組十器，一盂，一勺，一壺，一罍，一人面具，及五陶器。兵器則弓，矢，戈，矛，戚，戉，斧，斤，刀，兵車，銅盔，無不有之，且數量爲獨多。樂器則有磬，鐃，塤，鼓四種。惟皆不限於銅製，兼有石，陶，骨製成者。然綜觀殷代銅器之豐富，氣魄之偉大，配置之複雜，製作之精美，花紋之細密，皆非周以後之所及，豈得尚稱殷爲有史時代之末期？

又除中央研究院發掘所得外，尚有若干批，亦可定爲殷物：一爲安陽古物保存會之銅器，大小約百餘件，皆安陽歷次盜掘，經官方發見後而沒收者。二爲黃濬鄴中片羽所著錄之銅器，重要者不下數十件，皆安陽歷次盜掘，由古董商人展轉售出者。三爲由古董商人展轉售至國內各地而散見於諸家著錄者，如羅振玉之貞松堂集古遺文，容庚之頌齋吉金圖錄，商承祚之十二家吉金圖錄，于省吾之雙劍誃吉金圖錄，劉體智之小校經閣金文拓本，以及柯昌濟之金文分域編等書，其中凡注明為安陽出土之三代銅器，皆殷物也。四為古董商人展轉售至國外，而散見於諸家著錄者。如容庚之海外吉金圖錄，專收流傳日本之中國古銅器；日本梅原末治之支那古銅菁華，專收流傳歐美之中國古銅器；其中皆收錄安陽出土之遺物甚多。此外兩書所未收，而散見於其他歐美日本諸家著錄者，亦頗不少。五為古代盜掘之殷銅器，見於著錄，而注明其出土地方與情形者。如考古圖等書，每注有出自鄴郡亶甲城者，即殷物也。六為已著錄之銅器，不詳其出土之地，但由已知之殷器與之相比，而知其確為殷代之產品者。如將以上所舉集合而統計之，其數定有可觀。我人於此，自不能不認殷已為銅器極盛之時期；而妄稱其尚為石器時代之末期，實為謬誤之見也。

周器與殷，實無顯著界限。大體言之，今所傳三代之器，除確知其出土之地，及足以兩兩比照，而得以確定其為殷器外，皆周器也。其品類名稱，皆與殷同，容詳於後。花紋亦大致相同，不外乎旋文，雲文，雷文，蟬文，鳳文，饕餮文，夔龍文，蟠螭文，魚鱗文，連珠文，蟠虺文，蛟螭文，蟠夔文，百乳文，垂花文，及圜花等。此外耳與足部，往往作象首，犧首，或各種怪獸首，而足亦有曲作獸蹄狀者。此皆普通文飾也。其特別者，亦恆有之。例如全器作兩怪獸蹄，（四蹄）依蓋部觀之則為獸，依腹部觀之則為鳥，依足部觀之，其狀為獸，其數為鳥。

（如係獸，則兩獸應爲八足，而此則四足，然形式確爲獸蹄。）李泰棻氏稱彼藏一卣卣，卽此形也。又有足作垂花飾者，僅博古圖著錄之周花足鼎，狀係如此，他書未見。又河南新鄭出土之蓮鶴方壺，亦至特別，其壺雖精，尙不足怪，最奇者爲其蓋，蓋周駢列蓮瓣二層，蓮瓣中央，復立一清超俊逸之白鶴，翔其雙翅，竪其一足，此器已定爲春秋時之作品，其製造形式，乃三代器之僅見者。原形照片，見郭沫若殷周青銅器銘文研究下册。又安陽出土有一盂形銅器，中有一柱，柱端作蓮花形，旁有四龍拱之，兩龍銳角，兩龍鈍角，可以中柱爲軸而旋轉，其製作靈巧，花文細密，在銅器中極爲罕見。又有一提梁卣，共分三層，上層爲一蓋，以練繫於梁間，下層卽卣之本體，中層擱上時卽爲蓋，取下之則爲一飲器之觚，提梁之兩端，皆有一生動之兎形獸頭。是皆特別文飾也。

第二節　禮器常用器附

凡傳世古禮器之名，皆宋人所定也。曰鐘，曰鼎，曰鬲，曰甗，曰敦，曰簠，曰簋，曰豆，曰尊，曰壺，曰盉，曰匜，曰盤，曰盂，曰盦，皆古器自載其名，而宋人因以名之者也曰爵，曰觚，曰觶，曰角，曰斝，曰卣，曰罍，古器銘辭中，均無明文，宋人但以意大小之差定之，然至今日仍無以易其說。曰餠，曰甕，曰瓿，則清阮氏所定，而其器亦自載其名者也。曰觥，亦阮氏所定，而銘辭中並無明文，實爲誤認者也。至於斝散實爲一器，散卽斝之譌字；盉之絕非調味之器，而實爲和水於酒之器；及匜觥二名之混；尊彝之爲共名；自宋以來，咸未措意，至王靜安先生始考定之。茲分別述之於下。其前人所定名而無可非議者，略舉之；有名實不符，而亟須更定者，節錄王氏之說於篇。

鐘

鐘，樂器；經典皆作「鍾。」說文稱古者垂作鐘；垂蓋虞舜之臣，見尚書。宋人所著錄者，莫古於商，然但有銘文，未見其器；其傳世者，實惟周鐘。其制：上徑小，下徑大；縱徑小，橫徑大。有柄無鈕，柄謂之甬。甬頂曰衡，甬旁有環曰旋。附於甬以銜環者曰幹，幹刻飾之爲蹲熊盤龍之屬，故亦謂之蟲。鐘口兩角曰銑。鐘脣曰于，于上曰鼓，鼓上曰鉦。鐘頂曰舞。介於鉦鼓之間刻飾之者，爲鐘帶，亦謂之篆。篆間纍纍隆者爲枚，亦謂之鐘乳。其受擊處曰隧。周禮鳧氏之制如此。今傳世古鎛鐘編鐘並同，但有大小之別。後世惟鎛鐘猶沿此制。大鐘編鐘皆有鈕無甬，編鐘外形橢圓，大鐘上弇下侈，鐘口皆齊平而正圓。（如圖一）

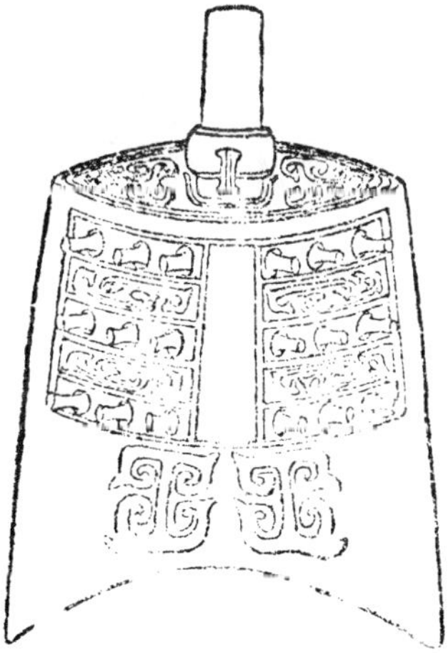

鐘（一）

鼎

昔夏禹收九牧之金，鑄鼎象物，以爲重器。國策稱「昔周之伐殷，得九鼎，凡一鼎而九萬人輓之，九九八十一萬人，」雖未足爲信，然其爲龐然鉅製可知。又史記稱項羽力能扛鼎，漢高烹食其於鼎，皆非周禮「王日一舉鼎，」及「陳其鼎俎」之鼎。周禮所云，乃古之食器也；其用於宗廟祀祠，則爲祭器。其制：三足兩耳，高不過尺許，重不過十餘斤，多爲圓形；亦有四足方形者，如博古圖載周文王鼎是。蓋古食器之重莫如鼎；其笵形取象，博古圖詳言之；其說多迂怪不通。有國者以爲重器，阮元商周銅器說詳言之，見上。此概不贅云。（如圖二）

鬲

鬲，鼎屬。爾雅：「鼎絕大謂之鼐，圜弇上謂之鼒，附耳外謂之釴，款足者謂之鬲。」索隱曰：「款，空也。」博古圖言其用與鼎同。祀天地鬼神，禮賓客，必以鼎；常飪則以鬲。其制：自腹所容通於足，取爨火易達，故常飪用之。又考周禮，鬲爲陶人所司；然與鼎同用，則不專爲陶器。（如圖三）

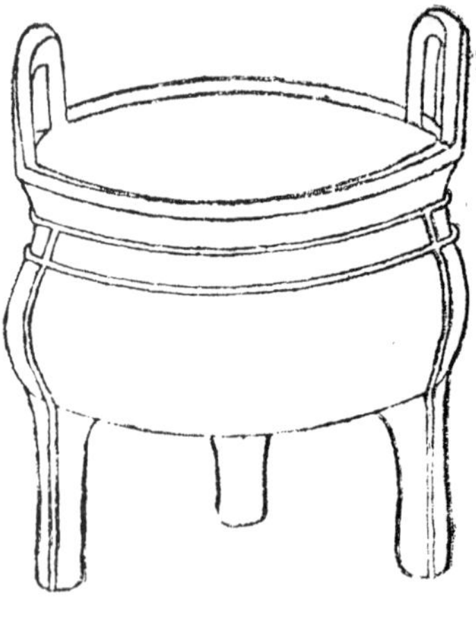

鼎（二）

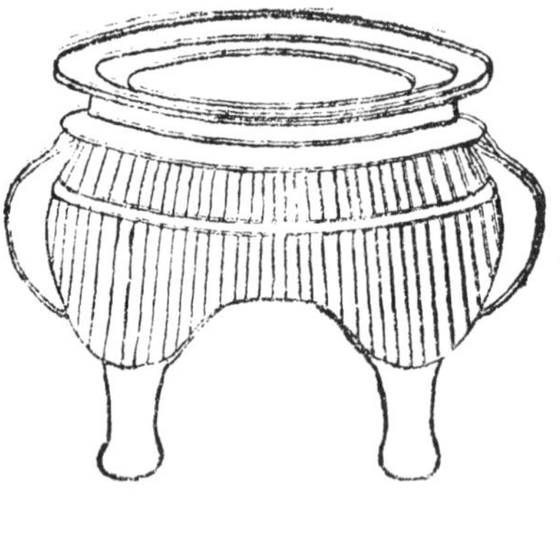

鬲（三）

甗

甗，甑也。博古圖云：周禮：「陶人爲甗，」而此悉以銅爲之。案方言：關以東謂之甗，至梁乃謂之鉹。鉹從金，則甗未必爲陶器。又考鄭注，以甗爲無底甑。宋人以文從獻從瓦，言鬲獻其氣，甗能受焉。蓋甑無底者，所以言其上；鬲獻氣者，所以言其下也。質言之，上若甑，可以炊物；下若鬲，可以飪物；蓋兼二器之用也。又按銅器本自陶器進化而來，周禮言鬲爲陶人所司，又曰陶人爲甗，皆其明徵。周代陶廢而銅行，其字猶從瓦者，不忘本也。（如圖四）

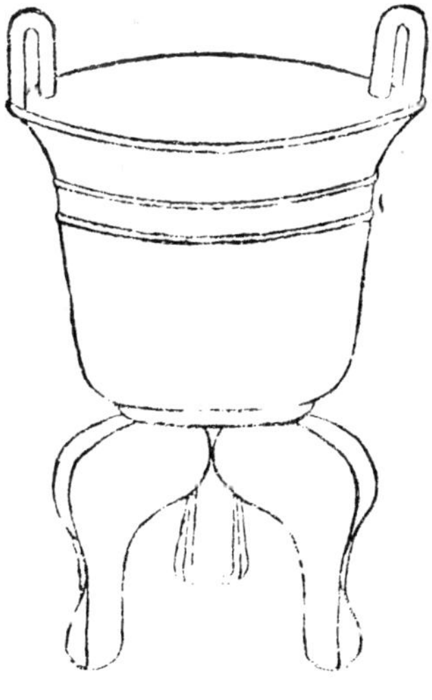

甗（四）

敦與彝

敦，盛黍稷器也。案禮記明堂位：「有虞氏之兩敦。」鄭注云：「制之異同未聞。」周禮玉府：「若合諸侯，則共珠槃玉敦。」儀禮少牢禮：「主婦執一金敦黍。」其見於三禮者如此，是知敦制原無一定。博古圖所云：「制作不同，形器不同」者是也。或飾以牛，可象牲首，爲尸盟者所執，即周禮所謂珠槃玉敦是也。

又有一事須辨正者，則自博古圖以來之所謂彝，實皆敦也。王靜安先生說彝之言曰：

尊彝，皆禮器之總名也。古人作器，皆云：作寶尊彝；或云：作寶尊；或云：作寶彝。然尊有大共名之尊（禮器全部），有小共名之尊（壺卣罍等總稱），又有專名之尊（盛酒器之侈口者）；彝則爲共名而非專名。呂與叔考古圖雖列彝目，其中諸器，有無足方鼎，有甗，有尊，有卣，有博古圖以降所謂彝，則呂氏亦未嘗以彝爲一專名也。

博古圖始以似敦而小者爲彝，謂爲古代盛明水及鬱鬯之器，即以周禮司尊彝之六彝當

（五）敦〔甲〕上蓋下器

敦〔乙〕舊名彝

之。嗣後金文家及圖錄家均從其說。曩竊疑諸家所謂彝之形制，與尊壺卣等絕不類，當爲盛黍稷之器，而非盛酒之器，苦不得其證。後見潍縣陳氏所藏陳侯彝銘曰：「用作孝武桓公祭器錞；」（卽敦字異文）浭陽端氏所藏玥彝，（陶齋吉金錄作「彝」）其銘曰：「玥作厥敦兩，其萬年用，鄉賓；」上虞羅氏所藏一彝，其銘曰；「白作寶敦。」其器，皆世之所謂彝，而其銘皆作敦，可知凡彝皆敦也。第世所謂彝，以商器爲多，而敦則大半周器；蓋商敦恆小，周敦恆大，世以其大小不同，加以異名耳。（下略）

據此，則彝實爲禮器之共名；而博古圖以來之所謂彝，實皆敦也，應無疑義矣。（如圖五）

簠

簠，盛稻粱器也。儀禮公食大夫禮鄭注：「進稻粱者以簠。」其器無蓋有耳。舊禮家以爲刻木爲之；然按其器銘文字，作匿，作𨦏，作鋪，殆由陶而進於銅，故博古圖以爲出於冶鑄，證以當時所見，如周叔邦簠之類，銘載粲然，非刻木者所能彷彿。其制，先儒舊說有方圓之不同。毛鄭皆言簋圓簠方，說文則言簋方簠圓，釋文及御覽所引舊禮圖，則謂內方外圓曰簋，內圓外方曰簠。今見於諸家圖錄者甚多，形制不一，大抵簋多圓而有方者，簠多方而有圓者，自以毛鄭之說爲是，非有內外之別也。（如圖六）

簋

簋之別有三：一以木爲之，其形圓，盛黍稷之器；一以竹爲之，其形方，儀禮所謂竹簋方，盛黍稷之簋者也；一以銅爲之，其形或方或圓，有盛香饌之器，如言二簋，四簋，八簋是也。而其始亦以陶爲之，故周禮曰：「旊人爲簋。」其明證也。今所傳古彝器，則皆以銅爲之，圓形者爲多。其銘文作𣪘，與從竹者（如圖七）

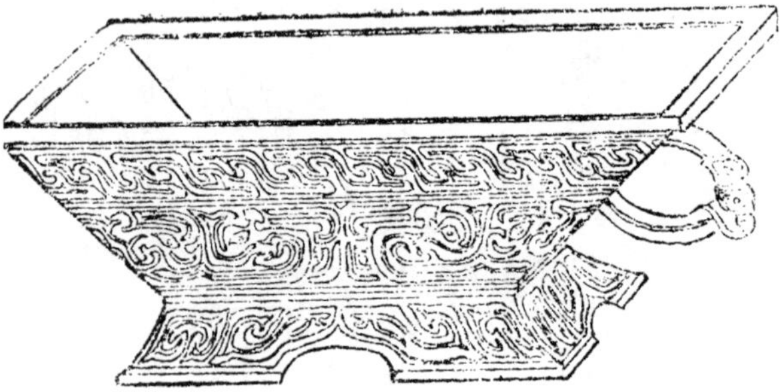

簠（六）

簋（七）

豆

豆，古食肉器也，从口，象形，見說文。爾雅：「木豆謂之豆。」然明堂位有楬豆，玉豆，獻豆；考工記旊人瓦豆，則知豆不專以木。博古圖載銅豆三器，以證昔人於彝器未始不用銅。而禮家仍泥木爲豆，其亦未嘗目覩而沿襲舊說耳。（如圖八）

豆（八）

尊

尊之義有三：有大共名之尊，指禮器之全部；有小共名之尊，爲壺卣罍等之總稱；又有專名之尊，卽盛酒器之侈口者。周禮春官司尊彝掌六尊：曰獻尊，象尊，著尊，壺尊，大尊，山尊。禮記明堂位曰：「泰，有虞氏之尊也；山罍，夏后氏之尊也；著，殷尊也；犧，象，周尊也。」按獻卽犧，大卽泰，山尊爲罍，壺尊爲壺。今見於前人之圖錄者，則爲通常之尊耳。（如圖九）

壺 卣 罍

壺，卣，罍，亦盛酒之器，尊之屬也。壺字，古器銘文作𡔷，上爲蓋，中爲耳，下爲底，蓋象形也。（如圖十）

卣，以盛鬱鬯之酒，注於灌尊，以灌地降神者也。書文侯之命：「用賚爾秬鬯一卣。」又爾雅疏引孫炎云：「尊彝爲上，罍爲下，卣居中。」郭云：「不大不小者，是在尊罍之間。」今觀其器，上有提梁，微別於

尊（九）

壺（十）

壺罍。（如圖十一）

罍，說文字從木，曰龜目酒尊，刻木作雲雷象，象施不窮也。或從缶。段注曰：「蓋始以木，後以陶。」然詩「我姑酌彼金罍，」則亦銅器也。（如圖十二）

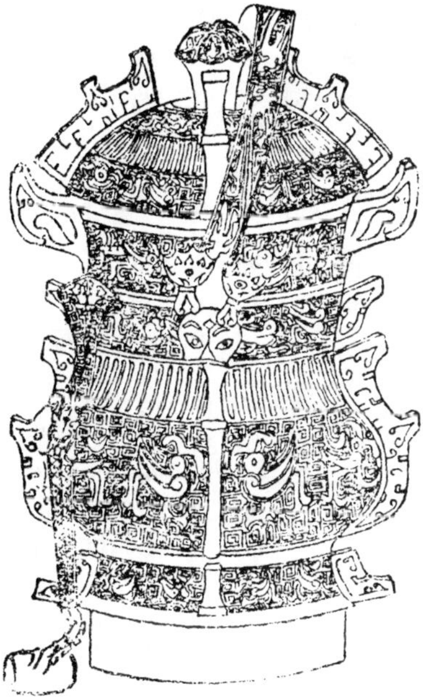

（十一）卣

（十二）罍

盉

盉，和水於酒之器也。昔人以爲調味之器，實乃大誤。其詳見王靜安先生說盉，茲錄其說云：

盉見於宋人書中爲最早，歐陽公集古錄已著錄一器，其銘曰：「伯玉敦子作寶盉。」然古未嘗知有是器，亦未嘗有是名也。說文：「盉，調味也。」不云器名。自宋以後知其爲器名，然皆依傍許氏之說，以爲調味之器也。

余觀浭陽端氏所藏殷時斯禁，按斯禁，禁之切地無足者。見儀禮鄉飲酒禮注。上列諸酒器，有尊二，卣二，皆盛酒之器，古之所謂尊也。有爵一，觚一，觶一，角一，斝一，皆飲酒之器，古之所謂爵也。有勺二，則自尊挹酒於爵者也。諸酒器外，惟有一盉，不雜他器。使盉爲調味之器，則宜與鼎鬲同列；今廁於酒器中，是何說也！

余謂盉者，蓋和水於酒之器，所以節酒之厚薄者也。古之設尊也，必有玄酒，故用兩壺。其無玄酒，而但用酒若醴者，謂之側尊，乃禮之簡。且古者，惟冠禮父之醴子，昏禮贊之醴婦醴媵，及聘禮禮賓等用之；其餘嘉禮，賓禮，吉禮，其尊也，無不有玄酒。此玄酒者，豈眞虛設而但貴其質乎哉？

蓋古者賓主獻酢，無不卒爵。又爵之大者，恆至數升。其必飲者，禮也；其能飲或不能飲者，量也。先王不欲禮之不成，又不欲人以成禮爲苦，故爲之玄酒以節之。其用玄酒奈何？曰：和之於酒而已矣。昏禮記婦入寢門，贊者徹尊冪，酌玄酒，三屬於尊，此和之於尊者也。周禮春官司尊彝，凡六尊六彝之酌，鬱齊獻酌，醴齊縮酌，盎齊涗酌，凡酒脩酌。鄭注：「凡酒，謂三酒也。脩讀如滌濯之滌；滌酌以水，和而泲之。今齊人命浩酒曰滌，」是脩酌用水也。郊特牲云：「明水涚齊，貴新也。」是涚酌，亦用水也。此皆和之於酌時者也。和水於尊者，挹彼注茲而已。至於酌酒時以水和而泲之，於尊則已鉅，於爵則已細；此盉者，蓋卽用以和水之器。

自其形制言之：其有梁或鋬者，所以持而蕩滌之也；其有蓋及細長之喙者，所以使蕩滌時酒不泛溢也；其有喙者，所以注酒於爵也。然則盉之爲用，在受尊中之酒與玄酒而和之，而注之於爵。故端氏銅禁所列諸酒器中有是物。若以爲調味之器，則失之遠矣。（如圖十三）

盉（十三）

爵　觚　觶　角

爵，觚，觶，角，皆飲酒器也，而爵又爲飲酒器之總名。說文：「爵，象爵之形，中有鬯酒，又持之也。所以飲器象爵者，取其鳴節節足足也。」又博古圖云：「爵之字通於雀，前若噣，後若尾，兩柱爲耳，足脩而銳，若戈形。」今其器，兩柱，三足，有流，有鋬；漢儒臆說，甚至謂刻木作雀形，背負琖，是未見古器，眞可笑也。（如圖十四）

觚，考工記云：「梓人爲飲器，爵一升，觚三升，獻以爵而酬以觚。」或曰觚二升，觶二升，見後。說文曰：「觚，鄉飲酒之爵也。」段注：「鄉當作禮。鄉飲酒禮，有爵觶，無觚也。燕禮，大射，特牲，皆用觚。」又王注：「鄉又當作饗，蓋又兼宗廟饗之之義矣。」舊圖作八角形，與今所傳古器不同。（如圖十五）

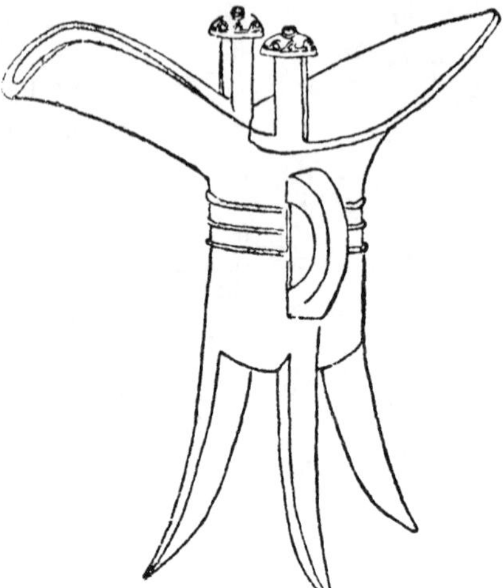

爵（十四）

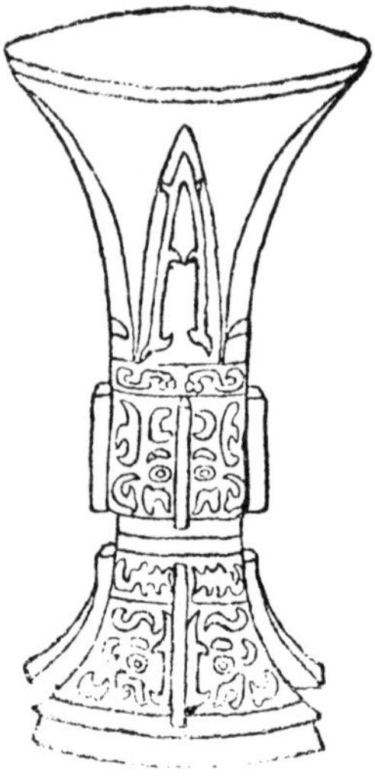

觚（十五）

觶，鄉飲酒角也。禮記：「尊者舉觶。」又考工記：「爵一升，觚三升。」鄭注：「觚當爲觶。」薛氏曰：「二升曰觚，三升曰觶，康成改觚爲觶，理或然也。」陳氏曰：「鄉飲，鄉

射，言獻以爵而酬以觶，儀禮亦云獻以爵酬以觶。」其形與侈口之尊爲近。（如圖十六）

角，禮記：「卑者舉角。」疏云：「四升曰角。角，觸也，不能自適，觸罪過也。」故其形制，兩端如角銳，不似爵之有流也。按說文通訓定聲云：「疑古酒器之始，以角爲之，故觚觶觴觥等字多從角，」其說然也。（如圖十七）

觶（十六）

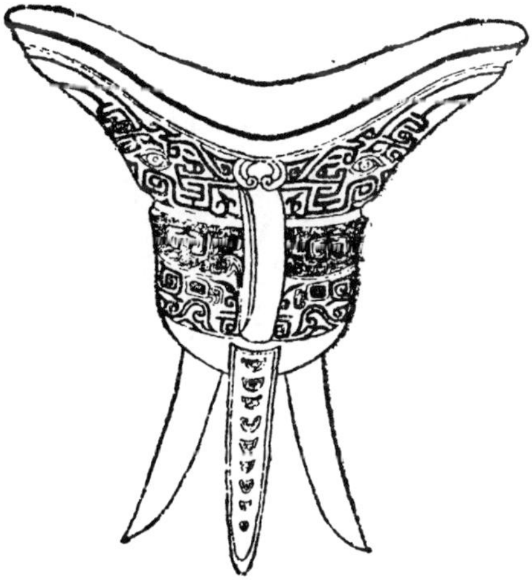

角（十七）

斝與散

斝亦飲器，其容又大於角。其字與古散字形近，故後人又誤斝爲散。待王靜安先生而始正焉。今錄其說斝一文如下：

說文解字：「斝從吅，從斗冂，象形，與爵同意。」羅參事（振玉）殷虛書契考釋云：案斝從吅，不見與爵同意之狀；從冂，亦不能象斝形。卜辭斝字作[illegible]，上象柱，下象足，似爵而腹加碩，甚得斝狀；知許書從門作者，乃由[illegible]而譌。卜辭從[illegible]，象手持之；許書所從之斗，殆又由此轉譌者也。又古籀文有[illegible]字，與此正同；但省[illegible]耳。其形亦象二柱三足一耳，而無流與尾，與傳世古斝形狀脗合，可爲卜辭[illegible]字之證。又古散字作[illegible]，與[illegible]字形頗相近，故後人誤認斝爲散。韓詩說諸飲器，有散無斝；今傳世古酒器，有斝無散，大於角者，惟斝而已。諸經中散字，疑皆斝字之譌云云。

余案參事說是也。湏陽端忠敏（方）所藏古斯禁上備列諸酒器，其飲器中有爵一，觚一，觶二，角一，斝一，與特牲饋食禮之實：二爵，二觚，四觶，一角，一散，數雖不同，而器則相若，其證一也。

禮言飲器之大者，皆散角或斝角連文。禮器：「禮有以小爲貴者，宗廟之祭：尊者獻以爵，卑者獻以散；尊者舉觶，卑者舉角。」明堂位：「加以璧散璧角。」而郊特牲則云：「舉斝角，詔妥尸。」皆與角連文。言散則不言斝，言斝則不言散，明二者同物，其證二也。

斝爲爵之大者，故名曰斝。斝者，假也，大也。古人不獨以爲飲器，又以爲灌尊。周禮司尊彝：「秋嘗冬烝，祼用斝彝黃彝。」余見日本住友男爵家所藏一斝，其器至大，殆與壺尊之大者所受略同，蓋即古之灌尊。則斝彝者，其器即以斝爲之。鄭君彝畫禾稼之說，決不然矣。明堂位：「灌尊：夏后氏以雞夷，殷以斝，周以黃目。」左氏昭十七年傳：「若我用瓘斝玉瓚。」案瓘當作灌。灌斝即灌尊。斝所以盛鬯，瓚所用以灌也。是古之灌尊，亦以斝爲之。而周禮鬯人職則云：「凡疈事用散。」散既爲飲器，又爲灌尊，明係斝字之誤，其證三也。

詩邶風：「赫如渥赭，公言錫爵。」毛傳云：「祭有畀煇胞翟，閽者惠下之道，見惠不過一散。」經言爵而傳言散。雖以禮詁詩，爲毛傳通例；然疑經文爵字本作斝，轉訛爲散，後人因散字不得其韻，故改爲爵。實則散乃斝之譌字，赭斝爲韻，不與上文籥翟爲韻，其證四也。

禮有散爵，乃雜爵之意。燕禮與大射儀：公與諸臣異尊，公尊謂之膳尊，諸臣之尊謂之散。酌於公尊謂之酌膳，酌於諸臣之尊謂之酌散。公爵謂之膳爵，諸臣之爵謂之散爵。是散者對膳言之。祭統以散爵獻士，亦對獻卿之玉爵，獻大夫之瑤爵言之。散爵猶言雜爵也，是散本非器名，其證五也。

比而書之，知小學上之所得，有證之古制而悉合者，蓋如此也。

據王氏所云，則知散實爲斝之譌字，而散本非器名。又斝之爲物，其形如爵，其容甚大，古人不獨以爲飲器，且又以爲灌尊。至於據卜辭以證許書之誤，是又意外之收穫也。（如圖十八）

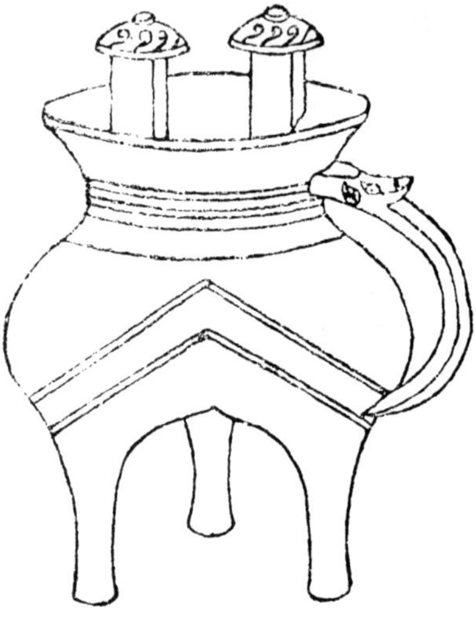

斝（十八）

觥與匜

觥爲飲酒之器，匜爲沃盥之器；其用絕異，其形相似。然匜，銘有明文，而觥則否；觥皆有蓋，而匜則否；實不難於辨認也，惜古人未措意耳。至淸阮元，則又以角爲觥，仍不免於誤認。自王靜安先生之說觥出，而其名始正；今節錄其說如下：

（上略）阮文達（元）所藏器，有「子燮兕觥；」其器今在吳縣潘氏，不可得見。據文達所記，則云器制似爵而高大，蓋作犧首形，有兩角。文達名之曰兕觥，又爲之說曰：毛詩卷耳：「我姑酌彼兕觥。」傳云：「角爵也。」毛說蓋以兕觥爲似角之爵。其制：無雙柱，無流，同於角；有三足，同於爵。詁訓甚明，非謂以兕角爲之也云云。

案阮釋毛傳非是。然由其所說，足知此器無雙柱而有三足，又比爵爲高大，與宋以來所名爲角者無一不合；惟蓋作牛首形，與他角蓋異。余謂此亦角也。其蓋作牛首者，亦猶溧陽端氏所藏「飛燕角，」其蓋作燕張兩翅形，皆古人隨意象物，未足爲兕觥之明證也。然則傳世古器中無兕觥乎？曰有。兕觥之爲物，自宋以來，冒他器之名；而國朝以後，又以他器冒兕觥之名；故知眞兕觥者寡矣。

案自宋以來所謂匜者有二種：其一，器淺而鉅，有足而無蓋，其流狹而長；其一，器稍小而深，或有足，惟博古圖之文姬匜有之，他器則否。或無足而皆有蓋，其無蓋者，乃出土時失之。其流侈而短，蓋皆作牛首形。估人謂之虎頭匜，實則牛首也。博古圖十四匜中之啟匜，鳳匜，三夔匜，父癸匜，文姬匜，偏地雷紋匜，鳳夔匜七器；西淸古鑑三十匜中之司寇匜，祖匜，伯和匜，女匜，山匜，般匜，利匜，嬰匜，二犧匜，饕餮匜十一器；及端氏所藏諸女匜，蕢弜匜，甫人匜三器，皆屬此種。餘如積古齋著錄之父辛匜，父癸匜蓋，筠淸館著錄之奉册匜，父辛匜，册父乙匜；攈古錄著錄之亞匜蓋，㫃匜，文父丁匜，諸女匜；並予所見拓本中之析子孫父乙匜，父戊匜，作父乙匜；雖未見原器，然觀其銘文，屬乙類無疑。中有二匜蓋，尤其證也。余以爲此非匜也。何以明之？

甲類之匜，其銘皆云：某作寶匜，或云作旅匜，或云作媵匜，皆有匜字；而乙類三十餘器中絕無匜字惟端氏之甫人匜銘云：「甫人父作旅匜，其萬年用。」然其銘後刻，乃摹吳縣曹氏之甫人匜為之者。曹匜有圖，乃甲類，非乙類也。此一證也。

匜乃燕器，非以施之鬼神。而乙類之器，其銘多云：作父某寶尊彝，如父辛匜，乃與吳縣曹氏，諸城劉氏之父辛尊同文；諸女匜亦與溧陽端氏之諸女方爵同文；皆祭器之證。其為孝享之器，而非沃盥之器可知。此二證也。

古者盥水盛於盤洗，匜惟於沃盥時一用之，無須有蓋；而乙類皆有之。此三證也。

然則既非匜矣，果何物乎？曰：所謂兕觥者是已。何以明之？曰：

此乙類二十餘器中，其有蓋者居五分之四，其蓋端皆作牛首，絕無他形；非如阮氏兕觥僅有一器也。其證一。

詩小雅周頌皆云：「兕觥其觩。」毛於觩字無訓，鄭惟云觩然陳設而已。案觩，說文作觓，當與朻木今詩作樛木。之朻音義相同。觓者，曲也。从丩得聲之字，如句，茍，糾等，皆有曲意。今詩作觩，又假借作捄。以詩證之，則大東云：「有捄棘匕，」又云：「有捄天畢；」良耜云：「有捄其角；」泮水云：「角弓其觩。」凡匕與角與弓，其形無不曲者；畢之首有歧，亦作曲形。則兕觥形制，亦可知矣。今乙類匜與蓋，皆前昂而後低，當流之處，必當於當柄處若干，此由使飲酒時酒不外溢而設，故器蓋二者均觩然有曲意，與小雅周頌合。其證二。

詩疏引五經異義述毛說幷禮圖，皆云觥大七升，是於飲器中爲最大。今乙類匜比受五升韓詩說。若六升說文引或說。之斝尤大，其爲觥無疑。斝者，假也；觥者，光也，充也，廓也，皆大之意。其證三。觥有至大者，所容與尊壺同。詩卷耳：「我姑酌彼兕觥，」與上章「我姑酌彼金罍」文例正同。金罍爲尊，則兕觥亦尊也。七月三「稱彼兕觥，」則爲飲器。蓋觥兼盛酒與飲酒二用，與斝同也。

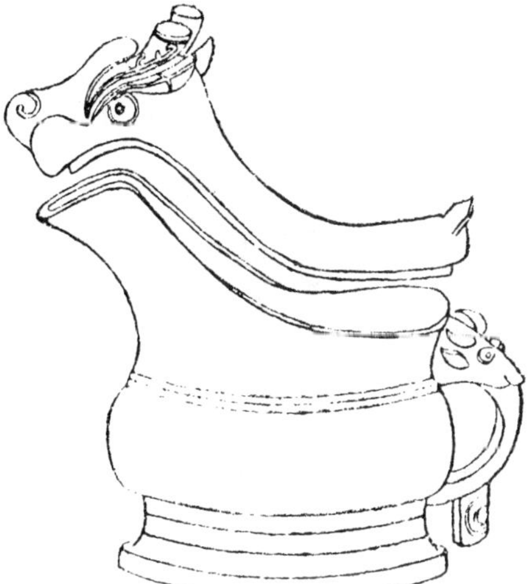

（十九）觥　上蓋下器舊誤作匜

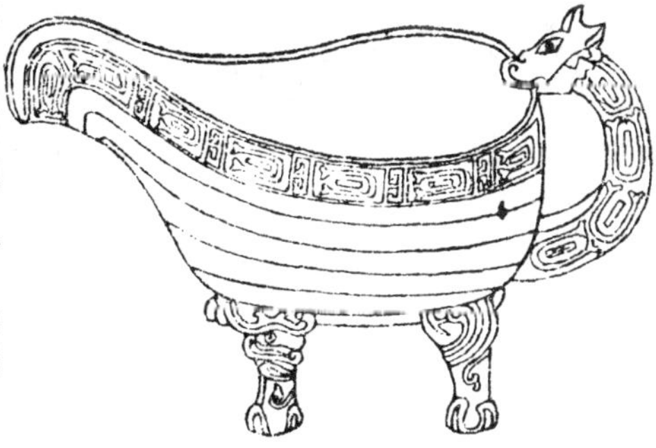

（二十）匜

立此六證，乙類匜之爲兕觥甚明。然此說雖定於余，亦自宋人發之。宋無名氏續考古圖有兕觥二，其器皆屬匜之乙類。此書僞器錯出，定名亦多誤；獨名乙類匜爲兕觥，乃至當不可易；今特爲疏通證明之。然則古禮器之名，雖謂之全定自宋人，無不可也。據此，則觥匜之別，較然可知；而角之非觥，亦得明矣（如圖十九，圖二十）

盤

盤，本作槃。說文：「槃，承槃也。」今通作盤。盤本爲承水器，古之盥手者，以匜沃水，以盤承之。浸假食器亦以盤，如左傳：「乃饋盤飧，置璧焉。」又如急就篇之盤案，注：「無足曰盤，有足曰案，所以陳舉食。」又他雜用亦或以盤，如禮記喪大記：「君設大盤，大夫設夷盤。」史記平原君傳：「毛遂左手持盤血」是也。其字，考之古器銘文，皆作盤，或作般，或從金作鎜，無從木者；後世通作盤字，正合於古器銘文也。（如圖二十一）

（二十一）盤

盂

盂，說文：「飯器也。」然亦有以爲飲器，如史記滑稽列傳：「酒一盂。」又墨子曰：「琢之盤盂，」玉篇曰：「盤也，」則又當與盤匜同列。按博古圖有周伯索盂，其銘曰：「伯索史作季姜寶盂，」與盤匜之有爲婦人而作者，似同爲媵器，則玉篇之說是也。惟其形制，頗不類盤，而與盦相似，古人或雜用之歟？（圖略）

盦

盦，盛食物之器，說文云：「覆蓋也。」考古圖有「伯戔饋盦，」呂氏曰：「饋盦者，以捧連湯飯，而加覆蓋耳。」殊不可解。其器，薛氏款識作「卬仲盦。」博古圖又有「交虯盦。」其形似敦，謂爲盛食物之器，殆不誤也。（圖略）

銒

阮氏積古齋款識錄周史賓銒銘二十六字，幷釋其器云：「銒」卽說文「銒」字。說文解「銒」字云：「似鍾而頸長。」此字正在「鍾」字之上。「鍾」字解云：「酒器也。」然則銒爲酒器，似鍾而頸長耳。此器頸長，足見許氏無虛語也。戴氏六書故云：「銒，經天切，似壺而大。」莊子曰：「求銒鍾也以束縛。」自陸氏釋文誤音刑，後世遂混于鈃鼎之鈃。其實一从幵，一从井，形聲判然異矣。博古考古二圖，俱無是器，其失傳久矣。（圖闕）

𥂕

阮氏錄周王子申𥂕蓋銘十七字，考定爲楚器，幷釋之曰：此器形如敦蓋。銘曰𥂕，或釋作盞，非是。盞與斝爵同類，安得有若是之大蓋乎？玉篇云：「盜𥂕，大盂也。」廣雅案𥂕與敦椀同釋爲盂。此卽𥂕字。通俗文云：「盞或謂之盌。」盌卽椀也。急就篇云：「橢杅槃案桮閜盌，」顏師古注云：「盌似盂而深長。」此𥂕失器存蓋，以蓋度之，器必似盂而深長，其爲盂敦同類之物，又無疑矣。𥂕字作盞，此銘合於通俗文，是古文也。（圖闕）

甔

阮氏錄周齊侯甔銘六十字，云據趙太常所藏搨本摹入。幷釋其器云：案𦉥卽甔字。廣雅釋器云：「甔，瓶也，亦作儋。」後漢明帝紀注引埤蒼云：「擔，大罌也，字或作儋。」史記貨殖列傳云：「醬千甔。」徐廣云：「甔，大罌缶。」方言云：「罃，齊之東北海岱之間，謂之甔。」漢書蒯通傳注引應劭云：「齊人名小甖爲儋，受二斛。」此齊器也。

余按其銘文「𦉥」字从缶，則其始爲陶器無疑；迨後進於冶鑄，而仍其字作𦉥，蓋可知也。又其銘云：「用實旨酒，」則又爲盛酒之器，當與尊壺同列也。（圖闕）

第三節　兵器

殷周銅器之傳世者，大量之禮器，及少數之常用器外，惟有兵器。越絕書寶劍篇記風胡子對楚王曰：「軒轅神農赫胥之時，以石爲兵；……至黃帝之時，以玉爲兵；……禹穴之時，以銅爲兵；……當此之時，（戰國）作鐵兵。……」按此以兵器畫分時代，實與近世西方考古學家分人類記錄以前史爲舊石器，（石兵）新石器，（玉兵）銅器，（銅兵）鐵器（鐵兵）諸時代相合，惟時間遠近則不一耳。至所傳銅兵，前人之著錄者，宋惟四器，至淸乃有五百餘器。考其名目，則有：戈，戟，戣，瞿，矛，劍，匕首，刀，斧，鉞，戚，矢鏃，距末，弩機等等，玆略述之如下：

戈　戟

戈，說文云：「平頭戟也。」考工創物小記云：「其刃向前者，謂之援，援之下垂而附於柲者謂之胡，其後端曰內。」舊說皆以爲直刃，程瑤田據所見古戈，其胡與內皆穿孔，孔所以纏縛於柲，與戟同，皆横刃也。此器傳世甚多，多自載其名，曰某戈，曰某之戈，曰某艁戈，曰某作戈，曰某之艁戈，文例變化如此。然亦有但具圖象而無文字者，亦有雖具文字而不可識者，舊說皆以爲商器也。（如圖一）

戟，說文云：「有枝兵也。」其制與戈略同；所異於戈者，援略昂起，而內亦有刃也。（從程瑤田說。）此器傳世甚少，而亦自載其名。（如圖二）

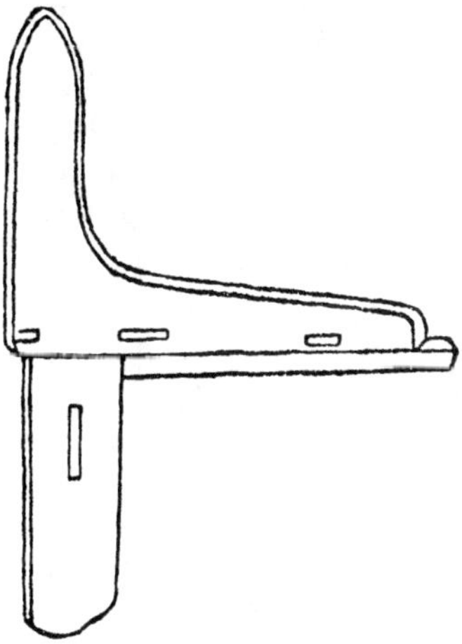

戈（一）

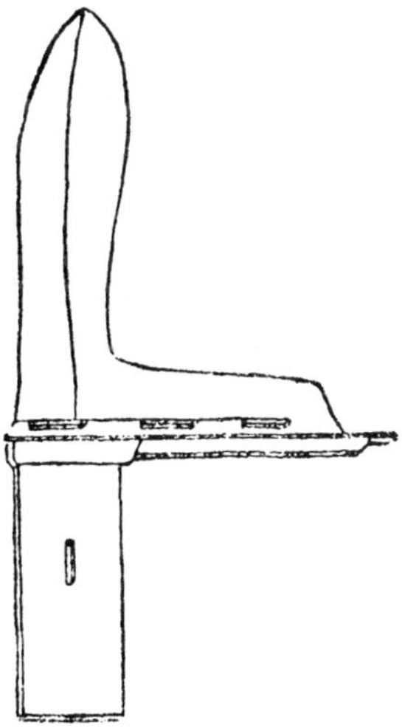

戟（二）

戣瞿

阮氏積古齋錄商周句兵數事，蓋即戣與瞿也。阮氏釋此器云：此器如戈橫援，援本不為內而為銎，上下相穿以安柲，銎外長出寸餘，勒銘其上。程易疇云：書顧命曰：一人冕執戣，立於東垂；一人冕執瞿，立於西垂。孔氏以為戣瞿皆戟屬，似得之。廣韻戣瞿皆引顧命，而以戟屬釋之，是矣。戈戟並有內；此器為銎受柲，制似少異，其為句兵，為戟屬，無可疑也。（如圖三、圖四）

戣（三）

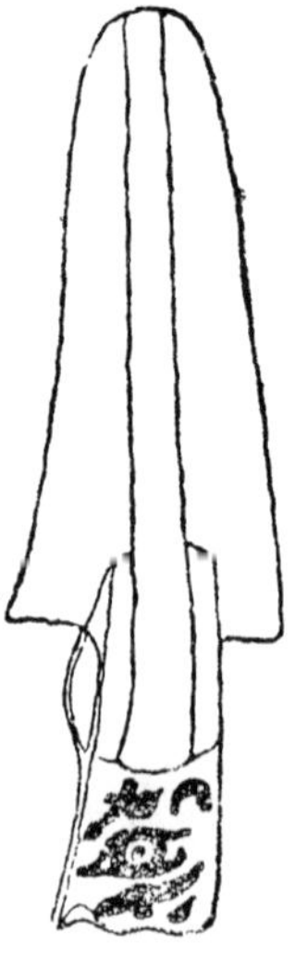

戵（四）

矛

矛，說文云：「酋矛也，建於兵車，長二丈，象形。」段注：「鉤兵也。酋矛，長矛也。」又戈也，詩節南山：「相爾矛矣。」釋文：「矛，戈矛也。」又戟也，周書：「操弓執矛。」釋文：「矛，矛戟也。」據此數義，矛蓋亦戈戟之屬也。（如圖五）

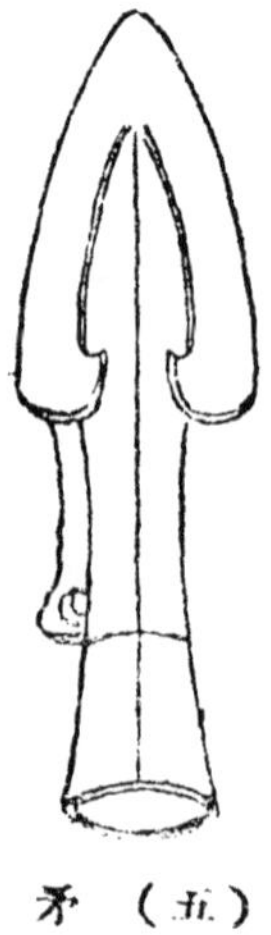

矛（五）

劍

劍，說文：「人所帶兵也。」趙宧光曰：「古人無所不佩，兵則劍也，故曰所帶兵。」劉昭曰：「自天子至於庶人，咸皆帶劍。……古者天子二十而冠帶劍，諸侯三十而冠帶劍，大夫四十而冠帶劍，隸人不得冠，庶人有事則帶劍，無事不得帶劍。」其制則考工記云：「桃氏爲劍：臘廣二寸有半寸，兩從半之，以其臘廣爲之莖，圍長倍之，中其莖，設其後，參分其臘廣，去一以爲首廣而圍之。身長五其莖長，重九鋝，謂之上制，上士服之。身長四其莖長，重七鋝，謂之中制，中士服之。身長三其莖長，重五鋝，謂之下制，下士服之。」世傳吳季子子逞劍，有銘十字，鳥篆文，甚精美。其劍字从金作「鐱」，不从刀。其器以周尺度之，長二尺，臘廣二寸半，重九鋝，上士之劍也。銘在其臘。此康熙八年，孫退谷得於睢陽，當時名流，題詠殆遍。阮氏摹其銘入積古齋款識，亦古器之一佳話也。（如圖六）

劍（六）

匕首

匕首，劍屬。史記吳世家：「專諸置匕首於炙魚中。」按劉向說苑云：「尺八短劍，頭似匕。」又通俗文云：「其頭類匕而便用，故曰匕首。」（圖闕）

刀

刀，兵也，象形，見說文。段注：「刀

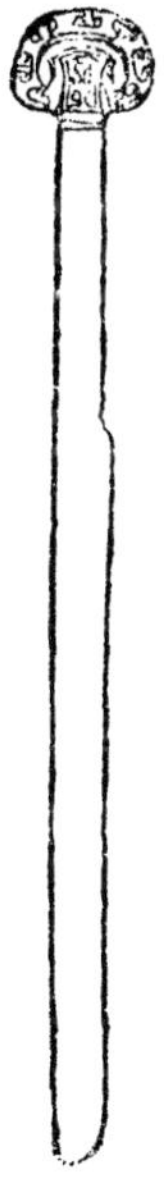

刀（七）

者，兵之一也。」（如圖七）

斧 戉 戚

斧，所以斫也，見說文。不曰兵器。段注：「斧之爲用廣矣。」刑書釋名：「黃帝五刑，四曰斧鉞。」古今注：「金斧，黃鉞也；鐵斧，玄鉞也。三代通用之以斷斬。」（如圖八）

戉，斧也。司馬法曰：「夏執玄戉，殷執白戚，周左仗黃戉，右把白髦。」見說文。段注：「俗多金旁作鉞。」合刑書釋名及司馬法觀之，斧戉實刑具也。（如圖九）

戚，戉也，見說文。段注：大雅云：「干戈戚揚。」傳：「戚，斧也；揚，戉也。」依毛傳，戚小於戉，揚乃得戉名。左傳：「戚戉秬鬯，文公受之，」戚戉亦分二物，許則渾言之耳。（如圖十）

觀以上所述，則斧，戉，戚三者，實皆類似之物，其始不作兵器，古今注所謂：「三代通用之以斷斬」是也。

（八）斧

（九）戉

（十）戚

矢鏃

矢鏃，矢鏑也。賈誼過秦論：「秦無亡矢遺鏃之費。」按矢鏑，古以砮石爲之，故禹貢：「礪砥砮丹，」傳云：「砮，石中矢鏃，後世以金爲之。」故爾雅注李巡曰：「鏃，以金爲箭鏃也。」又按，鏃，說文但曰：「利也。」段注：「今用爲矢鏠之鏃，與許不同，疑後所增字。」今其器之傳世者，尚數十品也。（如圖十一）

（十一）矢鏃

距末

阮氏積古齋錄周距末銘八字，曰「愕作距末」云云。并釋之曰：顏運生所藏器，據趙晉齋搨本摹入。案距末，不知何器。沈心醇據戰國策蘇秦說韓王曰：「谿子少府時力距來，皆射六百步之外，」疑此爲弩飾。孔檢討（廣森）亦以爲飾弓簫者。二說皆近之。特此「末」字甚明，斷不得疑爲「來」字之訛。按荀子性惡篇曰：「繁弱鉅黍，古之良弓也。」又潘安仁閒居賦曰：「谿子巨黍，異絭同機。」據此，則國策之「來，」荀子文選又作「黍」矣。楊倞注欲改「黍」从「來，」尚未見此器之作「末」字也。荀子「鉅黍，」今「鉅」作「距」者，亦古字通借耳。此器中空，一面有陷，圓而向下，確是弓簫未張弦之處，以今弓末驗之，可知矣。（圖闕）

弩機　弩牙

弩，弓有臂者，見說文。按弩，黃帝所作，設機括以爲射者也。弩牙，弩上發矢機也。易「言行君子之樞機」疏：「樞謂戶樞，機謂弩牙。」據羅振玉夢郼草堂吉金圖，三代之器，今尚有存者。（如圖十二）

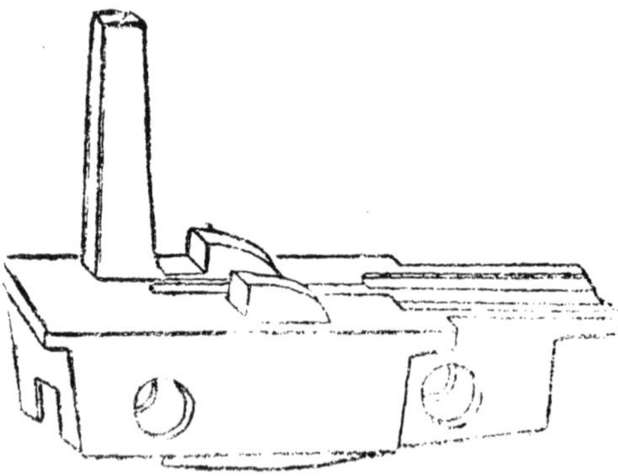

（十二）弩機

槍　鏊　刀珌　削

三代兵器之可述者，如此而已。其餘據清人所著錄者，尙有槍，鏊，刀珌諸器，則王氏著錄表列諸疑僞。按槍之名爲後起，三代無之。鏊爲矛戟柄之端，冒以銅，平底者曰鏊。禮記：「進矛戟者前其鏊」是也。刀珌，佩刀下飾也。始見於阮氏款識。詩：「鞞琫有珌，」毛傳云：「琫上飾，珌下飾。天子玉琫而珧珌，諸侯璗琫而璆珌，大夫鐐琫而鏐珌，士珕琫而珕珌。」說文：「琫珌天子皆以玉，」然則諸侯皆以金，大夫皆以銀，士皆以珕也。而阮氏云：「此刀珌未見其器，不知何所質，」則未必定爲銅器也。此外阮氏所著錄者，又有周削一器。然案考工記：「築氏爲削，」鄭注：「今之書刀，」則非兵器也。阮氏又曰：「今案此器，脊微倨，身屈，刃在內，刃下按拊，拊末有鐶，可置纓結，以便佩帶；」與說文所謂：「剞劂曲刀」者合，其非兵器明矣。（王表列於兵器，失察。）（圖闕）

第三章　秦漢以後諸器

第一節　緒言

論秦漢以後諸器與殷周諸器之異趣

秦漢上承三代，下啟六朝，在文化史上爲一重大之關鍵，而吉金諸器之遺留於今者，遠不及殷周之盛，法物殆缺，殊無足述。王表列宋人所著錄者，秦漢以後，僅六十器。清人著錄，亦僅千數，以視殷周，瞠乎後矣。蓋極盛之後，難乎爲繼；且作風丕變，銘文亦異。如漢代之鼎，圓而有蓋，其銘多鑿於口邊之外側，僅爲宮廟之名，及容重，工名，籌款等等。字旣粗劣，義無足觀；他器亦然。蓋已入於郭沫若所謂銘文之第四階段，復返於粗略之自名，或委之於工匠之手，而爲「物勒工名」矣。花紋則以神人異獸爲主，獸環之鋪首亦頗習用；三代之饕餮雲雷，則漸歸淘汰。他如鳩尊瑞獸尊等，全以整個器形肖象某物，則爲三代所無。又除少數之有花紋者外，幾全爲素器，與三代異趣。惟於器之外層，多加金皮，或以松石金銀，鑲嵌細花，則爲漢器特異之表現焉。

禮器如是，兵器亦鮮。所傳惟弩機之數量較多，餘如劍戟等物，至爲罕見。故後人寶重，轉在小品之雜器，及錢幣，璽印，兵符，鏡鑑等類。而錢幣，璽印，兵符，鏡鑑四者，昔人以傳世數量至多，所謂附庸蔚爲大國，皆別出一類以研究之，茲亦另闢一章以述之。

上述以外，惟秦漢以後之度量衡器，品類較繁，遺物亦多，爲三代所未嘗有者。六朝至唐，諸器益無足述。惟佛教造象，與石刻並盛，稱一代精華。宋明而下，其所仿製，雖有可觀，然於金石學上，價値殊鮮，概不贅焉。

今略述度量衡器及雜器二類於下。

第二節　度量衡器

書言「同律度量衡，」禮稱「正權概角斗甬，」而其制失傳；傳者秦權漢尺莽量數事而已。古今大小殊制，短長異宜，其有關於考古甚鉅，此不詳論，論其名目。

權

權，稱錘也。古器之傳於世者，厥始於秦。宋呂氏考古圖錄秦權一，銘百字，外有「平陽斤」三字。薛氏款識別錄一器，銘同；而稱呂氏所錄者曰「斤，」實皆權也。薛氏引古器物銘云：世所謂秦權至多，銘文悉同。歐陽集古錄載祕閣校理文同家有二銘，其一乃銅環，上有銘，循環刻之，不知爲何器；余嘗考之，亦權也。按班固漢書律歷志：五權之制，圜而環之。今之肉倍好者，（邊緣部分曰肉，中孔曰好。）周旋無端，周而復始，無窮已也。孟康注以謂錘之形如環也。然古權亦有如今稱錘相似者，蓋形制不一，各從其便耳。清人著錄，凡六十有六，大小輕重不等。（如圖一）

量

量，斗斛也。傳世之器，亦始於秦。其形或橢或方。清人著錄者凡三十有六。上亦鐫銘，文與權同也。（如圖二、圖三）

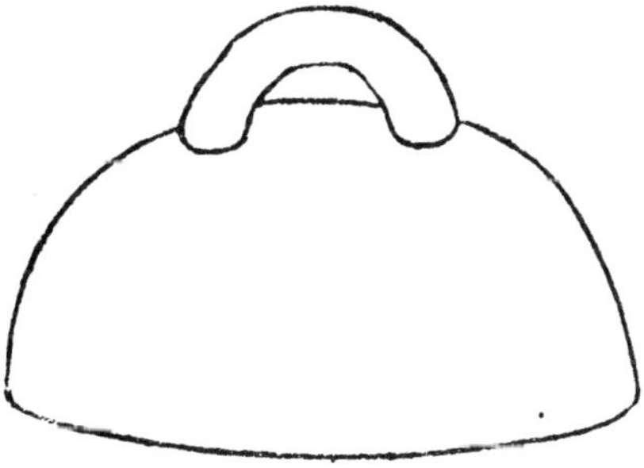

（一）秦權

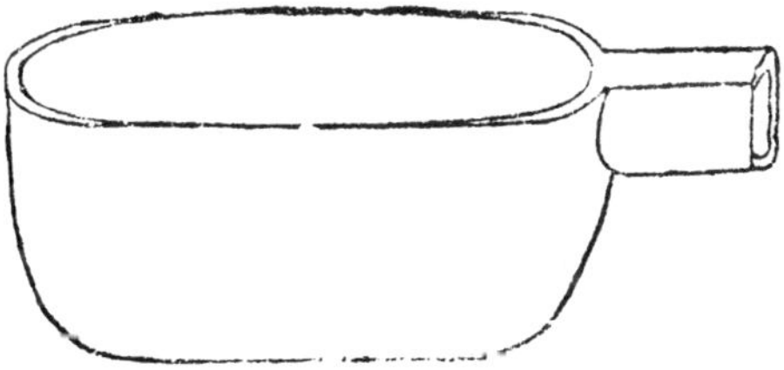

（二）秦橢量

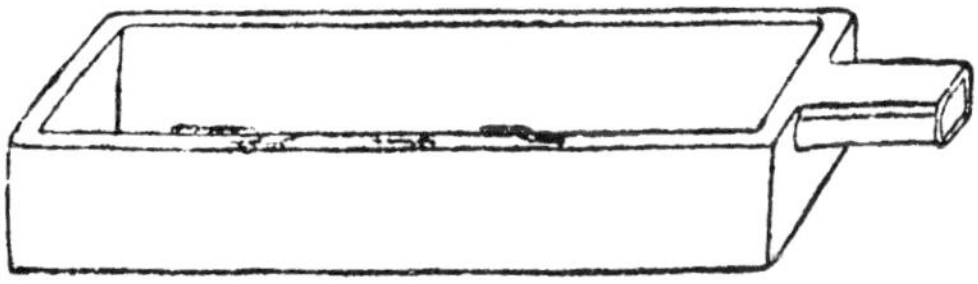

（三）秦方量

秦量以外，又有所傳漢嘉量，實新莽時器也。按周禮㮚氏爲量，銘曰：「嘉量既成，以觀四國，」而此亦名嘉量，蓋莽假周禮以愚惑天下也。其器大小凡五：一斛，二斗，三升，四合，五籥，而統曰量，合為一器。其制，用銅方尺而圜其外，旁有庣焉。其上為斛，其下為斗，左耳為升，右耳為合籥。銘八十一字。而斛斗升合籥五者，又各有銘，言其制度。（如圖四）

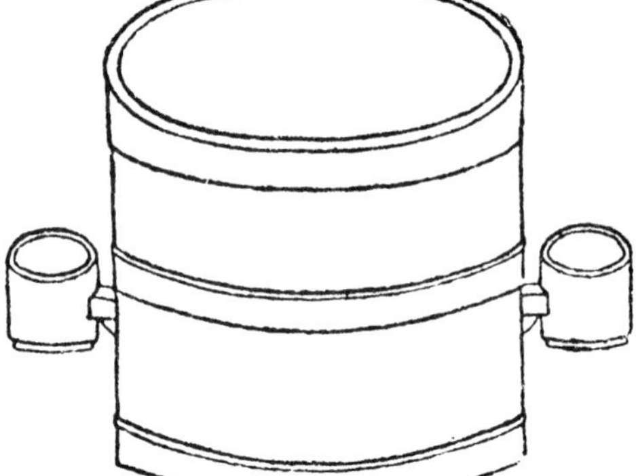

（四）漢嘉量

甬　鍾　鈁

甬，鍾，鈁，皆量名也。甬之器，不傳於今，據薛氏款識引古器物銘云：「谷口銅甬，舊藏劉原父家。」其銘云：「谷口銅甬，容十斗，」則其制可知也。（圖闕）

鍾，古制不一：淮南高注：「十斛為鍾。」小爾雅云：「缶二謂之鍾，」注「八斛為鍾。」左傳：「釜十則鍾，」杜注：「六斛四斗為鍾。」後漢郎顗傳李賢注：「四釜為鍾。」諸說互異

如此。若更卽其器銘求之，尤爲紛如，蓋大小頗不一也。（如圖五）

鈁，圓者曰鍾，方者曰鈁。薛氏著錄一器，（武安侯鈁）其銘曰：容一石二斗。陶齋吉金錄有七器，其銘或容六斗，或容四斗，大小亦不一也。（如圖六）

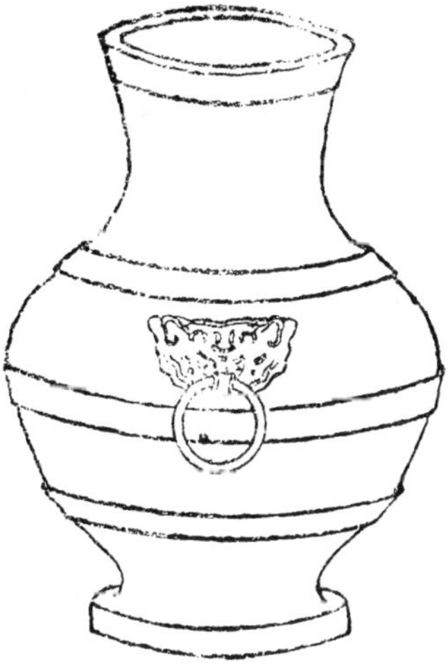

（五）漢鍾

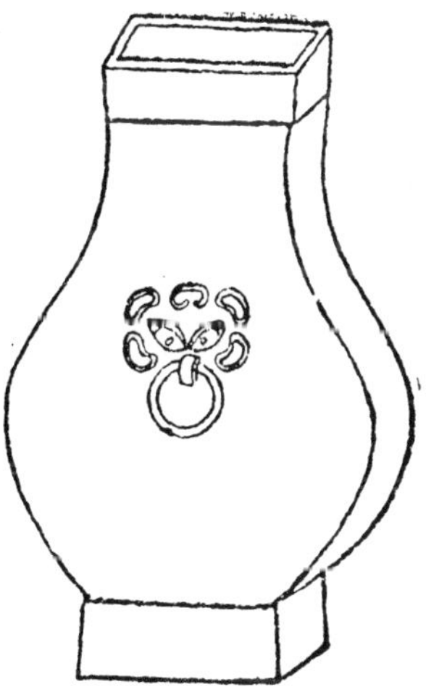

（六）漢鈁

尺

漢尺之存於今者，惟阮氏款識錄曲阜孔氏所藏之後漢建初尺，羅氏集古遺文錄維縣某氏所藏之新莽始建國銅尺耳。又徐乃昌積學齋集古器物文錄元延二年銅尺，不知藏於誰氏；則其銘識乃仿元延銷爲之，非眞物也。此外惟上虞羅氏藏古銅尺一，牙尺一，並與建初尺長短略等；然無銘識；以制度觀之，實漢物也。

蜀尺，則羅氏舊藏章武弩機，其望山上有金錯小尺，與建初尺長短略同。又藏魏正始弩機，亦有尺，度較建初尺微長，殆即隋書律歷志所謂杜夔尺也。

晉尺未有傳者，世所謂晉前尺，拓本皆出於王復齋鐘鼎款識。王靜安先生考定爲出於宋若訥仿造，非眞晉尺也。

唐尺，我國無之，惟日本奈良正倉院藏六尺，乃彼國天平勝寶八年，當唐至德二載。孝謙天皇之母后獻於東大寺者。凡紅牙撥鏤尺二，綠牙撥鏤尺二，白牙撥鏤尺二，其拓本曾影印於東瀛珠光中。王靜安先生有跋，存觀堂集林。

宋尺，則山左金石志錄三司布帛尺一，藏曲阜孔氏。近年宋鉅鹿故城出三木尺，藏上虞羅氏，其制與唐尺略同。王氏均有跋。

嘗考尺度之制，由短而長，殆爲定例。其增率之速，莫劇於西晉後魏之間，三百年間，幾增十分之三。求其原因，實由魏晉以後，以絹布爲調，官吏懼其短耗，又欲多取於民，故代有增益也。（圖略）

第三節 雜器

金石索於「雜器之屬」曰：「鐘鼎之屬，已列首編。乃有器不必登於郊廟，名不必同於商周，而有象可繪，有銘可錄，有年月可志者，若銷，若洗，若鐙，若鑪，若釜甑，若鐎斗，以及浮屠造象，田野鈴鐸之微，皆可藉以想見古人制作精意。」今本斯旨，略述於下。

銷

銷，說文云：「小盆也。」宋人著錄者，惟博古圖漢元康銷一器。其銘曰：「梁山銅二斗銷，重十斤。元康元年造。扶。」考西漢器物記年號者，莫先於此云。（如圖一）

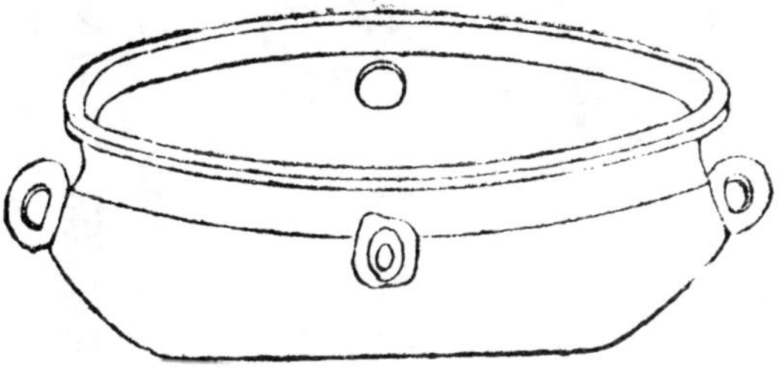

（一）漢銷

洗

洗，承盥洗者，棄水器也。儀禮士冠禮：「設洗置於東榮。」疏：「盥於洗爵之時，恐水穢地，以洗承盥洗水而棄之。」然周器莫傳，傳始於漢。其制小大不侔，或深如罍，或淺如盂。略有銘識，或刻魚鷺，雙魚，雙鷺，及吉羊等圖形。其銘有刻年時及鑄造之地名者；或刻某官永用者；或但刻吉語者，如「宜子孫，」「富貴昌宜侯王，」「大吉昌宜侯王」「宜侯王大吉羊，」等等不一，書體精美，頗勝於同時鼎彝之銘。此器，宋人著錄者有七，而清尤多，（一八八器）為諸漢器冠。（如圖二）

（二）漢洗

鐙，錠，皆薦熟食之器。說文云：「鐙，錠也。錠，鐙也。」廣韻：「豆有足曰錠，無足曰鐙。」又膏鐙也。楚辭招魂：「蘭膏明燭，華鐙錯些。」注：「徐鉉曰：錠中置燭，故謂之鐙。」按朱駿聲云：「其制似豆，故轉而名焉。」今所傳漢器，似皆為膏鐙，而非薦熟食之器也。其名最繁，如雁足鐙，羊鐙，駝鐙，犀鐙，辟邪鐙，鳳龜鐙，皆象其形也。（如圖三、圖四）

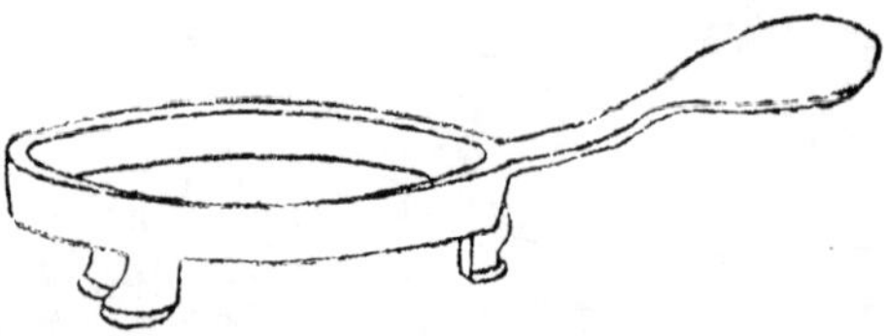

（三）〔甲〕漢宮行鐙

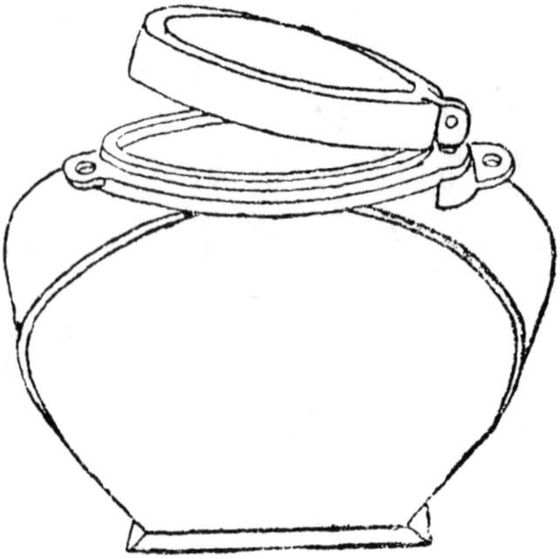

（三）〔乙〕漢黃龍鐙

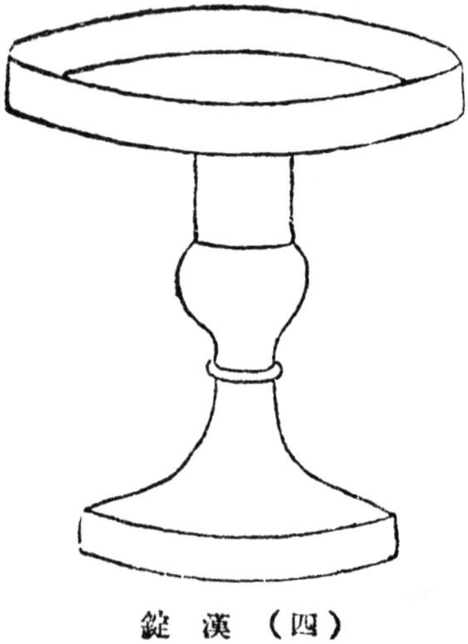

（四）漢　錠

宋人著錄，鐙錠以外，尚有燭盤，亦鐙錠類也。然惟漢車宮承燭槃一器，見於考古圖，有銘

十七字云。（圖略）

釜 鍑 鈃鏤

釜，鍑，鈃鏤，皆炊器名也。釜，䰛或字，見說文。段注：「經典多作釜，惟周禮作䰛。」漢書：「多齎䰛鍑薪炭，」亦作䰛。詩采蘋毛傳曰：「有足曰錡，無足曰釜。」又方言：「鍑，江淮陳楚之間謂之錡，或謂之鏤。」則三者實同器而異名也。今觀陶齋吉金錄，則釜鍑爲無足，而鈃鏤則有足，其形特異。（如圖五、圖六、圖七）

漢釜（五）

漢（六）

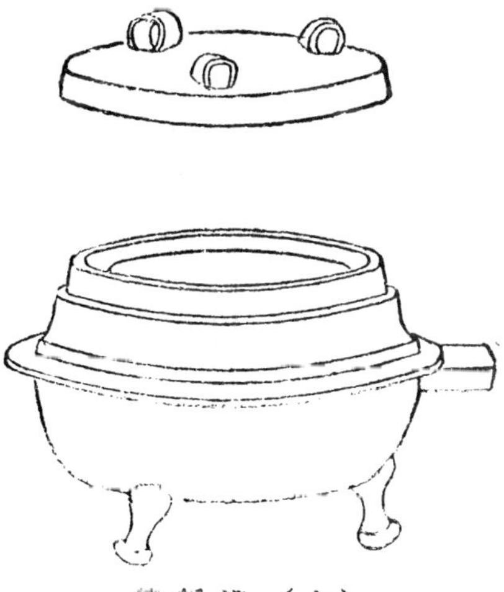

漢鈃鏤（七）

熏鑪

鑪，本用以貯炭取煖者也。至漢代中原與南海諸州西域諸國交通，沈檀等香料入境，乃有熏香之風，而名曰熏鑪。前人著錄，有形如釜鍑之類者，如考古圖之漢齊安宮熏鑪。又有曰博山鑪者，亦見於考古圖。按博山，在山東青州，鑪蓋象其形，因以名之。鑪下有盤，可以貯湯，俾令香氣蒸潤也。（如圖八、圖九）

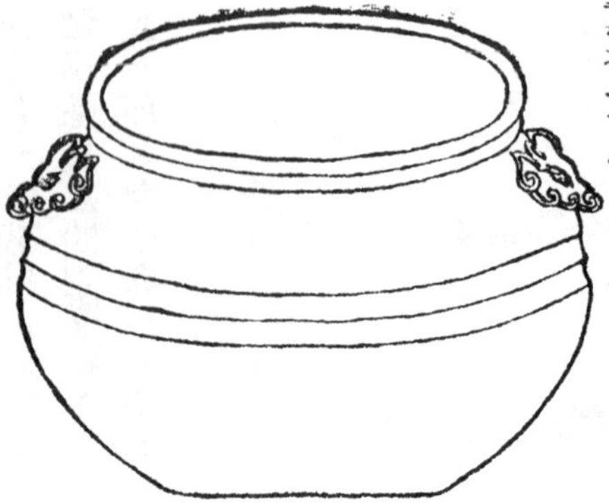

（八）漢熏爐

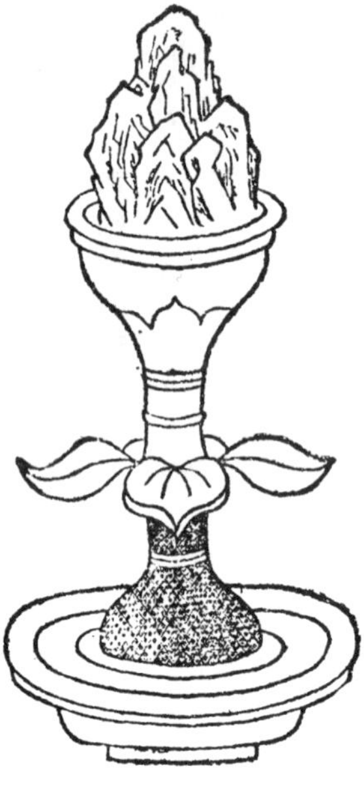

（九）漢博山爐

鐎斗

鐎斗，溫器也。見顏師古急就篇注。王應麟謂即刁斗，三足而有柄。趙希古洞天清錄則曰：「刁斗無足，鐎斗有足。」是器，宋人無著錄者，而清亦寥寥（如圖十）

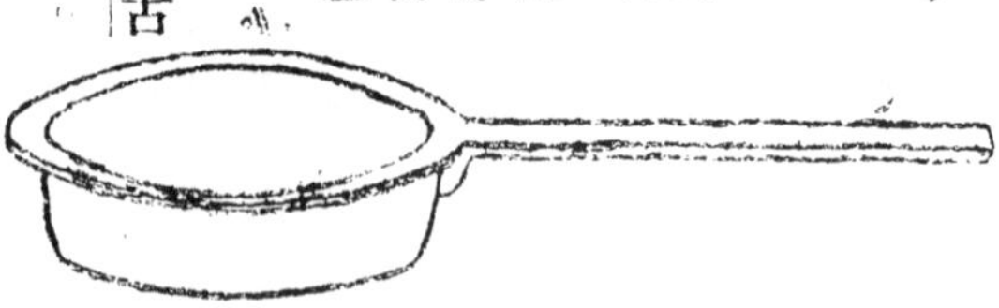

（十）漢鐎斗

鈴　鐸

鈴，令丁也。見說文。廣韻曰：「似鐘而小，古謂之丁寧，漢謂之令丁。」正字通云：「以金爲圜郭，半裂以出聲，錮銅丸於內，搖之聲令然。」其用，或懸於馬頸或旂首；或設於宮殿樓閣之簷角，所謂鈴鐸是也。（如圖十一）

鐸，大鈴也。軍法：五人爲伍，五伍爲兩，兩司馬執鐸。見說文。三禮圖云：「其匡以銅爲之，木舌爲木鐸，金舌爲金鐸，振之所以宣教令者也。古者將有新令，必奮鐸以警衆：文事奮木鐸，武事奮金鐸。」今漢器尙有傳者。（如圖十二）

（十一）漢　鈴

（十二）漢　鐸

帶鉤

帶鉤，漢銅之極小品也。然前人著錄，逾百三十餘器，由知其有可好者在焉。其銘多爲吉語，如曰「長壽，」「長宜子孫，」「長宜君官，」「君高遷」等等，不一而足。形制亦多特異，傳曰：「坐客滿堂，視鉤各異，」其是之謂歟！考革帶有鉤，由來已舊。古人以銅著胸腹間，所以拘帶，且以捍矢。左傳僖二十四年：「齊桓公置射鉤，而使管仲相。」杜注：「中帶鉤。」呂覽貴卒：「管子扞弓射公子小白中鉤。」國語晉語：「乾時之役，申孫之矢，集於桓鉤。」韋注：「帶鉤也。」揚子太玄：「格裳格鞶，鉤據之。」則鉤之制古矣，而傳者惟漢。（如圖十三）

漢帶鉤（十三）

銅鼓

銅鼓，古蠻人所用，南邊土中時有掘得者，如坐墩而空其下，滿鼓皆細花紋，四角有小蟾蜍。兩人舁行，拊之，聲似鞞鼓。見桂海虞衡志。按後漢馬援於交趾得駱越銅鼓，見援本傳，是銅鼓確非中國產也。（如圖十四）

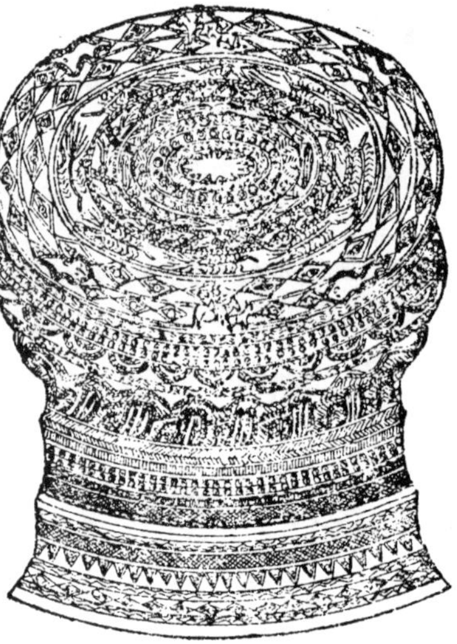

漢銅鼓（十四）

造象

造象興於佛教流行之日，以六朝爲最盛。其形體之大小廣狹，制作之精粗不等。然與龍門石刻相較，其氣魄之雄偉，品類之繁賾，則又不逮遠甚。今就陶齋吉金錄所圖錄者，略示數

例，以見一斑。（如圖十五）

（十五）北魏及北周造象

浮屠

浮屠，華言塔也，亦起於六朝，石刻為多，銅質極少。張燕昌金石契錄吳越王金塗塔一品，塔銅質，塗金，狀如片瓦，四瓦合成一塔。張氏云：「右金塗塔畫象，見表忠譜，高六

寸，重三十五兩。」聊舉之以示例耳。（如圖十六）

（十六）吳越王金塗塔

第四章　錢幣璽印兵符鏡鑑

第一節　錢幣　錢范附

古幣—周錢—齊莒刀—秦錢—漢錢—莽貨—東漢以後錢—唐以後錢—錢范

上古以物易物，以貝為貨幣，故現代通行之字，如財、貨、買、賣、賃、貸、賄、賂……等字，凡與財物有關者，多從貝。其後冶金術進步，乃改用銅幣以濟貝貨之不足，而為交易之媒介。古貨幣之存於今者，有鏟形，刀形，圓形等種，以文化之演進，人事之繁複而異焉。其名稱有金、貨、幣、泉、刀、布、錢、寶等變遷。其上有具備文字者，亦有無文字者。漢食貨志云：「貨寶於金，利於刀，流於泉，」可謂盡貨幣之精義矣。又通志云：「自太昊以來始有錢，太皞高陽謂之金，有熊高辛謂之泉，齊莒謂之刀。」自來著錄之書，因多自太昊伏羲氏始，可不問而知其僞託也。茲略述歷代錢幣之大概如下：

一、古幣　按前人著錄錢幣，凡周以前，皆無確證，余統名爲古幣，述其形制文字於左：

（甲）作干盾形，中飾以龍，舊以爲太昊伏羲氏金幣。

（乙）作圓形，中有小圓孔，上有文字。作垍者，舊以爲葛天氏幣；作士大全芾巾數字環繞者，以爲神農氏幣。

（丙）作鏟形，有各種微細之異點，約舉如下：❶純鏟形，前人謂之鏟幣。其上略有文字，如丄，秝，㡀，凶，半，成，启，邑，丂，用，㠯，鼎，鬲，畨，亣，戚，𩫖，𦥑，𦥑，𦥑等等，頗類甲骨文字，而不盡可識。❷其形較小，棱角亦稍殺，上亦有文字：其作㞢，𦥑者，舊以爲軒轅氏幣；其作㕚，㕚者，舊以爲少昊氏幣。❸其形下端凹入，如兩足狀，上有文字，多爲地名，如平陽，安陽，武平，陽山等等，舊以爲高陽氏幣；有作釿，釿者，舊以爲堯布。❹如兩足狀而體稍圓者，其文字較爲複雜，如舜五二幣，其文曰：「乘馬貨金五二十當幣，」禹幣曰：「安邑貨一金，」或曰「二金，」則不獨明著地名，且又加法定價值焉。而湯幣形如第三種，文曰「湯金。」

（丁）其形上狹下廣，背平面凸，古所謂蟻鼻錢，或以爲其通行尚在鏟幣之前，以其狀類貝殼也。上亦略有文字，多不可識；兼有一孔。俗名鬼臉子，言黑而醜也。

古圜形幣二種

（1）

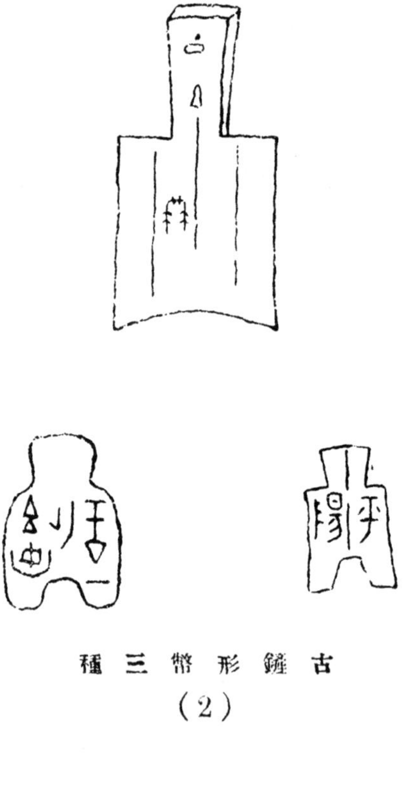

古鏟形幣三種

（2）

二、周錢　以上自太昊以下，禹湯以上，其形凡四，概稱古幣，蓋莫能確指其時代也。舊說云云，亦自成其爲舊說耳。自周以後，始較可徵信。史稱太公爲周立九府圜法，始名以錢，錢員函方。函，孔也。景王更鑄大錢，文曰寶貨。今所傳周錢，有曰「寶六貨」者，有曰「寶四貨」者，皆其法定價值也。

三、齊莒刀　史稱太公爲周立九府圜法，退又行之於齊。桓公令輕罪者贖以金刀，故齊刀爲多。今所傳者，形確如刀，其柄有環，蓋以穿繩，亦如周錢之有孔耳。其文字大抵瘦硬通神　古鏟幣。有作「齊寶貨」者，或曰「齊之寶貨。」更有冠以地名，如「齊遲陽[illegible]未識寶貨，」「安陽之寶貨，」「節墨之寶貨」等。背文有：「吉，」「貨，」「十，」「工，」「行，」「生，」「廿，」「卅，」「寶，」「圓，」「上，」「寶廿，」「丁，」「安陽，」「開陽，」「大，」「九」等等之異。莒刀形制略同，惟文字甚簡，正面但作「莒」字，背文多係「左」「右」數目等字。按即墨及莒，皆齊之大邑也。國策：樂毅伐齊，城不下者，惟莒及即墨是也。

四、秦錢　錢作圓形，中有方孔。漢食貨志云：「秦錢質如周錢，文曰半兩，重如其文。」今所傳者，背平無郭，恰與周之「寶六貨」相似，圓徑一寸三分半云。

五、漢錢　與秦錢同，多作圓形。其文有半兩，三銖，四銖，五銖等等。半兩錢，呂后及武帝時皆嘗鑄之。四銖錢，文帝時造。文帝紀云：「五年春二月，更造四銖錢。」應劭注：「其文亦曰半兩。」徑一寸弱，世所傳半兩至輕小者是也。三銖，五銖，皆武帝時造。漢志言武帝令縣官銷半兩錢，更鑄三銖錢，重如其文。又元狩五年，有司言三銖錢輕，易以姦詐，請郡國更鑄五銖錢，周郭其質，令不得摩取鋊注是也。此外，武帝又造銀錫白金，以爲天用莫如龍，地用莫如馬，人用莫如龜，故白金三品，其一曰：重八兩，圜之，其文龍，直三千；二曰以重差小，方之，其文馬，直五百；三曰復小，橢之，其文龜，直三百。俱見漢食貨志。惟舊傳圖譜，不盡可信也。

六、莽貨　新莽事事復古，變更漢制，鑄作錢布，皆用銅，殽以連錫。今所傳者，有泉刀布三式：

（甲）泉　形與漢同，外圓內方，其制有六。食貨志云：王莽居攝，變漢制，以周錢有子母相權，于是更造大錢，徑寸二分，重十二銖，文曰「大泉五十。」始建國，更作小錢，徑六分，文曰「小泉直一，」重一銖。次「幺泉一十，」次「幼泉二十，」次「中泉三十，」次「壯泉四十，」因前「大泉五十，」爲泉貨六品。又天鳳元年，莽罷大小泉，改作貨泉，徑一寸，重五銖，文右曰「貨，」左曰「泉，」枚直一，與貨布二品並行，今所傳大小不一。

（乙）契刀及錯刀　漢志：莽造大泉五十，又造契刀、錯刀。契刀、其環如大泉，身形如刀，長二寸，文曰「契刀五百。」錯刀、以黃金錯其文，曰「一刀直五千。」按志云「直五千」者，解「平五千」之義，非謂刀文有「直」字也。又錯刀之行未久，傳世不多。鮑照詩云：「美人贈我金錯刀，何以報之英瓊瑤，」則六朝已重其品矣，宜今之罕覯也。

（丙）布　莽布凡十品，漢志：小布、長寸五分，重十五銖，文曰「小布一百」自小布以上，幺布，幼布，厚布，差布，中布，壯布，第布，次布，大布，各相長一分，相重一銖，文各爲其布名，直各加一百；至大布，長二寸四分，重一兩，而直千錢矣。又有貨布，則在十品之外，漢志：天鳳元年，罷大小泉，改作貨布，長二寸五分，廣一寸，首長八分有奇，廣八分，其圜好徑二分半，足枝長八分，間廣二分，其文，右曰「貨，」左曰「布，」重二十五銖，直貨泉二十五。金石記云：諸泉布惟此一品尺寸最詳。

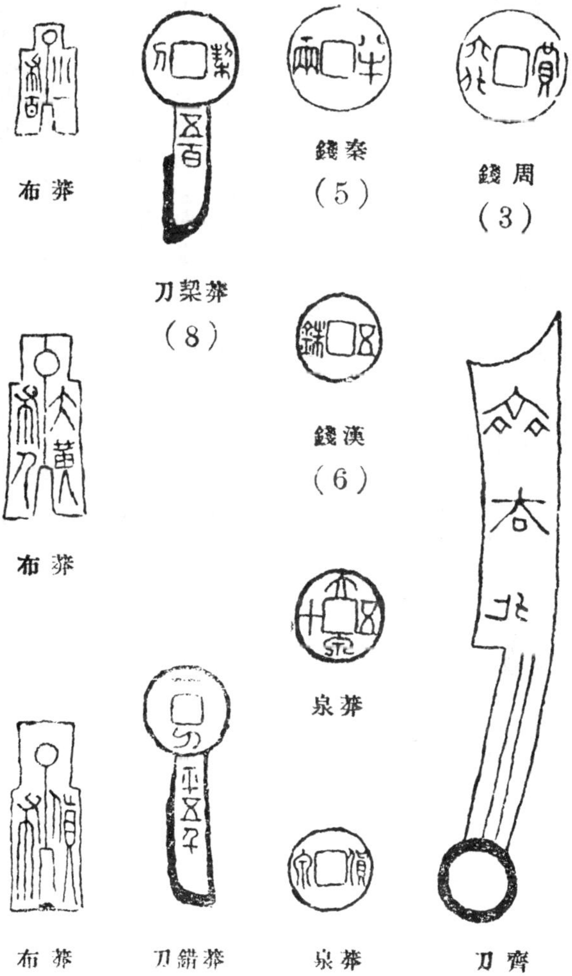

周錢（3）

齊刀（4）

秦錢（5）

漢錢（6）

莽泉

莽泉（7）

莽梁刀（8）

莽錯刀（9）

莽布

莽布

莽布（10）

七、東漢以後錢　自東漢以後，歷代錢幣，皆外圓內方，無復作刀布形者。蓋刀布之形，攜帶應用，俱不便利，後世人事日繁，貿易發達，自不得不改進耳。至其制度，有可得而言者：

東漢光武中興，復五銖錢。靈帝作角錢，背文四出，俗稱爲四道五銖，有銅鐵二等。獻帝作小錢，無輪郭文章。

蜀漢昭烈帝作五銖錢，文曰「直百五銖，」有徑九分、七分者，背有一「爲」字，或云指犍爲郡。又一種上「直」下「百，」無「五銖」字。

魏文帝初亦復五銖，旋罷。明帝復行。

吳大帝作大泉，文曰「大泉五百。」又鑄「大泉當千，」式有大小二種。

晉有「太元貨泉，」孝武帝鑄。「大元」眞書，「貨泉」篆文。錢用年號者始此。

南北朝：宋文帝鑄四銖錢；又鑄大四銖，一當兩；後罷去，復鑄五銖，與漢錢同。又有面文「孝建，」背文「四銖，」則孝武帝鑄。其後稍去「四銖，」專爲「孝建。」廢帝時，鑄二銖錢，郭爲重輪。又鑄小錢，謂之鵝眼。再劣者謂之綖環，文俱曰「小泉直一，」有篆書眞書二種。此外又有文曰「永光」及「景和」者，一重三銖，一重二銖，皆廢帝時鑄。

梁武帝鑄五銖錢，一有好郭，謂之公式女錢；一無好郭，止謂之女錢。又有定平一百錢，面文無「定」字，右「一，」左「百，」下「平，」普通中，鑄鐵錢，有面文「五銖，」背文四出；及「大吉，」「大通，」「大富」五銖，背文亦俱四出。敬帝時又有太平錢多種，文曰「太平百錢，」有篆有隸，有徑一寸，七分，六分者，有重一銖，四銖，六銖者，背有水波文，龜背文，及周繞雲物者。

陳文帝改鑄五銖，以一當鵝眼之十。又改鑄雞目五銖，與北魏宣帝西魏文帝雞目五銖相似。又有「布泉」數品，宋闕名之錢譜云：「布泉，陳文帝元嘉二年鑄，一當百，與五銖並行。」「大貨六銖，」宣帝鑄，以一當五銖之十，有二種，背無文。

北魏有「太和或作泰和五銖，」及「永安五銖」兩種。前爲孝文帝鑄，後爲孝莊帝鑄。

北齊有「常平五銖，」文宣帝鑄也。

北周武帝鑄「布泉，」一當五，其文左「布」右「泉，」作玉筯篆，與陳「布泉」作柳葉篆者不同。武帝又鑄「五行大布，」與「布泉」並行，其花紋甚異，凡有鳥獸、花草、七星、龜蛇、寶劍等種種文飾。宣帝時又鑄「永通萬國」及「永通泉貨」諸品，皆一當十也。

隋文帝鑄五銖白錢，用鑞和鑄，故錢色白。又鑄小五銖，徑三分，凡八九萬，纔滿半斛，與綖環錢同。

八、唐以後錢　周錢齊刀，其文曰「貨；」莽幣，曰泉，曰刀，曰布；吳亦曰「泉；」晉曰「貨泉；」陳及北周曰「布泉；」唐以後皆曰「寶。」錢文之著年號，始於晉孝武之「太元貨泉；」南北朝間，或有或否；自唐而下，則莫不著年號者，新君即位，即另鑄新錢，歷代皆然。故錢幣自東漢以後，形式統一；晉以後，開著年號之風；唐以後，則文字統一，而名稱亦統一矣。至於年號之異，則文字瞭如指掌，無庸贅述。名稱雖同，又有小異：一曰通寶，如「開元通寶」是；一曰泉寶，如「乾封泉寶」是；一曰重寶，如「乾元重寶」是；一曰元寶，如「大歷元寶」是。自後咸不出其範圍，皆作始於唐也。述錢幣止此。

又前人著錄，錢幣以外，并及錢范，其價值亦與錢埒。按錢范，唐書謂之錢模，其類有二，不可不辨。其陰字反書，無范邊，有凹道支流，可以入銅鑄錢者，爲眞錢范。陽文，正字，有峻邊，有高鼻，無凹道，而磨其背可以鑑者，爲錢范鏡。陽文，正字，峻邊，不能鑄錢，而小其底，或有款識，或有斜格者，爲錢式，爲小洗之屬。雖概名爲錢范，而其實則大異也。然眞錢范，其制多以土爲之，類於塼，所謂范金合土是也。其他爲鏡，爲洗，則無有以土製者，可決其非眞范也。

第二節　璽印　封泥附

璽印之始——秦璽——漢印——古印體制——古印字畫——古印製法——古印吉語——封泥

璽印之說，伊古有之。昔黃帝得龍圖，中有璽章；湯克夏，取璽書置座右。周禮：「貨賄用璽節。」鄭注：「璽節，如今之印章。」此璽印之始也。蔡邕獨斷以璽爲古者尊卑共之，而其制俱不傳；傳者自秦始。秦天子玉璽六，漢諸侯王黃金璽，列侯印，丞相將軍章。厥後惟天子稱璽，臣下通曰印章，是爲官印。茲分別述之如下：

漢舊儀云：「秦以前民皆以金銀銅犀象爲方寸璽，各服所好。秦以來，天子獨稱璽，又以玉，羣臣莫敢用也。」晉衛宏亦云：「秦以前，民皆以金玉爲印，唯其所好。秦始皇時，天子獨以玉，號稱璽，臣下莫敢用璽。」潘伯寅曰：「自三代至秦皆曰鉨，即古璽字，從金從尔聲。璽，有土者之印。」（齊魯古印攈言序）案璽爲有土者之印，語本說文，其說未確，容詳於後，此不先贅。

秦制六璽，文曰：「皇帝行璽，」「皇帝之璽，」「皇帝信璽，」「天子行璽。」其後滅六國，得趙氏藍田玉，命丞相李斯篆，玉人孫壽刻之，以爲國寶，方四寸：一作龍文，曰：「受天之命，皇帝壽昌；」一作鳥篆，曰：「受命於天，既壽永昌。」今見於薛氏款識。其文玄妙淳古，有龍飛鳳舞之態，眞摹印之祖也。又秦代玉璽之鈕，亦甚可玩，蓋不如此，不足以助璽之觀瞻也。蔡邕獨斷云：「皇帝之璽，玉螭虎鈕，」即指此也。

又印章之稱，亦始於秦。集古印格序云：「始皇惡爾之音與死同，遂易稱曰寶，曰印，曰章，」（見薛氏款識引。）其實皆印類也。其制初無一定，大者數寸，小至纍黍。官璽多白文而形大，私璽多朱文而形小，文字皆古錯可觀。

秦傳國之璽，歷代以爲國寶，今皆不存。又有小璽，文曰：「疢疾除，永康休，萬壽篆。」白玉盤螭鈕。顧氏印譜國子博士文壽承云：「璽以九字成文，製作精妙。其書乃李斯小篆，無豪髮失筆，非昆吾刀不能刻。其文亦非漢以後，決爲秦璽無疑。」舊藏朱伯盛家，倪雲林詩云：「匣藏數鈕秦朝印，白玉盤螭小篆文，」即指此也。按此印曾入倪氏清祕閣，今不知流傳何所矣。

漢承秦制，少有變更，印章亦然，惟文字稍異耳。羅振玉璽印文字徵序云：「古璽印文字，其在周季者，爲古文之一體，專以摹印，故與古文或異。及漢兩京官體印信，則易篆勢之婉曲緐縟而爲簡直方正，其體近古隸書，往往省變，違六書之正。」今存漢印，其文字以「簡直方正」爲多，羅說是也。

漢官印猶分三等：曰璽，曰印，曰章。惟諸侯王猶得稱璽，然其所謂璽者，名稱而已，按其體製，與印章同。比二千石以上皆銀印，其文曰章，故漢書朱買臣傳：「視其印，會稽太守章也。」師古曰：「漢舊儀云：銀印皆龜鈕，其文曰章。謂刻曰某官之章也。」比六百石以上皆銅印，則但曰印。然亦不盡一律，亦有列侯，偏裨，混稱印章者。其制，大不過數分，至大亦僅寸許。應劭漢官儀稱「孝武皇帝元狩四年通令官印五分，」是其明證；今存漢印皆如此。

今所傳漢官印，大抵只刻官號，上下一律。至於私印，則姓氏名字，頗不一致，茲就陳蘭甫摹印述之說，摘舉如左：

古人名印，其文曰「姓某，」曰「姓某印，」曰「姓某之印，」曰「姓某私印，」曰「姓某印信。」二名則曰「姓某某，」曰「姓某某印；」其「印」字在「姓」下，回文讀之也，單名者不得回文讀也。有稱臣者曰「臣某。」二名則曰「臣某某。」不加「姓，」亦無「私印」「之印」等字。

古人字印，曰「姓某某；」又有加「氏」字者，曰「某氏某某。」

古多兩面印，一面姓名，一面曰「臣某。」（凡稱臣者必兩面印。）或一面姓名，一面姓字。亦有一面姓名，一面作吉語者。

古無道號印。古姓名印無加地名者。

古人封書印文曰「某某啓事。」且有作韻語者，曰：「姓某某印，宜身至前，迫事無閒。願君自發，印信封完。」

古官印不過方寸，私印尤小，然無小如豆如今人者。

古有子母印，空其中而藏一小印也。

古印皆正方，少長方者。

古銅印之體皆扁，（即兩面印亦扁。）或獸鈕，（獸頭或正，或左顧，無右顧者。）或龜鈕，或瓦鈕，鼻鈕，其貫鈕必橫。

以上言私印之體製也。其綜述印文之字畫者，如——

古印字畫，疎密肥瘦均勻者爲多。其不均勻者，其斟酌盡善處也；不均勻乃其所以爲均勻也。

古銅朱文印，其字方正，而多逼邊，邊與字畫相留相等，或較字畫稍細。

古朱文小印，多闊邊細畫，其字往往破碎，詭異不可識。然甚奇妙。

古印多有半白文，半朱文，或三白文，一朱文者，其章法一片渾成，驟觀之，朱文亦似白文，其妙如此。

漢代製印之法有二：一曰鑄印——鑄印又有翻沙撥蠟二法，其體則無甚別。二曰鑿印——亦名急就章。軍中以急於封拜，草草鑿成之。其稍整者，世或別謂之刻印，其實一也。元吾邱衍學古編曰：「漢魏印章皆用白文，大不過寸許。朝中印文皆鑄，蓋官爵封拜，可緩者也。軍中印文多鑿，蓋急於行令，不可緩者也。古無押字，以印章爲官職信令，故如此耳。」

漢代公私印章之文字，除一般有封號者，他無非吉語也。上述秦「受命」兩璽，及九字小璽，實亦吉語，大概此風秦已有之。漢公室之印，有「建明德，子千億，保萬年，治無極，」十二字金印，亦猶秦九字小璽也。至於尋常私印，有一面姓名，一面吉語者，有兩面俱爲吉語者。其吉語作「日利，」「大利，」「大年，」「長樂，」「常富」等等。又有文字較多者，如云：「宜官內財，」「日入千石，」「宜官秩，長樂吉，貴有日，」諸如此類，不一而足，皆不出於利祿之外，志趣之卑，一至於此。今日雖滿心利祿之人，亦斷不肯作如此率直之語。漢代臣民，或猶有直道存焉者乎？

上述秦漢之印，下逮六朝，初無大變。隋唐以後，則了無古意，僅以筆畫曲屈爲能事，吾邱衍所謂：「漢有摹印篆，其法只是方正，篆法與隸相通。後人不識古印，妄意盤屈，且以爲法，大可笑也。」且後世官制地理，詳於史書，隋唐後印，流傳旣少，無裨考訂，概從略云。

周秦古璽

（1）

漢晉官印

（2）

璽印之外，又有封泥。考封泥之所以重，以其有古璽印文字也。故封泥之物，實與璽印相表裏。而官印之種類，較古璽印爲尤夥；其足以考正古代官制地理者，爲用至大。吳式芬之封泥考略，羅振玉之齊魯封泥集存俱詳言之。至考證封泥之爲物，則莫詳於王靜安先生之簡牘檢署考；茲節錄其說云：

古人以泥封書，雖散見於載籍，然至後世，其制久廢，幾不知有此事實。段氏說文注十三下至謂周人用璽書印章，必施於帛，而不可施於竹木。……

案說文十二土部：「璽，王者之印也，以主土，从土，爾聲，籀文从玉。」段氏注曰：「蓋周人已刻玉爲之。曰籀文从玉，則知从土者古文也。」段注以璽爲古文，其說甚是。唯許君謂璽以主土，故从土，則頗有可疑者。

古者上下所用印章，通謂之璽，璽非守土者所專有。竊意璽印之創，在簡牘之世，其用必與土相須，故其字从土。周禮職金：「楬而璽之。」用璽於楬上，非用封泥不可。呂氏春秋十九離俗覽：「故民之於上也，若璽之於塗也，抑之以方則方，抑之以圜則圜。」淮南子十一齊俗訓亦云：「若璽之抑埴，正與之正，傾與之傾。」續漢書百官志：「少府官屬有守宮令，主御紙筆墨，及尚書財用諸物，及封泥。」封泥二字，始見於此。古人璽印，皆施於泥，未有施於布帛者。故封禪玉檢，則用水銀和金爲泥，天子詔書則用紫泥，常人或用青泥。御覽六百六引東觀漢記。其實一切黏土皆可用之。

宋趙彥衞雲麓漫鈔十二云：「古印文作白字，蓋用以印泥，紫泥封詔是也。今之米印及倉廒印近之。自有紙，始用朱字。」案古印但以印泥，其說甚確。唯印文之陰陽，則頗不拘，今周秦古璽，多作陽文，惟漢印多陰文；故封泥之文，亦有陰陽二種。趙氏之言，未盡確也。

唯印泥之廢，與印絹紙之始，殊不可考。周禮載師：「宅不毛者出里布。」鄭司農云：「布參印書，廣二寸，長二尺，以爲幣，貿易物。或曰：布，泉也。」後鄭則用後說。

若如前說，又不知所謂布參印書者，為於布上施印乎？抑以泥附於布上而印之也。

惟漢時門關之傳，用木之外，兼用繻帛。漢書終軍傳：「關吏予軍繻」是也。古今注謂「傳皆封以御史印章，」則繻亦當用印，或竟施於帛上，亦未可知。

自後漢以降，紙素盛行，自當有逕印於其上者。唐竇臮述書賦：下「印驗則玉斲胡書，金鐫篆字。中略古小雌文東朝周顗。」唐代流傳之古跡，僅有絹素，則晉周顗之印，當施於其上矣。

至南北朝而朱印之事，始明著於史籍。後魏中兵勳簿令本曹尚書以朱印印之，又令本軍印記其上，然後印縫。魏書盧同傳。後齊有「督攝萬機」印一鈕，以木為之，此印常在內，唯以印籍縫。隋書禮儀志。而梁陸法和上元帝啓文，朱印名上，自稱司徒。北齊書陸法和傳。蓋印泥之事實，與簡牘俱廢矣。

右言封泥之由來與其運用，大率漢以前，璽印必施於泥；後漢以降，不皆於泥；至南北朝之終，則與簡牘俱廢，而惟用於絹紙；直至今日，蓋未嘗異也。

第三節　兵符

兵符之始——歷代兵符之制

古兵符之傳世者始於秦，即周牙璋之變相也。全體作伏虎形，分左右，其合面，有兩滑相反之凹凸金銀錯，腹背有郡國，軍名，次第號數，及合同之字，間亦有塗金者。其遺品，大抵祇左或右之一邊，間亦有左右面爲銹所結合成雙者，然極少見。秦漢之制，右留於京師，左給於郡國；國家發兵時，遣使者持此以爲信，所謂發兵符也。此物戰國時代已極盛行，史記載魏公子無忌使如姬盜晉鄙符，卽其例也。王靜安先生論歷代兵符之制云：

兵符之制，古者皆右在內而左在外，又左右之數各同。三代不可考。曲禮曰：「獻粟者執右契。」鄭注：「契，劵要也，右爲尊。」契以右爲尊，符節可知；尊者在內，卑者在外，亦可知也。秦虎符「右在皇帝，左在陽陵，」蓋用古制。漢則文帝二年初與郡國守相爲銅虎符竹使符。師古曰：「與郡守爲符，右留京師，左以與之。」則右內左外，與秦制同。顏注又引應劭曰：「銅虎符第一至第五，國家當發兵遣使者，至郡合符，乃聽受之，」此藏於內者也。文選潘元茂册魏公九錫文云：「授君金虎符第一至第五，」此頒於外者也。是內外之數同也。今傳世漢以後諸符，如：漢魏郡太守虎符，嘉定瞿氏藏。東萊太守虎符，濰縣陳氏藏。玄菟太守虎符，海豐吳氏藏。漁陽太守虎符，吳縣吳氏藏。長沙太守虎符，同上。及王莽壓戎敦德二符，脅文皆云「左二。」漢常山太守虎符，濰縣陳氏藏。則云「左三。」晉上黨太守二符，一云「右二，」一云「左二。」是左右數同之證也。左右各五。

漢虎符一面

隋兵符亦然。吳縣蔣氏藏隋虎符八，吳氏藏隋符二，又有一符，不知藏誰氏，共十一枚。其中右符六：曰「右禦衛相原四，」曰「右禦衛永昌二，」曰「右禦衛美政五，」曰「右翊衛天井一，」曰「右翊衛石橋二；」（按所舉祇五，不知上何以言六。）左符五：曰「右禦衛安昌四，」曰「右武衛白松二，」曰「右屯衛溫陽一，」曰「右屯衛淸湖四，」曰「左屯衛赤城五。」孰內孰外，雖不可考；然左右二符，各有第四第五，則左右之數，亦當相等，如秦漢以來制也。

兵符之制，至唐始大變。大唐六典載銅魚符，王畿之內，左三右一；王畿之外，左五右一。左者進內，右者在外。不獨左內右外；左右之數，亦各不同。

宋符則兼用古制與唐制二者。玉海八十二載康定元年八月二十四日，端明殿學士李淑等言，參酌古制，定銅符形制。上刻篆文，曰：某處發兵符。下鑄虎豹飾而中分之：右符五，左旁作虎豹頭四；左符一，右旁爲四竅，令可契合。又以篆文相向，側刻十干字爲號。右符留京師樞密院，左符降付諸處。慶曆元年罷。然則宋符右內左外，與秦漢同；而內五外一，則用唐制。

自來兵符之制度，卽此可觀矣。（記隋銅虎符）

此言宋以前之制也。至「元之虎符，俗名虎頭牌。汪元量水雲集湖州歌云：『文武官僚多二品，還鄉盡帶虎頭牌。』關漢卿閨怨佳人拜月亭雜劇云：『虎頭兒金牌腰內懸。』則當時本謂之牌，不謂之符。雅言謂之虎符，名雖古，制則非矣。」（元銅虎符跋）

第四節 鏡鑑

漢鏡之製作——歷代鏡銘及圖象

鏡卽鑑也。說文云：「鏡，取景之器。」玉篇云：「鑑，鏡屬也。」後人亦通用之。大率漢魏以上稱鏡，如「尙方作竟」之類；唐宋間稱鑑，如「靈鑑」「寶鑑」之類。昔周武王銘詞云：「以鏡自照見形容，以人自照見吉凶，」遂開鏡銘之始。今所存者，莫古於漢。其形多爲正圓；偶有作方形者，殆爲例外。鏡面全極平滑，所以照鑑容顏；而圖象文字之千變萬化，悉在鏡背。鏡背可分：緣，外區，銘帶，內區，乳，鈕諸部。而鈕及鈕座與乳及乳座，亦有多種不同之花樣。國人對此，研究者少，而日人則致力甚勤，殊可愧歎。就圖象而言，漢鏡有素文，細線鋸齒文，雷文，夔鳳，內行花紋，重圈文，葉文，雙葉文，神獸，獸帶，畫象，盤龍，蟠龍，獸形，星雲文，變形文諸種。製作精緻，殊可玩也。其時所製，除民間日用品外，則有地方官造以貢獻於皇室者。正史載政府置三工官，考工室，右工室，東園匠。首都之工官歲費五千萬，蜀之工官歲費五百萬。當時宮室之盛，用者之多，每年出品之數，諒必可觀。而傳於今者，以作於後漢爲多；惟前漢所造，其工作或高出於後漢

漢銅鏡

上也。銘文多頌禱之詞，亦殊可味，略舉如下：

尙方御竟大毋傷，巧工刻之成文章。左龍右虎辟不羊，朱鳥玄武順陰陽。子孫備具居中央，湅（借作鍊）治銀錫淸而明。長保二親樂富昌，壽敝金石如侯王。（漢尙方御竟）或有至「子孫備」而止，餘同。蓋銘文本只四句；以尙有餘地，故贅此三字也。

尙方作竟眞大好，上有仙人不知老。渴飮玉泉飢食棗，浮游天下敖四海，壽如金石爲國保。（漢尙方仙人竟）或有至「浮游天下」而止，則以竟小而不能具刻全銘也。

許氏作竟自有紀，靑龍白虎居左右。聖人周公魯孔子，作吏高遷車生耳。郡舉孝廉州博士，少不努力老乃悔。吉。（漢許氏竟。）按此銘頌禱以外，兼作勉勵之詞。「車生耳」者，漢官儀引古語云：「仕宦不止車生耳」也。崔豹古今注：「文武車耳，古重較也。文官靑耳，武官赤耳。」

龍氏作竟四夷服，多賀君家人民息。胡虜殄滅天下復，風雨時節五穀孰。崇蘇食，長保二親子孫力，得天福。（漢龍氏竟）

湅治銅錫淸而明，以之爲鏡，因置文章。延年益壽去不祥，與天毋極如日光，千秋萬歲長。（漢千秋萬歲竟）

漢有善銅出丹陽，和以銀錫淸且明。左龍右虎主四彭，朱爵玄武順陰陽。八子九孫治中央。（漢八子九孫竟）按「漢有善銅出丹陽」者，漢食貨志云：「金有三等：黃金爲上，白金爲中，赤金爲下。」注：孟康曰：「赤金，丹陽銅也。」可知其善矣。又銘中「彭」即「旁」字，「爵」即「雀」字。

角王巨虛曰有熹，照此明鏡成快意。上有龍虎四時置，長保二親樂毋事。子孫相息家富就，玄天毋極受大福。（漢角王竟。）按「角王巨虛」者，言匈奴部落之大也。後漢南匈奴傳云：「其大者左賢王，次左谷蠡王，次右賢王，次右谷蠡王，謂之四角。次左右日逐王，次左右溫禺鞮王，次左右斬將王，謂之六角。」故漢印有「四角羌王，」「四角胡王。」此竟檠言角王，則四角六角皆可用之。

以上所舉，皆銘文之複雜而文彩可觀者。此外又有兩種：一，銘文甚簡；二，但有圖象。其銘文甚簡者，如漢天王日月竟，但環刻「天王日月」四字，凡十二列，蓋言周一歲皆天王之日月，又循環無窮，此頌禱之意，殆漢宮中物也。又如漢十二辰竟，但有「子丑寅卯辰巳午未申酉戌亥」十二辰字。其尤簡者，如：「君宜長官，」「位至三公，」「日利大萬，」「家富千金，」「延年益壽，」「長宜子孫，」「見日之光，長樂未央，」殆如漢印之吉語，其志趣之卑，同出一轍！

其無銘文，而但有圖象者，或作「人物畫象，」或作「雙鳳雙獅，」或作「海馬蒲桃，」大率取天馬徠自西極，及張騫使西域，得蒲桃歸之異歟？或作「七星，」舊以爲「七乳」竟，然七乳無所取義，宜名七星竟，與古泉文合也。或作「四乳四神，」蓋亦多有寓意焉。

至於圖銘兼具者，其所刻奇禽異獸，奇花異木，神仙男女，樂器雜具，無不精美絕倫，皆漢畫之上品也。銘文篆隸俱有，亦均古質自然，別具風格，雖不逮彝器款識之有裨於考古，亦不失爲吉金文字之佳品也。

右所述者，皆漢竟也。新莽及魏晉間物，初無殊致，惟不逮漢製之精耳。魏晉以後，最可玩者，莫如六朝之迴文鏡。按蘇蕙於前秦苻堅時作迴文錦，遂開齊梁之先，一時效作此體。馮氏金石索所錄有二：其一，八字，曰：「鏡發菱花，淨月澄華，」一字一花相間，迴環往復，無不可讀。共得：正讀四言八首，又迴文讀四言八首，又首尾交加正讀五言八首，又迴文讀五言八首。其一，十六字，曰：「發花流采，波澄影正，月素齊明，鑒秦逾淨，」可迴文，不能脫卸讀，故首尾之間，有一花隔之。然其製雖巧，其詞未佳。

此外又有「靈鑑」一品，銘云：

美哉靈鑑，妙極神工。明疑積水，淨若澄空。光涵晉殿，影照秦宮。防姦集祉，應物無窮。縣書玉篆，永鏤青銅。

又有「嬌來鏡」一品，銘云：

團團寶鏡，皎皎昇臺。鸞窺自舞，照日花開。臨池似月，覩貌嬌來。

右兩品銘詞之俊美，與漢竟之但有頌禱吉祥之語，迴然不侔。六朝靡麗之風，雖鏡鑑小品，亦莫不被焉。

隋鏡制作不如兩漢之精，銘詞亦差遜六朝之俊，甄錄一品如下：

仙山並照，智水齊名。花朝豔采，月夜流明。龍盤五瑞，鸞舞雙情。傳聞仁壽，始驗銷兵。（隋仁壽鏡）按隋文帝自開皇九年滅陳，混一南北。至仁壽時，銷兵之效已驗。此云「傳聞，」蓋猶在仁壽後也。

唐鏡制作皆精，尤以「二十八宿」二品最爲鉅麗。其一，銘文似符似字，不能盡識；其一有篆銘五十四字云：

長庚之英，白虎之精。陰陽相資，山川效靈。憲天之則，法地之寧。分列八卦，順考五行。百靈無以逃其狀，萬物不能遁其形。得而寶之，福祿來成。

此與漢竟之吉語不甚相遠。又有作絕麗之詞，不亞六朝者，如云：

規逾璧水，綵豔蘭釭。銷兵漢殿，照膽秦宮。龍生匣裏，鳳起臺中。桂舒全白，蓮開半紅。臨妝並笑，對月分空。式固貞吉，君子攸同。（璧水鏡）馮氏云：桂舒全白，蓮開半紅，眞唐人麗句，不減初月賦。

鳳凰雙鏡南金裝，陰陽各爲配，日月恆相會。白玉芙蓉匣，翠羽瓊瑤帶。同心人，心相親，照心照膽保千春。（鳳凰雙鏡）馮氏云：其銘詞香豔，旖旎動人，似溫李手筆，眞可味也

詩云：鸞鏡曉勻粧，慢把花鈿飾。眞如淥水中，一朵芙蓉出。（芙蓉鏡）按是鏡如千葉蓮花，一瓣一字，以「出」字爲鈕。

亦有作警戒之詞者，如云：

賞得秦王鏡，拚不惜千金。非關欲照膽，特是自明心。（秦王鏡）

光流素月，質稟玄精。澄空鑒水，照迴疑清。終古永固，瑩此心靈。（素月鏡）

鏡銘：貌有正否，心有善淫。既以鑑貌，亦以鑑心。自警。（鑑心鏡）

憶彼菱花，萬形惟肖。無迎以將，有明而照。余曰反視，惟公何負！嗟乎虛心，端者忘怒。（八卦菱花鏡）

其他隋唐之間，尚有多品，或無文字，或非銘詞。如蟠龍鏡，雁傳書鏡，菱花鏡，八卦鏡，皆無文字。如「出瑞圖」鏡，「榮啓期」鏡，「眞子飛霜」鏡，皆非銘詞，而圖象甲皆精絕。

五代十國之時，前蜀有「當眉鏡，」其銘詞絕麗，書作小篆，文曰：

鍊形神冶，瑩質良工。如珠出匣，似月停空。當眉寫翠，對瞼傳紅。綺窗繡攧，俱函影中。按瞼即臉，攧即幌，函即涵。池北偶談云：「考張君房麗情集，載前蜀王衍事，鳳州天雄軍節度使王承休妻嚴氏有美色，王衍愛幸之，賜以粧鏡，銘詞正與此同。吹影集以爲其結字奇古，語亦娟娟深秀，的爲前蜀手筆，非唐宋諸家所逮。」則古有是鏡，王衍以賜嚴氏耳。

宋以後鏡，殊鮮佳品，或僅記年月製作之人名，或但有粗率之圖象，而無銘刻之文字。如宋元祐羅漢鏡文云：「宋元祐癸酉孟秋既望，鮑公淳依禪月畫像，以七寶莊嚴敬造大阿羅漢一十八身。」宋政和郝氏鏡文云：「政和元年正月十一日，後都官工郝元造。」又如金汝陽縣八角寶花鏡，任城縣六出寶花鏡，韓州主簿鏡，則但記「驗訖官匠」字樣，了無古意。其餘但有圖象而無文字者，更不能定爲何代也。

其略有銘詞，較可玩賞者，如太平鏡銘云：「安邦定國，天下太平。」壽星鏡銘云：「清靜寧慶，積善之家。」淸素鏡銘云：「淸素傳家，永用寶鑑。」外層。「福壽家安。」內層。又有一鏡，刻滿江紅詞，詞詠雪梅，淸雋頗類宋人。其詞云：

雪共梅花，念動是、經年離拆。重會面，玉肌眞態，一般標格。誰道無情應也妒，暗香埋沒敎誰識？卻隨風、偸入傍粧臺，縈簾額。　驚醉眼，朱成碧。隨冷暖，分靑白。嘆朱絃凍折，高山音息。悵望關河無驛使，剡溪興盡成陳迹。見似枝而喜、對楊花，須相憶。

此外又有刻廋語者，如軒轅鏡，兩邊篆文云：「軒轅推法造丹藥，百煉成得者身昌。」中間楷書十三字：「人有十口，前牛無角，後牛有口，走。」殊不可解，以意推之，或拆字訣耳。「十口」者，「甲」也。「牛無角」者，「午」也。「牛有口」者，「告」也。「告」下加「走，」必「造」字矣。蓋按甲午造之意，取陽日也。

又有刻道家語者，如七星神象鏡，有一聯云：「七星朗耀通三界，一道靈光照萬年。」亦有刻梵文者，或數字，或數十字不等。中央多刻一「佛」字，或其他呪語者，蓋準提鏡也。

按鏡鑑之物，自兩漢以來，宇內流傳，家有其器，數量之多，難可算計。梁啓超氏以爲「比其年代，觀其款識，可以尋美術思想發展之迹。」余謂讀其銘文，亦可窺見歷代社會心理之一斑也。

第五章　古器之厄

第一節　毀壞

毀壞之始見——歷代毀壞之記錄——明代之毀壞

古銅器之厄，有二大端，一爲毀壞，一爲僞造。而僞造雖可亂眞，考古者猶得以鑒別之，其厄尙小；惟一經熔燬，則萬劫不復，觀宋代著錄之器，今存者百不一二，可推知也。按銅器之毀壞，在春秋時已然，左傳襄十二年：「季武子……入鄆，取其鐘以爲公盤。」又襄十九年：「季武子以所得於齊之兵，作林鐘，而銘魯功焉。」此卽毀壞之作俑也。秦漢以後，乃有大量銷毀之舉，其劫難之重，不僅如所謂焚琴煮鶴而已。淸潘祖蔭攀古樓彝器款識自序謂銅器自周秦至今，曾經六厄；而隨時沈霾毀棄盜鑄改爲者尙不與焉。晚近交通大開，國內既無專院以事蒐藏，而賈胡恆以大力負之以走，凡百古物，皆次第大去其國，昔之豐富者，今轉涸竭；又不獨銅器爲然矣。潘氏之言曰：

古器自周秦至今，凡有六厄。

史記曰：「始皇鑄天下兵器爲金人。」兵者戈戟之屬，器者鼎彝之屬，秦政意在盡天下之銅，必盡括諸器可知。此一厄也。

後漢書：「董卓更鑄小錢，悉取洛陽及長安鐘簴飛廉銅馬之屬以充鑄焉。」此二厄也。

隋書：「開皇九年四月毀平陳所得秦漢三大鐘，越三大鼓，十一年正月以平陳所得古物多爲禍變，悉令燬之。」此三厄也。

五代會要：「周顯德二年九月勑兩京諸道州府銅象器物諸色，限五十日內並須毀廢送官。」此四厄也。

大金國志：「海陵正隆三年詔毀遼宋所得古器。」此五厄也。

宋史：「紹興六年斂民間銅器，二十八年出御府銅器千五百事付泉司。」此六厄也。

其後明思宗時，亦嘗毀歷朝銅器鑄錢，烈皇小識：「上又將內庫歷朝諸銅器盡發寶源局鑄錢，內有三代及宣德年間物，製造精巧絕倫，商人不忍舊器毀棄，每稱千斤，願納銅二千斤，監督主事某不可，謂古器雖毀棄可惜，我何敢私爲輕重！商人謂宣銅下鑪尙存其質；三代間物，則質淸輕之極，下鑪後惟有靑煙一縷爾，此則誰認其咎？監督謂聖情猜疑甚重，若如公言，必增聖疑；如三代物不便下鑪，則有監督內官公同驗視，罪不在我。」夫以一國之主，其識乃不及一商人，此則眞堪浩歎者矣！

第二節　僞造

作僞之始見——宋代辨僞之著述——明淸仿古僞造之盛行

以上言毀壞之事；其有作僞以亂眞者，蓋亦始於春秋。呂氏春秋審己篇：「齊攻魯求岑魯君載他鼎以往，齊侯弗信而反之，爲非。」此則作僞之不能取信也。

史記封禪書載方士新垣平言於漢文帝曰：「周鼎亡在泗水中，今河溢通泗，臣望東北汾陰直有金寶氣，意周鼎其出乎？兆見不迎，則不至。」於是上使使治廟汾陰，南臨河，欲祠出周鼎。人有上書告新垣平所言氣神事皆詐也，下平吏治，誅夷新垣平。又漢書郊祀志載漢武帝元鼎元年，得鼎汾水上，乃改元爲「元鼎。」此明係新垣平僞造古鼎，埋於汾陰，冀欺人主而取富貴。不圖人發其姦，卒被誅夷；而僞物至武帝時始出也。史書雖不言其僞，然史記封禪書於元鼎四年六月於汾陰后土祠旁得鼎，乃記：「天子使使驗，……得鼎無姦詐，」可知元年受欺，後有戒心矣。

魏晉六朝作僞之風甚盛，惟多偏於經籍，而器物則罕聞。唐劉蛻辨銕盎之非齊桓公器，語載闕史，疑即時人僞造。宋代高原古冢，獲古銅器甚多，而作僞卽出其間。金石學錄稱「張世南著宦游紀聞，內辨古器款識及顏色制度極詳備。又趙希鵠著洞天清錄，辨古鐘鼎彝器更精審。陶南村推二書之論古金，粲然具備，洵不虛矣。」蓋鑑別之學，卽起於僞器之攙雜也。

明人僞造之法甚精，格古要論論「僞古銅」云：「用䤈醋調硇砂末白傳新銅器上，候成蠟茶色或漆色或綠色，入水浸後，用糯稭草燒煙薰之，以新布擦光，櫻刷刷之。僞硃砂斑，以漆調硃爲之。」當時風景之盛，甚至有南北二派之分。宣鑪彙釋云：「施家，萬曆天啓間人，與學道（嘉靖時人）皆稱北鑄。……蔡家，蘇州人，稱蘇鑄，與甘文堂同時。（甘文堂，金陵人，萬曆末年以鼓鑄名，稱南鑄。）明末淸初間，有周文富湯子祥二家，亦稱好手。見秦東田宣鑪說。乾隆以後，此風愈盛。宣鑪彙釋又云：「自乾隆後，……蘇州僞造起，花樣翻新，多無所本。……繼打磨廠者，更有東大市。」（俱在北平）同光時，陳簠齋收養精於僞造者如胥芰泉田雨颿王西泉及何昆玉何瑗玉兄弟於其門。其鄉（山東濰縣）能手尤多，有范壽軒屏書堂趙允中王藎臣李玉彬李玉堂胡廷貞潘承霖王海李懋修等。濟南則有胡廲子胡世昌，陝西則有蘇億年蘇兆年鳳眼張，蘇州則有顧湘舟等。（見商承祚古代彝器僞字研究——金陵學報三卷二期）蓋士大夫好尚所趨，一時風氣使然。而對於古器之搗亂，則其罪亦不減於毀壞者也。

第三編　說石

第一章　名義制度

古代石刻，曰刻石，曰碑碣，曰墓誌，曰塔銘，曰浮圖，曰經幢，曰造象，曰石闕，曰摩厓，曰買地莂，凡一十種。因流討源，循名核實，可得而說也。又石經，題名，畫象三者，世咸以與碑碣摩厓同列，非通論也。按石經爲刻石之一例，後漢書稱「刻石立於太學門外，」隋志稱「漢鐫刻七經，著於石碑，」唐書稱「依漢蔡邕刊碑立於太學，」實皆碑也，特以所刻而異其稱耳。至於題名，畫象，則碑碣，摩厓，幢柱，石室，無不有之，亦因所刻而異其稱，不得於石刻中別立一名也。

刻石

史記秦始皇本紀載始皇東巡，刻石凡六，上鄒嶧，上泰山，登琅邪，登之罘，之碣石，上會稽，多云刻石，或刻所立石。又稱二世東行郡縣，盡刻始皇所立刻石；李斯等請具刻詔書刻石。此刻石之名所由昉也。其所以紀功述事，昭示方來，作用與三代之勒鼎彝一也。龔自珍說刻石，言古者刻石之事有九：

帝王有巡狩則紀，因頌功德一也；有畋獵游幸則紀，因頌功德二也；有大討伐則紀，主於言勞三也；有大憲令則紀，主於言禁四也；有大約劑大詛則紀，主於言信五也；所戰所守所輸糧所瞭敵則紀，主於言要害六也；決大川濬大澤築大防則紀，主於形方七也；大治城郭宮室則紀，主於考工八也；遭經籍潰喪學術歧出則刻石，主於考文九也。九者國之大政也，史之大支也。或紀於金，或紀於石。石在天地之間，壽非金匹也。其材巨形豐，其徒也難，則壽侔於金者有之。古人所以舍金而刻石也與？

若夫文人學士書體之美，魏晉以後始以爲名矣，唐以後始以爲學矣。南唐北宋始刻於石，以爲天子右文，儒生好古，頗在於是矣。名爲帖，治帖爲專門，其事則非刻石倫也。祠墓之碑，一家之事，又非刻石倫也。此二者宜更端以言者也。

按龔氏以九事爲刻石之正；後世祠墓之碑及書家法帖，皆非其倫，其言誠是。惟刻石之流而爲碑，碑之流而爲帖，亦人事藝術自然之演進，未可泥古以非今也。

碑　碣

儀禮聘禮：「東面北上，上當碑南。」鄭注：「宮中必有碑，所以識日景，引陰陽也。其材，宮廟以石。」此一義也。禮記祭義：「既入廟門，麗於碑。」鄭注：「麗猶繫也。」孔疏：「君牽牲入廟門，繫著中庭碑也。」此一義也。釋名釋典藝：「碑，被也，此本葬時所設也，施鹿盧以繩被其上，引以下棺也。臣子追述君父之功美，以書其上。後人因焉，故建於道陌之頭，顯見之處；名其文，謂之碑也。」此一義也。至後世立碑，但以述德紀事，失其本矣。故龔自珍說碑曰：「廟有碑，繫牲牷也；刻文字，非古也。墓有碑，穿厥中而以爲窆也；刻文字，非古也。刻文字矣，必著族位；著族位矣，必述功德。夫以文字著族位，述功德，此亦史之別子也。」又葉昌熾語石曰：「凡刻石之文皆謂之碑，當自漢以後始。」又曰：「歐陽公集古錄跋云：『至後漢以後，始有碑文；欲求前漢時碑碣，卒不可得。』是則冢墓碑，自後漢以來始有也。」自是以後，其制始大，其體始繁，語石「立碑總例」云：

綜而論之，立碑之例，厥有四端：

一曰述德：崇聖，嘉賢，表忠，旌孝，稚子石闕，鮮于里門，以逮郡邑長吏之德政碑是也。

一曰銘功：東巡刻石，登岱勒崇，述聖，紀功，中興，叙德，以逮邊庭諸將之紀功碑是也。

一曰紀事：靈臺經始，斯干落成，自廟學營繕，以逮二氏之宮是也。

一曰纂言：官私文書，古今格論，自朝廷渙號，以逮詞人之作是也。

舉此四例，若網在綱。此外石刻，爲碣，爲表，爲誌，爲莂，爲石闕，爲浮圖，爲幢，爲柱，爲摩厓，爲造象，爲井闌，爲柱礎；其製爲方，爲圓，或橫而廣，或直而修，或觚棱，或犖确，皆非碑也。

此古人立碑之制也。至後世以名家書迹刻於石而名曰帖，則始於南唐後主之昇元帖。其刻專以存書爲主，無與上述四例，但爲藝術鑒賞之一端，所謂其事非刻石倫也。惟今人碑帖不分，凡刻石之文，統呼爲碑；及墨而拓之紙，則又統呼爲帖。是不可以不辨，爰特附論於此。

又古人碑碣並稱。說文石部：「碑，豎石也。碣，特立之石也。」其義本無二致。後漢書竇憲傳注：「方者謂之碑，圓者謂之碣。」柳宗元述唐時葬令云：「凡五品以上爲碑，龜趺螭首。降五品爲碣，方趺圓首。」則以其形之方圓主之品級爲別也。然自來刻石，罕有以碣名者。惟自唐以來世所稱岐陽石鼓，明郭宗昌金石史正其名曰「石碣，」其制上小而下大，頂圓而底平，四面有略作方形者，有正圓者，刻辭卽環刻於四面，殆卽所謂碣也。至如後世立石，巍然巨製，實碑而題曰碣，是則既乖本義，未足爲訓也。

墓誌

墓誌，不知究始於何時。龔自珍說碑曰：「仁人孝子，於幽宮則刻石而薶之，是又碑之別也。」王昶金石萃編曰：「西京雜記稱前漢杜子春臨終，作文刻石，埋於墓前。博物志載西京時，南宮寢殿，有醇儒王史威長葬銘。此實誌銘之始，今皆不傳。廣博物志又載齊武帝欲爲裴后立石誌墓，王儉以爲非古。或謂自宋始，（元嘉中，顏延之爲王球作墓誌，有銘。）或謂自晉始，（隋得王戎墓銘。）或又據崔子玉書張衡墓銘，云東漢時卽有之。然漢魏以前墓石，不獨今所未見，卽歐趙亦無著錄。晉始有劉韜房宣兩誌，僅記年月姓名爵里而已。至南北朝，始有文字，後繫以銘。蓋誌石高不過二三尺，橫亦如之，壙中爲地甚隘，所容止此。故其爲文，不過略敍生平梗概，使陵谷變遷，後人可以識其墓處，覘其行誼而已。若文繁，即不能大書深刻；刻之亦易致磨泐，固與神道碑、墓表、墓碣、據事直書，暢所欲言者，其例各殊矣。

至其名稱，亦有變異者。唐石或稱墓碣，程彥矩撰爾朱府君。或稱墓記。李簡亡女，滎陽夫人王氏。宋元人多稱埋銘，李撰開趙兩刻。或稱壙誌，張伯顏，趙崇雋。亦有稱壙刻者。寶祐元年張挹。唐永貞元年陳義，稱墓版文。唐時遷葬者，皆敍於誌文之中，而題無異詞。惟崔玭爲其父文修撰誌，題爲改葬墓誌銘。韋紓爲其父撰誌，元和十四年。稱元堂誌。貞元十三年，證禪師銘，姚公素撰，亦稱元堂誌。吳景達夫人劉氏，稱靈舍銘。燕聖武二年，長孫夫人誌，稱陰堂文。此則近於好奇矣。聖武一石，并恐近時好事者爲之。

塔銘

釋氏之葬，起塔而繫以銘，猶世法之有墓誌也。然不盡埋於土中；或建碑，如嵩山[illegible]賢同光三塔，其石皆脩長。楊岐山廣公甄叔兩塔，柳書大達法師玄祕塔皆是。或樹幢。宋遼金元塔銘，皆八面刻。房山之雲居寺，長清之靈巖寺尤多，皆樹於塔園。其納諸壙者，或用横石，脩一之，廣倍之，或方徑不逾尺，其通稱爲功德塔。如歡運禪師功德塔之類。大曆以後，智悟如願之類，亦多從世法稱墓誌。思頑律師稱誌文，或稱方墳記，顯慶二年，化度寺海禪師。或稱靈塔銘，開元十一年，淨業法師。或變銘爲頌，隋開安陽慈潤寺有□□法師塔頌。或變塔爲龕，開元二十六年，景福寺尼靈覺龕銘，宋方山李長者龕記。爲石室，皇十五年，比邱尼脩梵石室銘。龕下或益以塋字。天寶四載大秦國寺上座龕塋記。此外有髮塔，儀鳳元年，光孝寺菩提樹髮塔記。有身塔，天寶二載，法昌寺主身塔銘，五載，嵩山淨藏法師身塔銘。又別為眞身塔，唐法門寺眞身塔，後晉摩騰大師眞身塔。又衍為三身銘。金承安五年，釋迦如來三身銘，王瓘書。安陽寶山祇園，短碣最多，皆隋唐間刻。有灰身塔，有碎身塔，靈慧法師稱影塔銘，方律師稱象塔銘，當是藏蛻之所，或以火化，兼供影象，彼教所謂荼毗也。唐時刻石，又有窣堵波銘，宋有紹聖五年，神通寺窣堵波銘。窣堵波者，梵言塔也，亦卽浮圖之轉音。宋金元時，又有普通塔，或謂之普同塔，亦謂之海會塔，乃是僧徒叢葬之碣。其曰祖師塔者，猶儒者之有先塋碑也。歷城神通寺，長清靈巖寺，皆有之。

浮圖

浮圖，亦作浮屠，華言塔也。然石刻中自有石浮圖一種，與諸塔銘不同，與後來諸建塔碑亦不同。濫觴於魏，孳乳於隋，至唐開元天寶間而極盛。然自此戛然竟止，乾元後遂無著錄。其制有三級，魏太和十二年，暉法師三級浮圖，元象二年，凝禪寺三級浮圖。七級，武成三年，程惠浩七級浮圖。九級，隋開皇五年，郭伯□李延諸等造九級浮圖，唐天寶十一載，李晉九級浮圖。之殊。其刻有三面，開元二年，高村浮圖，開元十八年，孫客奴石浮圖，皆三面刻。四面，李晉一石，分四面刻。五面，天寶二載，楊甯造浮圖五面刻。之別。其文有記，齊張靜儒成貴珍，唐殷審黃冒造四刻，皆稱記。有銘，魏比丘道𢡱、唐馬善廓碑等伊等，皆稱銘。有頌，凝禪寺及唐之王才賓楊瓚，皆稱頌。有贊。石浮圖贊，惟開元二十七年一種，僅存殘字一面。

惟李管題為九級浮圖象，蓋以浮圖而兼造象。六朝唐時石刻多有造塔象一種，亦此類。其石分四面刻，三面造象，一面為感悉文。房山孫氏造象，一面晉子英等為其母樂安孫氏造。諸刻中，惟魏正光五年孫遼浮圖銘，唐開元六年幽棲寺尼正覺浮圖銘，皆埋幽之石，與墓誌塔銘同；建義元年比丘尼道慧浮圖銘，在伊闕，鐫於崖壁，與象龕同，在石浮圖為變例。

經幢

經幢，陝人通稱為石柱；俗亦曰八楞碑，以其八面有楞也。幢頂每面，或有造象，故又呼為八佛頭。唐人文字，多曰寶幢，亦曰花幢。大和二年，右龍武軍正□，兼押衙□，懷義建花幢。遼金多稱為頂幢。或以經文，稱為尊勝幢子。其制：類皆八面刻，間有六面，或少至四面者。惟開皇五年，王俱造象，至踰十面。高者至踰尋丈，以開元系陽村經幢，龍興觀道德經幢，天寶四載成都鐵幢為最鉅。小者不過徑尺。後唐匯泉寺幢，宋雍匡祚幢，皆極小。其尤大者，分為三級，如唐之侯陳郈稽古寺幢，宋趙州南關石幢是也。拓本皆二十四幅，每級八面。其上有蓋以覆之，其下為座。唐幢多有八面，經文完好無缺，而無年月題字，蓋皆刻於幢座，或下截有餘地，即刻於經文之下，以橫線界之。

奉佛之士，建幢墓域，謂之墳幢。咸通辛卯，唐安精舍尼澄素，天福七年，張敬恩，雍熙四年，趙邢李翃，皆稱墳幢。唐乾符三年，王夫人一刻，謂之墓銘幢。至遼金元釋子所造，雖八面刻，其額猶題曰塔銘，無異詞。或曰石塔，或曰靈塔，間亦曰圓寂塔，生而建者曰壽塔。他若寺額之敕牒，熙寧四禪寺。山場之界至，元萬歲禪院四至幢。塑象，唐廣順三年，判官堂塑象幢，宋康定三年，重裝觀音菩薩銘記幢。刊經，遼雲居寺續祕藏石經塔記。皆有八面刻者。惟八面之中，必有兩三面刻陁羅尼咒及諸眞言。墳塔大都四面刻銘，四面刻咒，猶不乖經幢之例。唐有燈幢，亦曰燈臺。其制不甚高，約不踰三尺。其文有銘，曹文玉燈臺銘，有頌，元氏張尹燈臺銘。有贊，保唐寺燈幢贊。前後多刻尊勝咒，或刻施燈功德經。至宋以後，無燈幢而有香幢，質言之，亦曰石香爐，蓋琢石爲爐，而以八面之柱承之，每面僅刻助緣人鄉貫姓名。

至有建幢而不因刻經者，若晉公八關齋功德記，段公祈嶽降雨頌是矣。并有不關釋氏者，如開元十一年，峴山襄州刺史靳公遺愛頌，廣明二祀，上谷郡太守隴西公經幢，則甘棠頌德之詞也。元和十二年，試院新修石幢記，則斯干考成之詞也。長安之郎官石柱，山陽之楚州刺史石柱，則官吏之題名也。曲陽嶽廟，華陰金天王廟兩幢，徧刻唐宋人題字，則遊覽之題名也。北嶽中嶽皆有醮告文，亦八面刻，北嶽，大中祥符八年，白憲書；中嶽，天禧三年，劉太初書。皆眞宗御製。則青詞之濫觴也。夫建幢所以刻經，有其名無一實，亦「觚不觚」之類也夫！

造象

王氏萃編北朝造象諸碑總論曰：「造象始於北魏，迄於唐之中葉。大抵所造者，釋迦彌陁彌勒及觀音勢至爲多。其初不過刻石，其後或施以金塗綵繪。其形體之大小廣狹，制作之精粗不等。」其所在地，以龍門爲最著。北魏以來，依山鐫佛，華嚴樓閣，彈指湧現。老君香山寶暘諸洞，蓮宮紺髻，輝曜巖扉，奚啻千百！大抵魏造者十之三，唐造者十之七，間有高齊所刻；隋刻僅開皇一通，裴悲明。仁壽一通，年月外，已剝泐。大業二通耳。李子贇，梁□仁。龍門以外，鞏縣石窟寺，已淪於水。唐山龍聖寺，磁州響堂寺，靈壽定國寺，歷城千佛巖，玉函山，黃石崖，嘉祥白佛山，寧陽石門，房山，益都駝山，雲門山，蘭山，琅邪書院，多者二三百通，少亦數十。西安之華塔寺，邠州之大佛寺，蜀之巴州簡州，晉之平定州，次之。平定州多魏刻，靈壽齊刻，此外皆隋唐間刻，其精與龍門埒。卽下至五代宋初，錢唐之煙霞石屋諸洞，尙多吳越時造象。臨朐之仰天山，嘉祥之七日山，皆北宋時刻。南渡以後，佞佛之風始稍息，刻經尙時一見之，佛象皆易以繪塑，鎔金少，琢石愈少矣。

其題字之制：摩厓刻者，鑿石爲龕，題字皆在龕之上下左右；或於座下磨片石，晶瑩界方，鐫刻其中，唐造象之精者皆如此。若特建大象，而別立碑以記之，如魏之朱永隆，齊之韓永義，及李清報德象，皆是矣。此外有碑象，上層佛龕，其下卽爲文字。魏武定張保洛，齊天保劉碑，皆如此。張保洛卽題爲石碑象。或於正面造象，而題字在碑之陰側，一碑有多至三四列者。或深陷爲龕，或平刻如畫，其旁仍題字，如云某人供養，或云侍佛時，或云供養佛時。其制度差小者，或鐫於背，或鐫於龕，或刻於佛座。佛座多與象連屬，而制亦不同，有刻於前一面者，有四面環刻者。又有四面造象，其制略如幢，亦四面刻之。

所刻之象，以釋迦，彌勒爲最多，其次則定光，藥師，无量壽佛，地藏菩薩，琉璃光，盧舍那，優塡王觀世音。龍門有業道象，有多寶象，有自在王象，有賢劫千佛象，有一萬五千尊象，有七佛二菩薩象，有一佛二菩薩象。定國寺有阿閦象，有彌勒下生象。其餘有七佛寶堪，有天宮象，有太子象，有越殿國象，有伽藍象，有毗沙門天王象，有盧舍那法界人中象，有摩訶迦葉廿四佛象，有白玉思維象，有不高佛象。宋以後，始造羅漢象，南北風氣如一。元造象，惟武林湖上諸山有之，其名不雅馴，有金剛手菩薩象，有多聞天王象，又有麻曷葛剌佛，大抵皆番僧蒙古色目人爲之。觀之可以見歷代風氣之變遷焉。

石闕

石闕，有廟門之闕，有墓門之闕，統而言之，皆神道之闕也。漢廟闕有四：嵩嶽居其三，太室，少室，開母廟。華嶽居其一。西嶽廟神道闕題字，金石錄云：永和元年五月。其餘皆墓闕也。制度亦不同：高頤闕，立兩石爲門；王稚子闕，壘石五層，岧嶢上銳，如窣堵波狀。葉封嵩陽石刻記言開母廟闕，以石條壘砌如垛，而空其中。觀牛運震金石圖所繪，橫石六層，高八尺五寸，闊五尺五寸，厚一尺八寸。太室少室，高廣相埒。大凡石闕，空處皆有畫象，或在闕之兩旁，如武氏石闕，及蘭山南武陽兩闕一元和三年，一章和元年。皆是。又凡闕多東西相對；其孑然獨立者，或亡其一耳。其制盛於兩漢，多在蜀中；晉闕著錄無幾；梁闕皆在金陵。自是戛然而止，隋唐以下，蓋闕如也。

摩厓

金石索曰：「就其山而鑿之曰摩厓。」其所刻文字，無不有之。如桂林諸山，詩賦贊頌姑勿論。唐宋平蠻諸碑，韓雲卿舜廟碑，經略趙郎中德政碑，曾三聘神道碑，巍然巨製，實皆碑也。皆豫齊魯間，佛經造象，亦往往刻於厓壁。張子韶書論語問政章，司馬溫公書家人卦，吾儒亦援其例。蓋摩厓猶碑也，爲通稱，爲虛位，亦爲刻石之綱，其文字則條目也。孫星衍錄晉陽山摩厓，趙之謙錄奇石山摩厓，若推求其文字，亦必有著錄之名，而不當即以摩厓標目也。且碑之有文字，始於秦漢；而周之「吉日癸巳，」即摩厓刻矣。推而上之，海東之錦山古字，黔南之紅厓古字，遠在商周以前，亦皆摩厓也；則碑爲後起矣。

地莂

釋名：「莂，別也，大書中央，破別之也。」古人造冢，設爲買地之詞，刻石爲劵，納之壙中。漢時或刻於瓴，語石稱太倉陸氏藏有建寧元年馬氏兄弟買山莂，即冢中瓴也。或大字摩厓，越中有漢大吉山地記，建初元年造。洛中出晉楊紹買地莂，太康五年造。其詞云：「大男楊紹，從土公買冢地一邱，東極闞澤，西極黃滕，南極山背，北極於湖，直錢四百萬，即日交畢，日月爲證，四時爲任。泰康五年九月廿九日，對共破莂，民有私約，如侓 即律字。令。」唐宋以後，亦間有出土，語石錄南漢馬二十四娘，僞齊朱近，及大中劉氏，喬進臣諸墓劵，謂其詞大抵荒誕不經，鄙俚可笑，文字刻畫，亦殊草率。蓋人家營葬，向土公買地，古代風俗如此。其制濫觴於晉，盛行當在唐中葉以後，觀錢大昕養新錄所引周密癸辛雜志及元遺山續夷堅志所載，可以知矣。

雜類

上述石刻之名，凡一十種。其他或鐫於橋柱，或鐫於井闌，或鐫於柱礎，或題於神位，或題於食堂，或題於石人，石獅，石爐，石盆等物，鄣莒附庸，昔人亦頗甄錄，茲亦著於篇云。

橋柱　司馬題橋，未聞刻柱。江南水鄉，所在多有，大抵橫列橋名，旁鐫楹聯，及年月建造等字。然從無椎拓，亦未有著錄。蓋橋柱石質粗劣，刻必不精；且舟楫往來，拓亦未便；所由絕無拓本歟？至於諸家著錄，則爲建造碑記。語石所錄，亦皆此類。竊意當以鐫於橋柱爲限，碑記不得隸於此也。

井闌　亦當以鐫於井闌爲限，其鑿濬碑記，不得隸也。孫氏訪碑錄載梁天監八年一刻，其最先矣。北平慈仁寺，有唐開成井題字，或曰僞託。語石稱所見唐井二通，一天寶八載造。其又一通，則碑而非闌也。其在江浙郡邑，南宋以後，始有題字，語石錄宋咸淳，紹熙，元大德三通最精，餘皆殘泐，或無年月。

柱礎　柱與幢異：石幢八面有觚稜；石柱平方，四面皆可刻字。漢孝堂山石室石柱，有唐人題字，此柱在先，刻在後。精藍巨刹，長廊廣殿，亦往往琢石爲柱，或題佛號，或題天尊號，或卽刊施錢姓氏，唐宋以來，傳拓尙多。近世則此外更多有刻楹聯者。然其石大都未經磨瑩，卽摹搨亦難佳也。

上言柱也。礎則如元氏開化寺白玉石柱礎，有題名兩列，沈西雍考為北周刻，莫古於此矣。吾寧紫微山廣福院，天聖三年。嘉定菩提寺，建炎二年。長洲寶林寺，淳熙十五年。亦皆有柱礎題字，見於孫趙兩錄。又有幡竿石，亦柱礎之類，孫氏所收，卽有三刻：一嘉祐三年，汶上寶相寺；一崇寧三年，泰安王母池；一宣和二年，泗水三殿廟；因石柱而連類及之。

神位　趙明誠金石錄，有四皓神位神胙几，共四石，在漢惠帝陵旁。曲阜有祝其卿上谷府卿兩墳壇，皆居攝二年造。雖不與神位同，刻石以祀之，一也。蓋神位刻石，其所自來遠矣。又按濟寧有漢「朱君長」三字石刻，蜀有「上庸長」三字，竊謂古人質朴，期思之愛，但書其官職姓名以祀之，亦石主之類也。

食堂　卽饗堂也。古時祠墓，建堂以為享神之所。乾嘉以前，金石家無著錄；清末始有永元八年一刻，永建五年一刻，建康元年壽貴里文叔陽一刻，皆山左新出土。

石人　水經注載漢酈食其廟石人，胸前有銘云：「門亭長。」今曲阜魯恭王廟，亦有兩石人：一胸前刻曰「府門之卒；」一刻「漢故樂安太守麃君亭長」十字。孫氏訪碑錄：中嶽廟前石人，頂上亦有題字；則語石以為漢石人題字，皆在胸前，無在頂者，疑係後人增刻。其他魏大基山石人題字，曰「甲申年造，乙酉年成，」似鄭道昭筆。嘉祥洪山石佛，其腋有「唐大和七年」題字。餘未聞也。

石獅子　南陽縣宗資墓前石獸，膊上有刻字，左曰「天祿，」右曰「辟邪，」相傳以為漢刻，此其濫觴也。東魏元象初，有王全泰造獅子記，恐未必鐫於石獅。唐天祐四年，王延翰鑄獅子香爐題字，疑係石香爐之作獅子形耳。其餘元刻：孫氏訪碑錄錄大德一石，語石錄元貞泰定及年月殘泐者三石。

石香爐　宋時香爐，承以石柱，名曰香幢，石燈臺之類也，前於經幢已言之。舊金石家，於此不甚分析，統謂之石香爐而已。孫氏所收皆天福八年李賓彥一刻最古。宋金元各有著錄，未知其爲六面八面之柱歟？抑無柱之爐也。

石盆　華山玉女洗頭盆，無題刻。蘇東坡雪浪盆，在定州學舍，其銘云：「畫水之變蜀兩孫，其不傳者歸九原。異哉駁石雪浪翻，石中乃有此理存。玉井芙蓉丈八盆，伏流飛空漱其根。東坡作銘豈多言，四月辛酉紹聖元。」其盆圍徑二丈一尺四寸，其文五十六字，周圍刻之。昔人著錄，此爲最著，蓋物以人重也。

第二章　文字圖象

石刻文字，上述碑誌等之兼爲文體名外，自儒釋經典，以至詩文雜著，幾於無一不備，其源流體製，亦可得而言也。曰六經，曰佛經，曰道經，曰封禪，曰詛盟，曰詔敕，曰符牒，曰投龍，曰典章，曰譜系，曰界至，曰醫方，曰書目，曰題名，曰詩文，曰書札，曰字書，曰格言，曰吉語，曰題榜，曰楹聯，曰符籙，曰璽押。圖象則有畫象，有地圖，有禮圖。凡二十有六種。

六經

漢之熹平，魏之正始，唐之開成，宋之嘉祐，西蜀孟氏，南宋高宗，皆嘗有石經之刻。今惟開成十二經，無孟子。存西安府學，尚爲全本。此外祇存殘石，或僅存殘拓孤本。漢石經，據董逌洪邁所記，高一丈，廣四尺。其經數，後漢書靈帝紀，儒林傳序，宦者傳，皆云五經；蔡邕傳，儒林傳，張馴傳，則云六經；隋書經籍志又云七經。據今人之考證，實爲易，書，詩，儀禮，春秋，公羊，論語七經也。凡四十六碑，其石久亡。魏正始石經，自宋以來，未聞著錄。其刻，一行古文，次篆，次隸，各一行，所謂三體石經也。淸乾嘉年間中州新出土。據今人之考定，爲書，春秋，及左傳至莊公中葉而止。凡三十五碑，今亦僅存殘石矣。孟蜀石經其相毋昭裔所造。自熹平迄開成，祇有經文，惟蜀石經有注。據晁公武考異序：孝經、論語、爾雅，廣正甲辰張德昭書；周易，辛亥楊鈞孫逢吉書；尚書，周德貞書；周禮，孫朋吉書；毛詩，禮記，儀禮，張紹文書；春秋左氏傳，亦爲蜀人所書；至宋皇祐中，田元均補刻公穀二傳；宣和間，席益刻孟子。凡十三經，皆正書。其石亦亡。宋嘉祐石經，章友直楊南仲與張次立同篆，一行篆字，一行正字。但有易，詩，書，周禮，禮記，春秋左氏傳，合孝經爲七，今亦殘缺。南宋石經，高宗御書。較嘉祐本，無周禮、孝經，而有論、孟。禮記但有中庸、大學、學記、儒行、經解五篇。字多小楷。石存杭州府學，散亡亦不少矣。六經自遭秦火，歷代刻石，此爲大觀。其餘官私石刻，唐玄宗宋高宗有御書孝經兩本，李陽冰司馬溫公朱張二子，有易卦及禮記論語若干篇章，寥寥天壤，只此而已。以視釋氏之刻遍寰宇，眞如滄海之一粟矣。

佛經

自白馬東來，大啓浮屠精舍；至魏太和中，始有造象；然尚未刻經也。佛經之有石刻，大概始於高齊、宇文周時。山西遼州黑登峯（即古遼山縣屋驂登。寰宇記引郡國志云：高齊之初，鑴山腹，寫一切釋經於此。）之摩厓，太原風峪甎室之石柱，（共石柱一百二十有六，惜皆掩其三面。）平定山中厓谷之石碑，（太原傳山行平定山中，誤墜厓谷，見洞口石經林立，與風峪等，皆北齊天寶間字。）皆刻於齊天保間。鄒嶧四山之葛山岡山小鐵山摩厓，皆刻於周大象中。此爲最先矣。以言工程之大，歷時之久，有如房山石經，始於隋靜琬法師，其徒導公，儀公，暹公，法公，師資相踵，至遼通理大師，尚未蕆事。所刻一千三百餘石，厝七石室，瘞一地穴，上建石塔一座。洞門皆鎔鐵灌之，隔以石櫺，碑石或臥或立，尚可窺見。其闢而可入者，曰雷音洞，法華維摩金剛三經貯焉。計共一百四十六石，今世所傳房山石經拓本是也。他如安陽寶山，磁州鼓山，唐山龍聖寺，中山法果寺刻石之般若華嚴蓮華法華諸大部經，卷帙浩如煙海，所傳拓本，皆不過一鱗片甲耳。

刻經有三：其一摩厓，其一經碑，其一卽經幢也。摩厓皆大字，齊魯間最多。泰山絕頂，有金剛經全部；徂徠山映佛巖，有大般若經，皆齊武平中王子椿所刻。鄒嶧之間：尖山，亦武平中刻；前述葛山，岡山，小鐵山諸經，皆周大象中刻；世謂之「四山摩厓。」其字徑尺，在石經中爲最偉矣。其刻於碑者，如上述房山石經是。或刻於碑之陰側，如齊雋修羅碑，其陰爲維摩經；唐李弼徽丁思禮造象，其陰皆刻多心經，此其證也。隋以前無經幢；宋以後無摩厓；（惟元居庸關一刻。）唐一代刻經建幢者十之七，建碑者十之三，刻於厓壁者，所見不過三四通耳。

唐人喜刻陁羅尼經；大中之後，或單刻咒；又降而刻諸雜陁羅尼。其餘金剛經心經觀音普門品經，亦尚有刻本，未聞刻四大部經者，後人事事不如前人，此其一也。然遼時房山續刻藏經，即當宋政和間。蘇州虎邱之靈巖寺，有宋刻普門品經；杭州之六和塔，有四十二章經，句容之崇聖寺，有金剛經；亦皆宋刻，釋氏之一燈，未嘗熄也。至元至正中，尚有蒙古畏吾女眞梵漢五體佛經，在居庸關山溝內，佛經著錄，蓋以是刻爲殿焉。溯自北朝以來，自四大部以逮金剛尊勝常刻之外，所造者非一經，經非一石，據語石所載，尚有四十餘種。佛法廣大，無量無邊，於以歎象教願力爲甚深也。

道經

六經之於釋氏，已不逮遠甚；道藏之刻，抑又次焉。道德經至唐中葉，始有刻石。邢臺有一本；易州龍興觀有三本：其一即開元御注石幢，其一景龍二年張脊行造，其一景福二年王處存書。廣明一本，在焦山，宋高宗御書，一石已亡。此外惟終南山樓觀有兩本，皆元刻；一憲宗五年高翿篆書，一趙孟頫正書，皆刻於京師。道藏充箱照軫，亦不減西來梵葉；而唐以前石刻，惟此一經而已。常清靜經，一刻於梁貞明，再刻於宋太平興國五年，與護命得道兩經同一石，皆龐仁顯書。此外有元始天尊說北方眞武經，元符二年，宋溥書。太上說九幽拔罪心印妙經，崇寧元年，道士李宗顏書。昇元經，元憲宗七年，楊顯卿書。太上日用妙經，至正十二年，正書。洞元經，殘字，年月缺。其經典皆晚出，書迹亦拙陋，以視釋氏諸刻，眞有觀海之歎。

道德經，又有一本，頗似趙書而凝重，世以爲右軍書，即與山陰道士換鵝本也。書實精妙，不異黃庭。蓋釋經之精者，皆大字而碑爲多；道書之精者，皆小楷而帖爲多。如玉眞公主靈飛經，相傳爲鍾繇書，不失爲唐經生筆。褚書陰符，柳書度人經，亦流傳有緒。趙孟頫尤喜寫道書，所傳有清靜經，大洞玉經，皆精品也。

封禪

王氏碑版廣例曰：「古稱封泰山者七十二家，勒石千八百餘處；今傳於世，自秦刻石以外，無聞焉。」唐高宗玄宗，皆嘗東封，玄宗爲盛。其文御製御書，摩厓高二丈九尺，字徑五寸，題額字一尺九寸，漢以來碑碣之雄，未有逮者。宋眞宗登岱勒崇，御製謝天書述二聖功德頌，親灑宸翰以書之。青帝廣聖帝君贊，亦御製御書。亭亭山廣禪侯敕并祭文，無撰書人，以中嶽北嶽御製醮告文例之，當亦眞宗御筆也。從臣奉敕撰書者：封祀壇頌，王旦文，裴瑀書。封禪朝覲壇頌，陳堯叟文；天貺殿碑，楊億文；皆尹熙古書。高里山禪社首壇頌，王欽若文。以上諸碑，今並在泰安，皆大中祥符元二年刻。穹窿高揭，規模宏偉，想見云亭封禪之儀。此外汾陰有御製二聖配享碑，王旦祀汾陰碑，杞縣有先天太后贊，漢之五時，不是過已。

詛盟

詛盟，莫古於秦詛楚文，趙明誠所錄有三本，（按秦詛楚文世有三石：趙氏稱初得大沈湫文於郊，又得巫咸文於渭，最後得亞駝文於洛，其辭盡同，惟所用以質於神者，則隨其號以異。）而原刻皆不傳。自漢以下，金文爲多，石文爲少。大抵皆與蠻夷君長，申明約束之詞。馬援征交趾，銘於銅柱。後晉天福五年，溪州刺史彭士愁納土求盟，亦鑄狀於銅柱。唐乾寧五年，賜錢鏐鐵券，其文亦盟誓也。石刻祇有三碑：一爲唐蕃會盟碑，一面爲回文；一爲長慶會盟碑，一面爲藏文；又一爲大理石城碑，係南詔段素順明政三年，當宋開寶五年。遣兵破楊干貞，與三十七部落盟，立此碑。

詔敕

秦始皇帝東巡立石，具刻詔書。漢孔廟百石卒史碑，先以臣雄司徒吳雄。臣戒司空趙戒。之奏，制曰可。詔令勒石，莫先於此。唐比干廟有貞觀詔，曲阜孔子廟有高祖高宗詔書兩道，宋有文宣王加封號詔，大中祥符五年。辟雍詔，徽宗。籍田詔，紹興十六年，高宗御筆。其文皆施之大典禮。自餘通謂之敕：有專敕，有通敕。或獎諭臣子，如唐賜張說；宋諭程節之類。或崇敬緇黃，如少林寺賜田敕，還神王師子敕，樓觀褒封四子敕之類。其文多刻於碑陰，間亦刻於碑之上方。或臣下奏請報可，或先賜敕而後表謝，往往一面刻表，一面刻敕，如青城山常道觀碑之類。凡此皆專敕也。若通敕，唐玄宗有令長新誡，宋太祖有戒石銘，當其始頒行天下，郡邑無不立石。理宗有訓廉謹刑二銘，亦詔天下摹勒。徽宗時，頒行天下之石刻最多：有辟雍詔，八行八刑碑，御製五禮記等，間有御書者，卽世所稱瘦金體也。元不稱敕，通謂之聖旨碑。諸王太子稱令旨，（鄠縣草堂寺有闊端太子令旨碑，涇陽有旭烈大王令旨碑。）后妃稱懿旨。（直隸易州皇太后懿旨碑，曲阜皇妹大長公主懿旨碑。）其通敕，則至元三十一年有崇奉孔子詔，大德十一年有加封孔子制，至順二年有加封啓聖王及王夫人制，加封文宣王夫人亓官氏制，加封亞聖父母制，加封孟子亞聖公制，加封復聖宗聖述聖亞聖四公制，當時皆刻於石，孫氏著錄有多至數十石者。

詔敕之外，唐有告身，宋有告詞。初皆藏於家廟；後裔榮其祖父以彰君賜，或摹而刻之石；或後人得前人之名蹟而彙刻之，當時未聞有刻石者，故石本絕少。如明隆慶間刻唐之告身，（以顏魯公所書朱巨川一通爲最著。）及西湖岳廟紹興復官告身是也。

符牒

符牒，隋以前未有也。唐嵩山少林寺牒，（武德八年。）龍門奉先寺牒，（開元十年。）其最初矣。此外惟大中五年敕內莊宅使牒，亦爲唐刻。宋牒視唐倍蓰，金牒又多於兩宋。錢大昕跋廣福院牒云：「凡寺院賜額，宋初由中書門下給牒；元豐改官制以後，由尚書省給牒，皆宰執親押。金則僅委之禮部，而尚書侍郎並不書押，惟郎官一人行押而已。但宋時寺院，皆由守臣陳請，方得賜額；金則納錢百貫，便可得之。蓋朝廷視之益輕，而禮數亦替矣。」此大定一朝敕牒所由獨多歟？諸牒或刻於碑陰，或刻於碑之下方。凡牒必奉敕宣付，故其文輒云「准敕故牒。」金石著錄，亦敕牒互稱。大抵各爲年月，或遲之數十年而後刻，或百餘年而後刻者，又皆有刻石之年月。宋制，敕牒之外，又有公據，以紹聖四年戒香寺一通爲最古。南宋著錄，指不勝屈。其制不上請，即由所在官司給付。以上皆施於寺院也。

此外有省劄，有部符，有使帖。省札給於尚書省，部符給於禮部，使帖當給於常平茶鹽諸司。此類石刻，亦至南宋始有之。又陝西府谷縣有政和二年十一月尚書省指揮，吳郡江陰縣有建炎紹興復軍二指揮，亦牒文也。前有准狀云云，後有某年月日，奉敕故牒，尚書省官下押字，其體例皆同。惟其額題曰復軍指揮，冠以年號；牒文之末，又有伏候指揮字；故著錄家門而書之，非牒文之外，別有指揮也。施於軍旅者，牒文外亦稱劄子，王氏萃編載景祐二年永興軍中書劄子一通，前列戶部侍郎知河陽軍范雍奏，末云：右奉聖旨依奏，劄付永興軍准此者，蓋由中書門下奉旨宣付軍州也。

投龍

投龍記，張燕昌金石契載吳越王龍簡，範銀爲之。至刻石之文，則但有道流姓氏，及設醮年月，非投之深淵者也。隋以前未聞。唐乾封間，仰天洞王知慎投龍記爲最古。至天授間，復有金臺觀主馬元貞一刻。在濟源。按其文云：「大周革命，奉敕往五嶽四瀆投龍，」則當時所刻，不止一石矣。今存唐刻，尚有董靈寶兩石，一見趙錄，開元二十一年，在肅寧；一見孫錄，開元二十三年，在泰安。及新出大房山投龍璧記，開元二十七年，張涵文。趙居貞投龍璧記。出山左，無年月。按孫錄雲門山投龍詩，天寶七載趙居貞撰，當爲一人一時事。自乾元訖天水之末，僅有大中祥符九年，華陰張懷彬一刻。元時：嵩高有兩刻，一大德十年王德淵記，一皇慶二年吳全節書。濟源有六刻，中統五年李□國，至元七年李惟深，十二年袁志遠，大德六年李思誠，延祐元年周應極，泰定元年周天大，並見中州金石記。周應極一刻，趙文敏書，最精。大抵皆道流之所作，其石皆在名山廣瀆。觀濟瀆諸碑，皆曰投龍簡記，而張湛趙居貞兩刻，則曰龍璧，知古時祭告嶽瀆，循用沈璧之儀。其刻簡有文字，自唐以後始。

典章

典章，猶規約也。詩云：「不愆不忘，率由舊章。」考漢之西嶽華山碑，孔廟乙瑛史晨諸碑，兼敍品節儀制甚詳，即所謂舊章也。至專刻一石而揭之，則始於唐之濟瀆廟雜物銘，宋之桐柏淮源廟規約，則又籩豆司存之義也。范文正以義田贍族，其規約，後政和七年范正圖書，元至元甲午，裔孫邦瑞士貴重刻，其石今猶存吳中義莊。此一類也。大觀聖作碑，後列告諸士十一條；嘉定元年王介寧遠記，爲大學葬遠方士子而設，後列祭葬守冢之制三則；慶元中，吳學有義廩規約；以上關於庠序多士，又一類也。略陽縣靈巖，有宋淳熙辛丑，邑令王某，刻儀制令十二字曰：「賤避貴，少避長，輕避重，去避來；」上刻「儀制令」三大字；臨朐沂山東鎮廟，有金大安三年禁約碑；臨桂有經略范公勸諭；此爲後世告示勒石之濫觴，又一類也。

譜系

古時宗法未亡，族葬掌於墓大夫。墓道之中，意必有刻石誌其昭穆之兆域，而今亡矣。惟浙之餘姚，新出漢三老諱字忌日記，具詳生卒年月，皆在漢建武中。道光丙午，許州民穿井，得冢中甎文五通，一曰「濟寧陳祚，」一曰「從掾鉅鹿魏昕，」一曰「後殿虎賁梁國張興□，」一曰「武勇掾樂安肥範，」一曰「高陽北新城郘巨，」皆魏青龍二年造。趙之謙曰：「蓋造冢時，記亡者年月，與三老忌日記同意。」唐宋祠墓之碑，往往有於碑陰刻其祖孫世系，或幷及官閥者，皆此例也。又元時卽寺院之碑，其陰亦多有宗派圖，旁行斜上，曲折分明，亦禮失求野之意歟！

界至

界至刻石，漢已有之。語石載莒州新出漢碑，四面刻字，隸書古拙，剝泐過半，卽其詞句相屬者紬繹之，蓋經界碑也。釋氏謂之大界相，如唐永泰二年，豐樂寺大界相碑，有云：「從此住處大院牆東南內起，仍還至大院牆東南內角止。」年月之下云：「結此寺大界。」末一行云：「其日結此寺爲遍藍淨。」又宋景祐五年，明州保安院大界相碑云：「從此院外東南角石標外竹籬內角起，仍還至院外東南角石標外竹籬內角止。」下卽云：「此是大界相。」後有：「秉大界羯磨，秉淨地羯磨」諸僧。四正四維，循環曲折，還相爲宮，在石刻中自爲一例。所謂大界相者，質言之，四至而已。元至元十六年，有天眞觀四至題字；大德三年，有月華山林泉禪寺四至碑；至大二年，有浮渡山華嚴禪寺修造四至記；大旨皆具列東西南北所至之地。但分四柱直敍，非如界相爲禪門之規律；蓋一爲世法，一爲出世法也。

醫方

醫方刻石，莫古於龍門師道興造象方，尚是齊武平六年，刻列龕之四圍殆遍。唐耀州亦有一刻，無年月標題，與師道興方略同。其餘見於諸家著錄者：江少虞類苑，有西嶽蓮花峯斷碑齒藥方；李元綱厚德錄，載陳堯叟官廣西轉運使，以驗方刻石桂州驛舍；謝氏待訪錄引名勝志云：「宋范質子旻知邕州，嘗刊療病方書於宣化廳壁。」以上三石皆不傳。今所存者，惟宣和四年，曾江呂謂所刊養氣方，尚在劉仙巖崖壁耳。名山石室，當不止此也。

書目

書目之刻石者，杭州府學有西湖書院重整書目記，元泰定元年，山長陳袤記。諸城有至正十年，密州重修廟學碑，秦裕伯文，碑陰列書目一百一十部。此外隆平有程珪書樓記，大德八年。瓊山有乾寧儒學置書記，至正十一年，羅畬中文。意此兩石，或亦有書目列於碑陰，如密州之例；但無拓本，未敢臆說。姑求其次，宋劉敞先秦古器記，嘉祐八年。吉金之目也。遼雲居寺續祕藏石經記，後列首楞嚴經等四十餘帙，則亦藏經之目錄也。

題名

題名之風，始於漢而盛於宋，碑碣摩崖，湖山佳處，遊覽所及，率有留題，姓名年月，偶得爲考證之資，故自來金石家頗著錄之。漢代石刻，如韓勑碑陰，有熹平間項伯修題字，倉頡廟碑額，亦有題名兩列，皆漢人也。孝堂山石室，自漢而晉而魏，至北齊天保，纍纍林立，惜皆剝蝕。王氏萃編惟載第三第六兩石。第六石云：「平原濕陰邵善君，以永建四年四月二十四日，來過此堂，叩頭，謝賢明。」詳其詞，似吏民甘棠之思。第三石云：「泰山高令明，永康元年十月二十一日，敬來觀，記之。」亦似太史公之謁闕里。倉頡碑額云：「左馮翊東牟平陵衡君，諱□。」又云：「熹平六年五月二十八日，出奉錢二百。」夫曰「君，」則非衡君所自題，蓋亦出錢之人，以補陰側所未及。韓勅碑陰，義亦如此，與唐宋題名不同。按自來題名，考其紀年，兩宋爲多，即唐賢亦不過百一。蘇文忠笠屐所至，最好留題，以黨禁多鑱毀。南宋以後，士大夫渡江而南，臨安江皖閩蜀楚粵之區，或請祠歸隱，或出守左遷，林壑徜徉，自題歲月，其詞皆典雅可誦，其書皆飄飄有淩雲之氣，每一瞻對，心開目明，如接前賢謦欬。

又有名爲題名，而與紀遊之迹，迥然不同，一則官吏之題名也，一則科舉之題名也。漢碑陰側，書佐掾史姓氏，實爲官吏之濫觴，然私立而非官立，且其意主於頌府主，或出奉錢而已。唐西安御史臺精舍，及郎官石柱，官吏題名之最古者。宋元以來，亦有存焉。進士題名，始於唐之雁塔。觀王定保孫光憲所記，想見曲江釋褐，爲一時盛事，不知何以遂無片石。宋元以後，所在多有。鄉舉題名亦然。

詩文

被於碑者，皆文也。傳誌箴銘頌贊之類，文之中有事在，不徒以其文也。至如唐柳宗元永州八記，其地在零陵，而蜀刻之；樊紹述絳守居園池記，其園其池，鞠爲茂草矣，後人又從而刻之；元結中興頌，美唐德也，宋時一刻於劍州，再刻於資州：若此類者，皆重其文也。詩之刻石，濫觴於北魏鄭道昭之雲峯山詩，以前無聞也。唐宋以下，登高紀遊之作，或摩厓，或刻於碑之陰側，皆與題名雜然並列，有不勝錄者。大抵石刻詩篇，頗有世所不恆見，可以補歷朝詩選之缺。又如樓异嵩山三十六峯賦，僧曇潛書；易祓眞仙巖賦，在融縣；梁安世乳牀賦，在臨桂之龍隱巖；並皆佳妙。此三人皆無集行世，賦選亦不收，賴石刻以傳耳。詩餘，巴州有水調歌頭詞，刻於厓壁，無撰人年月，大率宋人之筆。其次則唐括夫人之滿庭芳詞，米芾書秦觀踏莎行，其詞其書皆妙。

書札

長牋短啓，江左擅長；後人之刻石者，如南唐之昇元帖，（南唐李後主出祕府珍藏，命徐鉉刻帖四卷，於昇元二年三月，建業文房摹勒上石。）宋之淳化閣，（太宗詔翰林侍書王著將閣中所藏漢魏晉唐名賢墨跡，及昇元帖，摹刻禁中，釐爲十卷。）太清樓，（徽宗大觀中刻石，總二十二卷，又名大觀帖。）淳熙閣（孝宗淳熙十二年，詔以御府所藏淳化舊帖，重刻石於禁中。又以南渡後所得晉唐遺墨，摹刻淳熙祕閣續帖十卷。）諸帖，輾轉鈎摹，惟重書迹，錄碑者弗尙焉。顏魯公與郭僕射書，王氏著於萃編；孫氏訪碑錄，有奉使蔡州書；究其實，亦後來所摹刻，帖類而非碑類也。蘇黃米蔡諸家與趙文敏，墨妙如林，亦當以此例別之。惟浙之金華縣，有陸游與玘公禪師八札，刻於重修智者廣福禪寺記之陰，（嘉泰三年。）桂林水月洞，有慶元丁巳杜思恭所刻放翁手跡，共書一通，詩七首，此兩刻庶幾碑版文字。以長洲葉氏收藏之富，所錄止此。

字書之刻石者，約有四類。吳皇象書急就篇，眞草並列；明吉水楊氏得殘本，以宋仲溫書補之，刻於松江郡學，此字書石刻之最古者。梁武帝得王羲之書千字，命周興嗣次韻爲文，又詔令蕭子雲寫進，是千字文在梁時已有兩本。隋智永寫眞草千文八百本散於世。唐初，歐褚各有一本。隋唐三家，俱有石刻傳世。此外，篆書有宋夢英一本；草書有唐懷素張旭宋石曼卿三家；分書有元吳志淳一家；行書有趙文敏一家。自後書家，多喜爲之，未易悉數。以上急就千文，字無複出，次韻成文，爲一類。

唐刻開成石經，並刻唐元度九經字樣，張參五經文字；宋晁公武撰蜀石經考異，亦刻於成都。此皆附經而行者也。山東滋陽，有韓詩外傳殘石，此與經別行者也。以上二者，直接有裨於經學，爲一類。

唐顏元孫干祿字書，（顏魯公書）初刻於吳興。宋高宗御書禮部韻略，眞草二體，嘉定十三年陳汶摹刻。兩石並佚。又劉球隸韻十卷，亦上石，不知流轉何所。郭忠恕有篆書說文偏旁字原，在西安府學，世不甚珍之。以上依韻分部，及說文部首，爲一類。

此外又有釋文一類，亦字書之屬，又可別而爲二：一釋古文奇字及篆隸草書，一釋古外族之國書，然不必盡刻於石也。其刻於石者，石鼓文有元至元十六年潘迪音訓，附於原石。漢溧水校官碑，至順四年單禧釋；褒斜鄐君通道碑，宋紹定五年晏袤釋，並刻於碑陰。唐絳州碧落碑，咸通十一年鄭承規釋，亦刻於碑陰。釋草書者，唐懷素之藏眞聖母諸帖，明文氏刻本；孫過庭之書譜，析津安氏刻本，皆有釋文。遼金元國書碑，往往下截刻譯文。——以今字讀古字，謂之釋；以此國之文讀彼國之文，謂之譯；其實一也。——唐梵經幢，一行梵字，一行眞書，亦釋文也。西夏感通塔碑，相傳碑陰卽釋正面國書。以上兩種爲又一類。

格言

魏志裴松之注：「明帝詔曰：先帝昔著典論，不朽之格言，其刻石於廟門之外，及太學！」雖典論但屬論文，未可謂之格言；然其意在垂訓方來，或亦格言刻石之濫觴也。按兩石皆佚。其後，宋至和元年，有裴袗正書小學規，嘉祐八年，有李寂篆書昌黎五箴，並在西安府學。南宋有朱協極分書中庸格言，在華亭縣學。有錄史傳之文以垂戒者，如張安國節書漢疏廣傳戒子弟語，及唐盧坦傳對杜黃裳語。疏廣傳刻於淳祐元年，盧坦傳刻於寶慶丙辰，皆在蘇學。至於太上感應篇及陰隲文之類，則近世楷書精刻，所在多有；雖涉迷信，其意未嘗不善也。

吉語

金文之「子孫寶用，」瓦當之「延年益壽，」「宜子孫，」「有萬憙，」吉語之濫觴也。孫趙所錄，皆古甎文。蜀中有「壽山福海」鐵器二，皆宋時造。惟石刻不多見。唐有李北海書「景福」二字，在高要七星巖，龍門有「福德長壽」四字，又有陳搏書「福壽」字，趙夷夫篆書「壽祿」二大字，寶慶三年，在中江縣摩厓。泰山、鼓山、蒼玉洞均有大「壽」字。前人著錄，止此而已。

題榜

題榜之字，漢魏刻石絕少。晉「靈崇」二字，世稱葛洪書，亦相傳云爾。雲峯山鄭道昭所題字，如「白雲堂」「青煙寺」之類，庶幾其濫觴歟？唐顏魯公李陽冰，皆以此擅場。茗溪之「浮玉」二字，青原之「祖關」二字，臨桂之「逍遙樓」三字，皆魯公書也。蘇州虎邱「生公講臺」四篆字，及括蒼之倪翁洞黃帝祠宇兩石，不題書人姓氏，相傳以爲陽冰筆。此體摩厓者多，勒碑者少。唐宋以下，厓壁題名之處，一亭一石，往往錫以嘉名，而大書深刻於石。如武溪深碑陰，有東坡書「九成臺」額，瓊州有浮粟泉洞酌亭，亦蘇書。嵩山有蔡元度書「達摩面壁」之庵額。米元章書，有盱眙「第一山」三字。其餘名勝之處，名迹亦所在多有，不勝備錄矣。

楹聯

楹聯刻石，寥寥罕觀。孫氏訪碑錄，有寇忠愍分書「但知行好事，不用問前程」十字。臨桂彈子巖，有晉安李滋爲鄉人林元之書「安分身无辱，知幾心自閒」一聯，篆書，其款則分書也。福州鼓山有一聯云：「爵比郭令公，歷中書二十四考；壽如廣成子，住崆峒千三百年。」杭州孤山歲寒巖亦刻之。此外惟鼓浪嶼「浪擊龍宮鼓，風敲梵刹鐘」一聯而已。至於海內祠宇亭臺之鐫於石柱者，則難可數計，又當別論者也。

符籙

符籙，道家言也。衡山岣嶁碑，昔人謂是五嶽眞形，此符篆之最古者。甘肅鞏昌郡解，有五嶽眞形圖石刻，明洪武中刻；其下方有跋已漫漶，云漢武帝得之西王母。每一圖下，有嶽神名號，及神所職掌之事。敕勒之文，唐人所刻，皆納之幽竁中，大小與墓石略同。語石錄有四通，其符文或在上截，或居中，或四面環刻於邊際；題字或有或否。南漢馬二十四娘墓券，其前亦有符籙一行，蓋唐時風俗如此。宋以後亦多有之，如孫氏訪碑錄錄祖天敕一道，政和六年九月刻，（即濟瀆廟孃符碑，徽宗御製，孫錄重出。陸氏金石續編作濟瀆廟祖天符告，即此刻也。）在河南濟源縣。陸氏金石續編，又收耀州五臺山仙樂雲篆記，徽宗御書，當亦符篆之類也。

畫押

秦王告少林寺教「世民」二字，爲太宗親押，此石刻有押之始。柳應辰題名浯溪者四，熙寧六年十月一刻，後有押字。華山元豐五年趙諒題名，其末「趙諒記」下，亦有押字。資州東巖有草堂詩一首，無年月姓名，後有草押，似「桂」字。博山玉皇宮，有宋四帝御押，宣和七年刻石，附以釋文。錢唐石屋洞造象一龕，磨刻「胡」字於上，下有押，似出元人筆。此外唐宋祕閣法帖，經進諸臣，往往皆有押字，如樂毅論之「權异」「褚遂良」是矣。宋金寺院敕牒，三省列銜之下，各繫以姓，姓下書押，即古所謂畫諾也。然列銜不過三四人；惟唐玄宗御書石臺孝經，後列晉國公林甫等姓名，各有行押，多至四十五人，押字之多，無過此刻。

畫象

畫象刻石，昉於前漢。文翁石室禮殿，畫古聖賢象。趙邠卿自營壽藏，圖季札子產晏嬰叔向四賢，並爲贊頌，此必琢石納諸壙，或伐石樹闕以刊之。水經注載金鄉有司隸校尉魯恭冢，鉅野有荊州刺史李剛墓，墓前石室，皆有畫象，今皆不可得見矣。朱鮪一室，亦曰朱長舒。殘泐已甚。今世所傳者，惟孝堂山武梁祠爲最古，亦最完。孝堂山石室畫象，凡十石，在山東肥城縣西北六十里，舊釋是郭巨石室。有永建四年永康元年題字。所繪有人物，冠服，禽鳥，樓閣，車馬等等。山左金石志引申兆定之言曰：「按畫象，大都雕刻聖賢古事，及其人所歷官職。……此畫象中，騶騎步卒，大車屬車鼓車，儀衞甚都，雖無題識，要非郭巨墓中應有。而斬馘獻俘，覆車墮河二段，第三石第五石畫此事。亦非無謂而作，意者卽爲墓中人實錄，未可知也。」武梁祠畫象，在嘉祥縣南武宅山。正祠三石，石五層；前石室十五石；後石室，左右室皆十石；東西兩闕各二石，祥瑞圖二石，新出土者九石。所繪有聖賢節孝事，然亦有夏桀須賈張祿諸人，蓋以古爲鑑。貞淫美惡不妨並列也。又有孔子見老子畫象，凡二石，一卽出武宅山，黃易遷之於濟寧學宮；一出寶應縣東七十里射陽聚，後爲汪中取歸江都。此外據葉奕苞金石錄補及洪頤煊平津讀碑記所載，又有洪福院畫象，伏尉公墓中石畫象，董君路君范君鄧君王稚子諸闕畫象，魯峻墓祠壁畫象，李翕黽池五瑞畫象，及齊魯村落間出土之殘泐畫象，其數尚多，率無年月可考。大抵漢代極重鬼神，墓有碑而祠有室，碑刻文字，而室壁則盛張畫本，魚龍禽獸，牛鬼蛇神，以及古代聖賢之遺事，墓主平生之官迹，皆爲其圖繪之材料。觀其雕琢之工細，人事之描寫，實藝術及考古之重要取資也。至於李唐以後，則人物，山水，樹木，花卉，飛禽，走獸，皆有圖刻於石者；意徒在畫，世不甚重，不備述矣。

地圖　禮圖

上述畫象，藝術之事也。至於地圖，禮圖，則當屬史部，經部。王象之輿地紀勝，每一州碑目之後，必附以圖經若干卷，蓋唐宋圖經皆刻石，而今亡矣。最古者，惟僞齊（劉豫）阜昌之禹跡圖，華夷圖，開方記里雖簡，實輿圖之鼻祖也。宋呂大防長安志圖，有新出殘石。其餘吳郡府學有平江圖，地理圖，天文圖，帝王紹運圖，共爲一石。益都有平昌寺地圖記，元至正十五年刻。語石稱所見止此。

禮圖，桂林府學有釋奠位序儀式圖，牲幣器服圖，范氏天一閣藏舊拓投壺圖，亦止此而已。蓋舊有宋聶崇義三禮圖在，學者固不必以刻石爲重也。

第三章　碑版源流

古今石刻，有二大流：一曰碑，一曰帖。凡專以書迹爲重，但賞其點畫之妙，因而刻石以傳者，爲帖，龔定盦所謂其事非刻石倫也。此外，定盦「九事，」語石「四例，」以及一切因人因事而刻石者，其制雖不盡爲碑，而皆得以碑之名括之也。而後世之言碑者，亦未嘗不以書迹重焉。惟帖之爲學，當入於藝術，而與金石學之交涉甚淺，姑舍是而專述碑版之源流。

三代

三代刻石，雖或見於史傳，然傳世實尠，多由附會。如舊傳岣嶁碑，壇山刻石，比干墓字，吳季子墓碑，石鼓文，及清末新出紅厓刻石，錦山摩厓等七種，除石鼓文已攷定爲秦刻石外，餘皆未可信也。

岣嶁碑七十七字，在衡山岣嶁峯，宋歐陽修趙明誠鄭樵，俱未著錄；至明楊愼郎瑛沈鎰楊時喬杜壹，始各有釋文，以爲夏禹王刻，實由韓愈劉長卿之詩而附會也。韓詩云：「岣嶁山尖神禹碑，字青石赤形模奇。」又云：「千搜萬索何處有，森森綠樹猿猱悲。」是但憑道士所言，未嘗目覩。劉詩云：「傳聞祝融峯，上有神禹銘。古石琅玕姿，祕文龍虎形。」曰「傳聞」云者，亦不過憑空想象之詞矣。夫南嶽，道家所稱陽明朱虛洞天也。此碑雲雷詰屈，有似繆篆，亦如符籙，或以爲「五嶽眞形，」庶幾近之。又此碑原石已佚；今所存者，皆後世之摹刻也。

壇山刻石「吉日癸巳」四字，本在贊皇縣壇山上。漢唐以來，未經人道。宋皇祐四年秋，趙州守將廣平宋公訪得之，命縣令劉莊督工鑿取以歸。次年夏，李公中祐權郡守事，恐其圮剝，洒鑱廳事右壁而陷置之，幷爲之記。今在縣學之戟門。歐陽修集古錄引穆天子傳，定爲周穆王刻石。趙明誠金石錄以其字非古文科斗，洒類小篆疑之。竊意趙說是也。今觀其字，頗類李斯陽冰之迹，必非穆王之刻石也，殆亦因穆天子傳而附會之歟？

比干墓字，洪适隸釋云：水經注：殷大夫比干冢前有石，銘題隸云：「殷大夫比干之墓。」所記惟此。今已中折，不知誰所誌也。大觀中，會稽石國佐有此四字，比水經又闕其三。字畫淸勁，乃東漢威靈時人所書。歐趙皆未之見。婁機漢隸字原云：石公弼按卽國佐。跋云：「殷比干墓」四字，在今衞州比干墓上，世傳孔子書。然隸法始于秦，非孔子書必矣。字畫勁古，當是漢人書。觀此，知洪婁已辨之於前，可以破俗說之謬，無俟再贅矣。

吳季子墓碑「烏乎有吳延陵君子之墓」十字，在今江蘇常州江陰縣之申港。其石歲久湮沒，唐開元中，勑殷仲容摹刻之。大歷十四年，潤州刺史蕭定重刻石延陵廟中。宋崇寧元年，朱君彥來守常州，訪得延陵之墓，復摹立是碑於墓，而爲之記。沿及於今，碑又仆碎矣。其書相傳爲孔子之迹；然字體與秦刻石爲近，不類金文。歐陽修集古錄嘗以孔子未嘗到吳疑之，贋固已曉然矣。

紅厓刻石，在貴州古夜郎地，係淸末新出。鄒漢勛作釋文，據張介侯之說，以爲殷高宗伐鬼方紀功之詞；莫友芝又定爲三危禹蹟；土人則但稱爲孔明碑。又朝鮮錦山摩厓古字，亦淸末新出，世以爲箕子遺文，劉喜海海東金石苑所不載。蓋皆穿鑿附會，未可以爲信也。

古今相傳三代石刻，如此而已；然俱不足信，則雖謂三代無石刻可也。

秦

自唐宋以來，有一事爲學者所聚訟者，卽所謂石鼓文是也。「石鼓」之名，流傳日久，然細考其義，實爲不通。按其制與秦之刻石正同，明郭宗昌正其名曰「石碣，」是也。其石，隋以前未見著錄；出土之時，當在唐初。其名初不甚著，自韋應物韓愈作歌以表章之，始大顯於世。其地爲天興縣南二十里許，鄭餘慶遷於鳳翔府孔廟。經五代之亂，又復散失，宋司馬池復輦置府學之門廡下。大觀中，自鳳翔遷於東京（今開封）辟雍，後入保和殿。金入破宋，輦歸燕京（今北平）。今在清故國子監。其字體爲籀文，其文體爲詩。其數凡十，宋司馬池移置時亡其一，皇祐四年向傳師求得之。入汴以後，以金塡其文示不復拓；入燕以後，又剔去其金。經此數厄，文字之殘損者更多，十鼓雖具，而第八鼓已無字矣。至其刻石之時代，唐人皆主宗周，宋任汝弼鄭樵以爲秦刻，金馬定國又以爲宇文周物。今人馬衡參稽羣籍，折衷衆說，定爲「秦刻石，」證據確然，殆無疑義。其拓本，以范氏天一閣藏北宋本爲最古，尙存四百六十二字。淸阮元嘗據天一閣本，重摹於杭州府學，其石現存。然其書神彩全失，僅存形模。其他摹本，更不足論矣。海內石刻，當以此爲鼻祖矣。

三代刻石，於古無徵。其見於史傳之信而有徵者，惟始皇之東巡刻石。史記載：「二十八年，始皇東行郡縣，上鄒嶧山，立石，與魯諸儒生議刻石，頌秦德。議封禪，望祭山川之事。乃遂上泰山，立石。封祠祀。下禪梁父，刻所立石。……於是乃並勃海以東，過黃腄，窮成山，登之罘，立石，頌秦德焉而去。南登琅邪，大樂之，留三月。……復十二歲，作琅邪臺，立

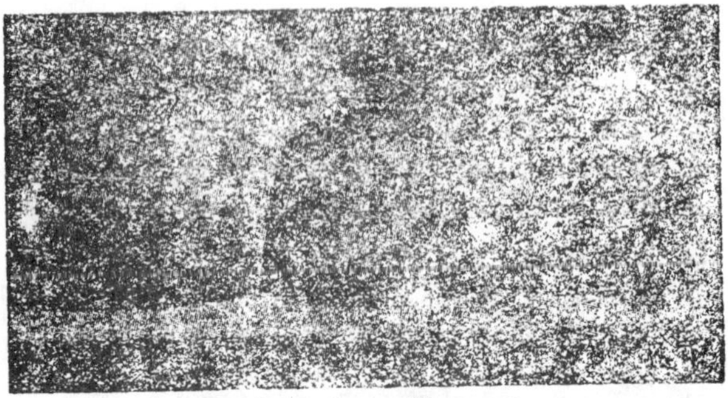

石鼓全形

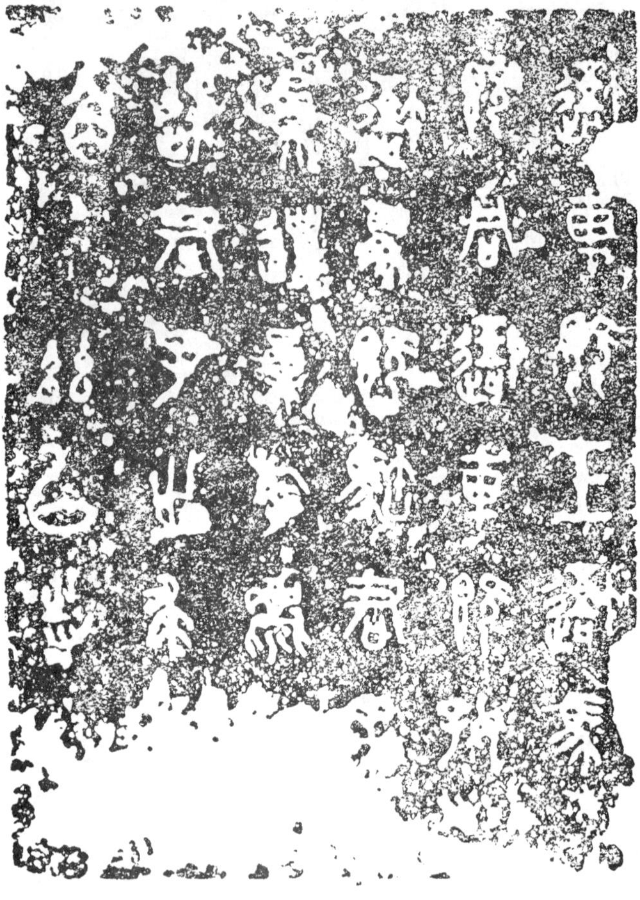

石鼓文

秦瑯邪臺刻石 山東諸城

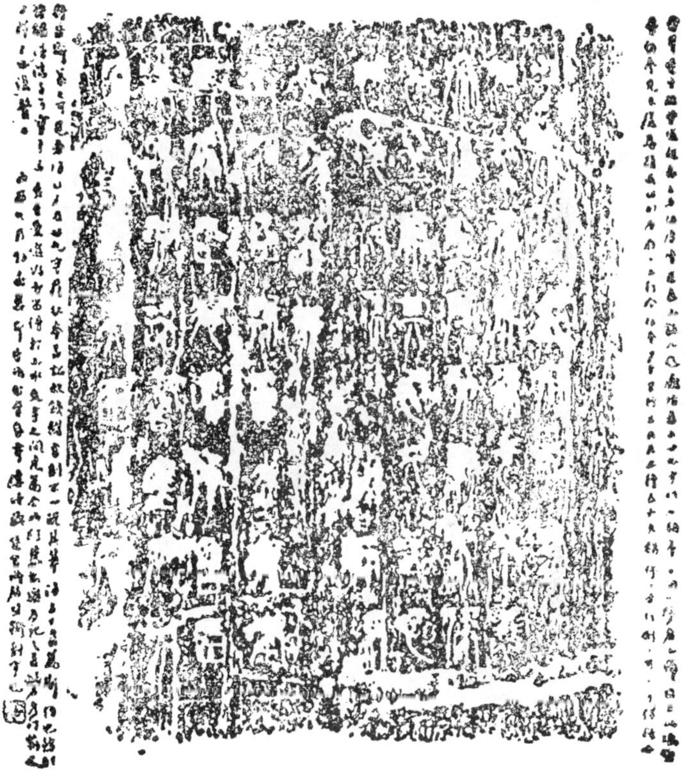

石，頌秦德。……二十九年，始皇東游，……登之罘，刻石。……三十二年，始皇之碣石，……刻碣石門。……三十七年十一月，上會稽，祭大禹，望于南海，而立石刻，頌秦德。……」

秦嶧山刻石（南唐徐鉉摹刻 陝西西安）

按始皇刻石凡六，唯嶧山一刻，不見於史記，餘皆具始皇本紀。其石，則今唯琅邪臺一刻，尚存諸城海神祠內；然亦剝泐殆盡，幾難辨認，所傳拓本，僅十行耳。段松苓精拓本，前後得十二行。泰山二十九字，先在嶽頂玉女池上，後移置碧霞元君廟，乾隆五年毀於火，今殘石僅存十字矣。之罘碣石會稽三刻久亡。嶧山，唐時焚於野火，當時即有摹本，杜詩所謂「棗木傳刻肥失眞」者是也。楊士奇東里續集論嶧山翻本次第，長安第一，紹興第二，浦江鄭氏第三，應天府學第四，青社第五，蜀中第六，鄒縣第七。所謂長安本者，宋鄭文寶得徐鉉摹本重刊，今尚在西安府學；以泰山琅邪眞秦篆相較，不僅優孟衣冠之誚。東里所推爲第一本者已如此；其餘六本，自鄶可知。泰山刻石，宋莒公所得本，僅四十七字，刻於東平郡。江鄰幾守奉符，又刻於縣廨。汶陽劉跂，嘗親至泰山絕頂，刮摩垢蝕，所拓之本，最爲完善，可讀者凡百四十有六字，作秦篆譜。會稽刻石，有元申徒駉摹本。之罘殘石十四字，見於汝帖，即歐陽公集古錄所謂秦篆遺文者，然又少七字矣。琅邪臺刻石，宋熙寧中，廬江文勛，別刻於超然臺，今亦不存。

其餘見於史記，則二世亦嘗巡狩刻石。史記云：「春，二世東行郡縣，李斯從。到碣石並南海，至會稽，而盡刻始皇所立刻石，石旁著大臣從者名，以章先帝成功盛德焉。皇帝曰；『金石刻，盡始皇所爲也。今襲號，而金石刻辭不稱始皇帝，其於久遠也。如後嗣爲之者，不稱成功盛德。』丞相臣斯，臣去疾，御史大夫臣德昧死言：臣請具刻詔書刻石，因明白矣。臣味死請，制曰可。」按史記稱二世到碣石並海會稽，盡刻始皇所立刻石；李斯等請具刻詔書刻石。今所傳嶧山摹本，「皇帝曰」以下，即二世之詔也。且疑始皇所立石，或有未盡刻者，至二世而始刻也。史記之文，曰「議刻石，」曰「刻所立石，」曰「刻石，」曰「立石刻，」或但曰「立石，頌秦德」而不言「刻，」似有區別。竊意其不言「刻」者，皆始皇所未刻，至二世而始刻也。嶧山之文，獨不見於史記，或爲二世刻乎。

秦泰山刻石　（山東泰安）

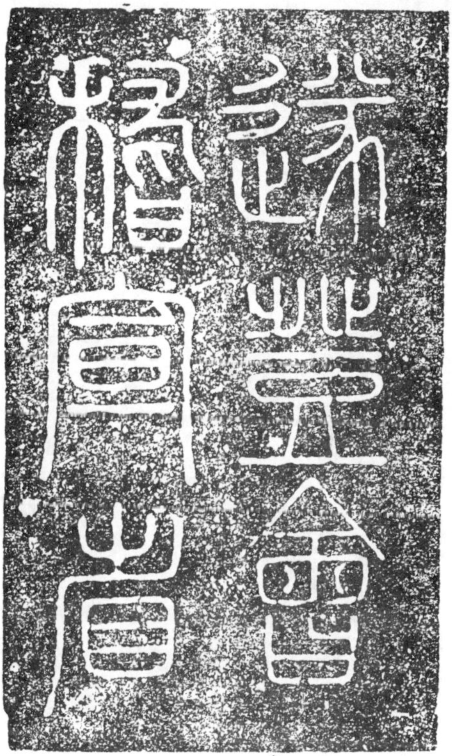

秦會稽刻石（元申屠駉摹近時刻　浙江會稽）

秦輿天無極瓦

前漢

歐陽修集古錄石刻，無西漢文字。謂「至後漢以後，始有碑文；欲求前漢時碑碣，卒不可得。」是則冢墓碑，自後漢以來始有也。趙明誠金石錄僅收建元二年鄭三益闕一刻，可知其尠

漢五鳳二年刻石（山東曲阜）

矣。然劉聰苻堅，皆以建元紀年，未必爲漢石也。魯孝王五鳳石刻，金明昌二年，得於太子釣魚池側，今尙存曲阜孔廟。此外趙二十二年羣臣上壽刻石，出永年。河平三年，麃孝禹刻石，出肥城。元鳳中，廣陵王中殿題字，出甘泉。皆歐趙所未見也。又建平五年郫縣石刻，出蜀中，陶宗儀古刻叢鈔云：「建平止四年，明年書元壽，而不載改年，豈詔未至蜀耶？如孝獻初平止四年，文翁柱記亦書五年之類。其後僭叛號建平者凡八，如石勒，慕容瑤，慕容德，慕容盛，劉義宣，魯爽賊，白馬桑斯賊，王愉，皆不在蜀。西京末，郭唐爲信都五官掾。按石刻有「五官掾」字。故知爲西漢

新莽萊子侯刻石（始建國天鳳三年二月　山東鄒縣）

石刻無疑。」以較趙氏之收建元一闕，不更可信乎！至居攝墳壇二刻，一、上谷府卿墳壇，居攝二年造；一、祝其卿墳壇，居攝二年二月造。本在孔林，雍正十年，移置聖廟。及天鳳三年萊子侯刻石，在鄒縣南臥虎山下，清嘉慶間新出，移置孟廟。則已在王莽篡漢後矣。

後漢

上言冢墓之碑，始於後漢；其時門生故吏，爲其府主，刻石頌德，偏於郡邑，風氣極盛。後魏酈道元注水經，引漢碑凡百。然至宋歐趙諸錄，以校道元所引，十存四五而已。至清王氏萃編，孫氏訪碑錄，以校歐趙之錄，及洪氏隸釋隸

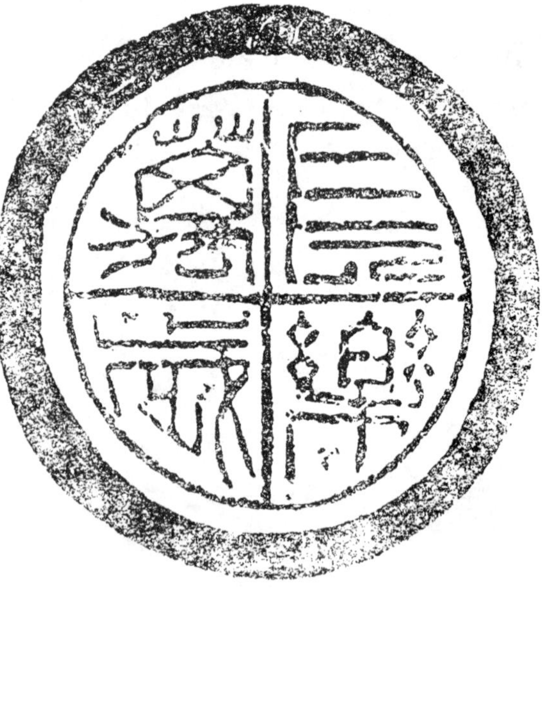

漢長樂萬歲瓦

續，十僅存二三而已。古刻淪胥，良可慨惜。惟荒厓峭壁，游履摩挲，梵刹幽宮，耕犂發掘，往往爲前賢所未見。近代翁方綱之兩漢金石記，王懿榮之漢石存目，王琛之漢隸今存錄，皆有裨於搜討，好古者可按圖以索焉。

綜計兩漢碑版，自道元以來，見於諸家著錄，或存或亡，或殘泐，約計三百餘品。詳見朱傑勤秦漢美術史。其書錄前漢六品，（實止五品，其鄐縣碑及范功平碑實爲一品重出。）後漢一百六十品，不注年代者一百四

漢長生無極瓦

十品，誤載二品，共三百〇八品。所謂誤載者，中和爲唐僖宗年號，永肅則歷代無之。應削去二品。又天漢誤作「大漢。」並誤「三百餘品」爲「一百七十餘品。」其他重出譌誤，定必不免。其未詳年代不計外；屬於後漢者：建武二品，永平五品，建初一品，元和一品，章和一品，永元三品，安帝時及元初三品，永寧一品，永建四品，永和一品，漢安二品，永嘉一品，建和七品，和平七品，元嘉八品，永興二品，永壽九品，延熹二十五品，永康一品，建寧三十品，熹

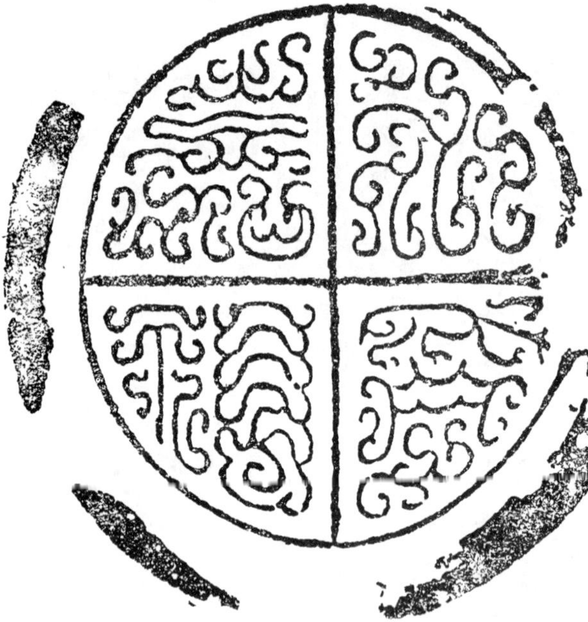

漢永受嘉福瓦

漢建初磚文

漢黃龍元年磚文

平十五品，光和二十二品，中平九品，初平二品，建安四品，共百六十品。觀此可知後漢之初，立碑之風猶未盛行；至桓靈以後始極其盛也。

漢祀三公山碑　（元初四年　河北）

漢司隸校尉楊孟文石門頌（建和二年十一月　陝西褒城）

至於撰書之人，古碑皆不題署，或曰造此碑而已。今可考者，惟郭有道碑爲蔡邕文；熹平石經爲蔡邕書，但亦非出一手。西嶽華山碑，都穆據徐浩古跡記定爲蔡邕書；夏承碑末，有眞書一行云：「蔡邕伯喈書，」此後人據汝帖所增，不足據也。歐陽棐集古錄目又以華山碑爲郭香察書，按碑云：「郭香察書」者，察涖他人之書爾，其說非是，見洪适隸釋。漢碑之確有撰

漢魯相乙瑛置孔廟百石卒史碑 （永興元年六月 山東曲阜）

漢魯相韓勑造孔廟禮器碑（永壽二年　山東曲阜）

漢泰山都尉孔宙碑（延熹七年七月　山東曲阜）

漢西嶽華山廟碑（延熹八年四月　原石佚）

漢魯相史晨奏祀孔子廟碑（建寧二年三月　山東曲阜）

漢淳于長夏承碑　建寧三年六月（明嘉靖四年摹本　河北永年）

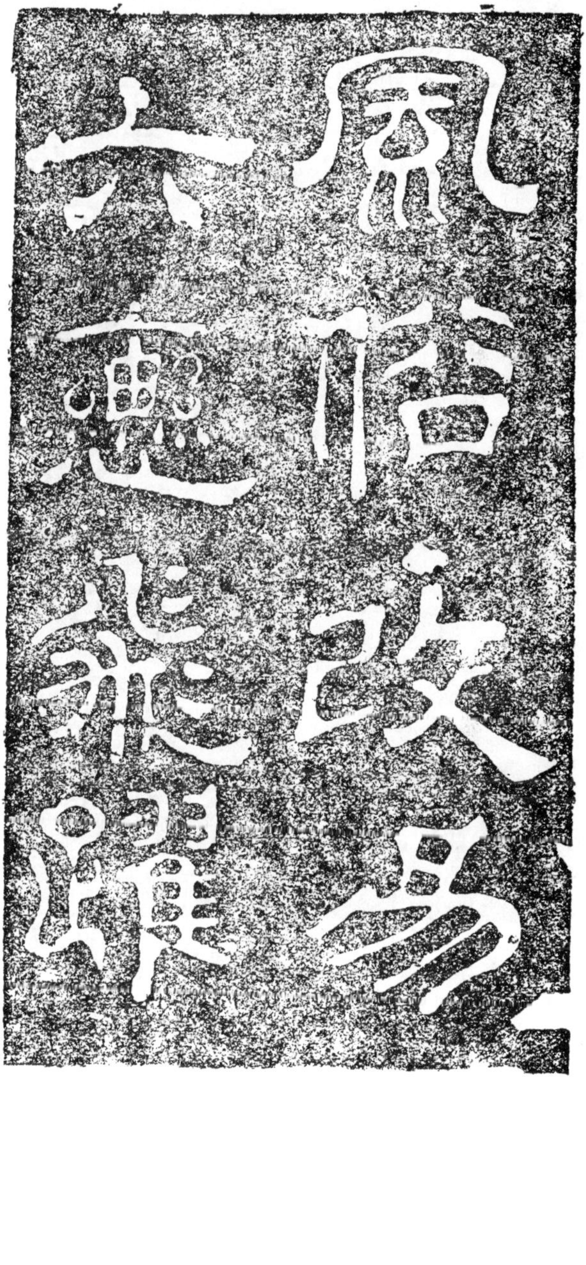

漢武都太守李翕西狹頌（建寧四年六月摩厓　甘肅成縣）

書人者，惟敦煌長史武班碑爲紀伯允書；歐陽棐以爲嚴祺字伯晉書，亦誤。李翕西狹頌爲仇靖書；析里橋郙閣頌爲仇靖文，仇紼書；撰書並列，只此一碑。費鳳碑爲石勛撰；老子銘爲邊韶撰；皆具刻於石。寥寥數品，餘皆未詳。蓋古人質樸，初不欲以撰書之名，附碑而傳；其皇皇題署，一若非此不足示重者，猶自唐以後始也。

若論漢碑書跡，則前漢諸刻如五鳳一石，實爲古隸眞象，與建平郙縣石刻，天鳳萊子侯刻石，皆與後漢之有波磔者不同，蓋由小篆以趨八分之過渡也。惟其書大抵出於石工，實不足觀，與北朝造象同一拙劣，不能以其古而阿之也。至後漢碑版，姑就今所存者論之，其風神遒勁，迥非五鳳諸刻可與比儗。其文其書，要皆出於才藝優美之士，非尋常石工所爲，可斷言也。大概質樸勁直，無如張遷；平正謹嚴，無如乙瑛；瘦硬通神，無如禮器；雄姿駿發，無如孔宙；秀美娟好，無如曹全；奇古英爽，無如夏承；……各有一體，爭妍競秀，雖鼎彝之銘，非才藝優美者不敢與於其選，要未嘗知以書迹爲重；兩漢以後，始稱述之。如熹平石經初立，四方承學之士，其來摹寫觀賞者，至於塡巷塞塗，可以知其所重矣。

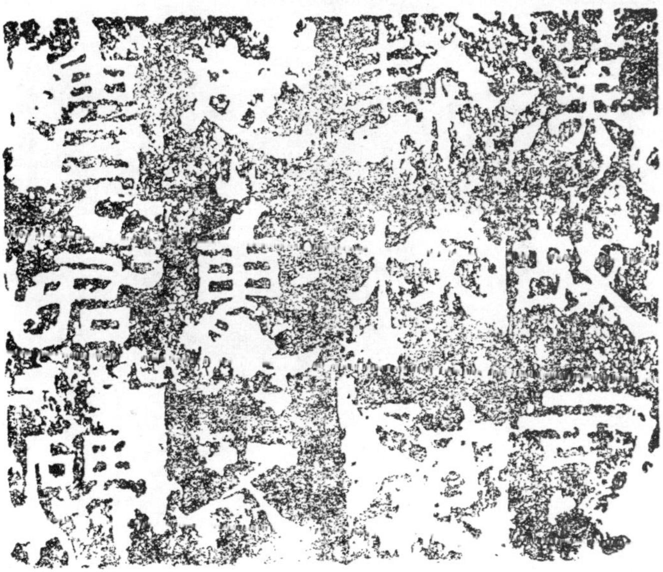

漢故司隸校尉魯峻碑（熹平二年四月　山東濟寧）

漢熹平石經（熹平四年三月　石佚）

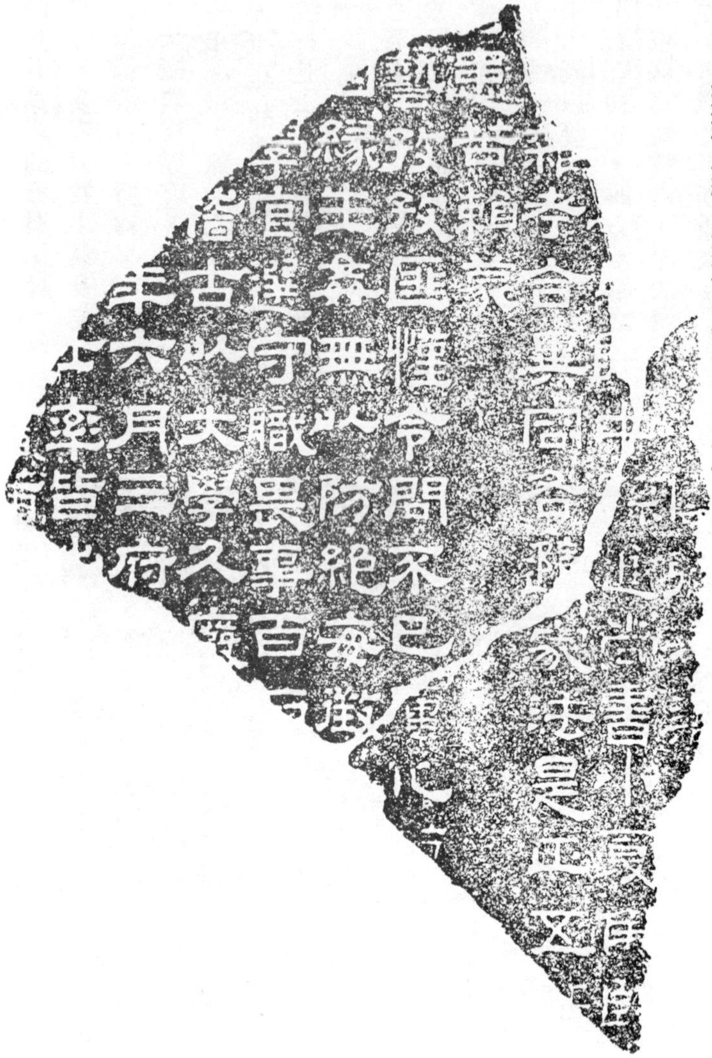

漢聞憙長韓仁銘（憙平四年十一月 河南滎陽）

漢郃陽令曹全碑（中平二年十月　陝西郃陽）

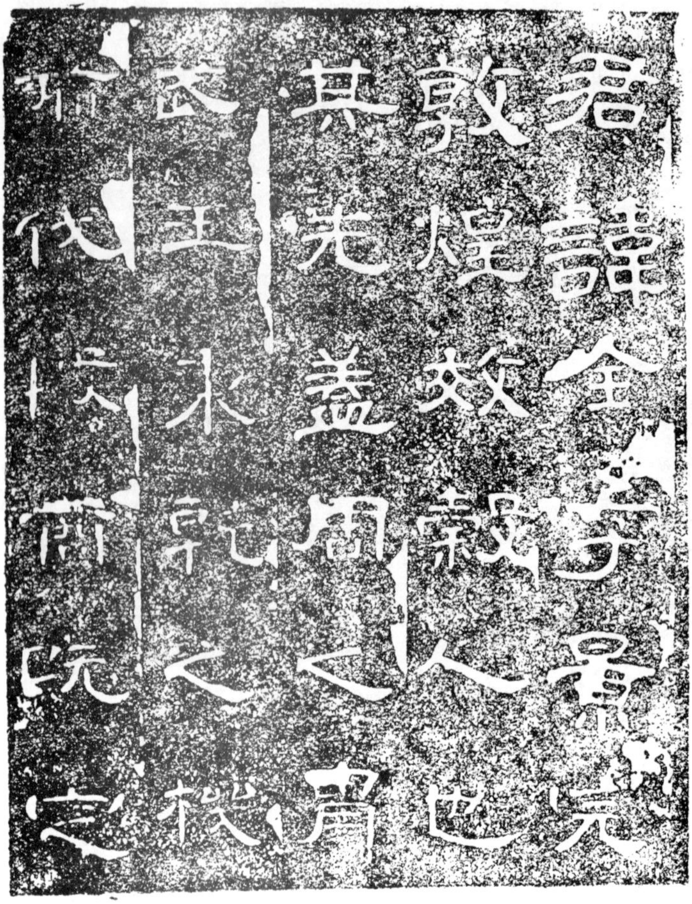

漢湯陰令張遷表頌（中平三年二月　山東東平）

三國

三國：魏碑有公卿將軍上尊號奏，黃初元年，河南臨潁。受禪表，黃初元年，河南臨潁。魏封宗聖侯孔羨，亦作魏脩孔子廟碑。黃初元年，山東曲阜。膠東令王君廟門，黃初五年，山東濟寧。大將軍曹眞，

魏修孔子廟碑　（黃初元年）

魏三體石經（河南開封　無年月）

大興徐松考定爲太和間，陝西長安。廬江太守范式，青龍三年，山東濟寧。東武侯王基，景元二年，河南洛陽。盪寇將軍李苞開閣道，亦作魏太和景元石門摩厓。景元四年，陝西褒城。及新出三體石經殘石河南開封。而九。尊號，受禪，相傳爲梁鵠書，顏魯公及洪氏隸釋，以爲鍾繇筆。按勸進諸臣中，有「臣

縣」名，則以為鍾書者近之。孔羨碑，隸釋云：「宋嘉祐中，郡守張稚圭據圖經題曰：「魏陳

魏曹真殘碑（大興孫松考定為太和間 陝西長安）

魏東武侯王基斷碑（景元二年四月　河南洛陽）

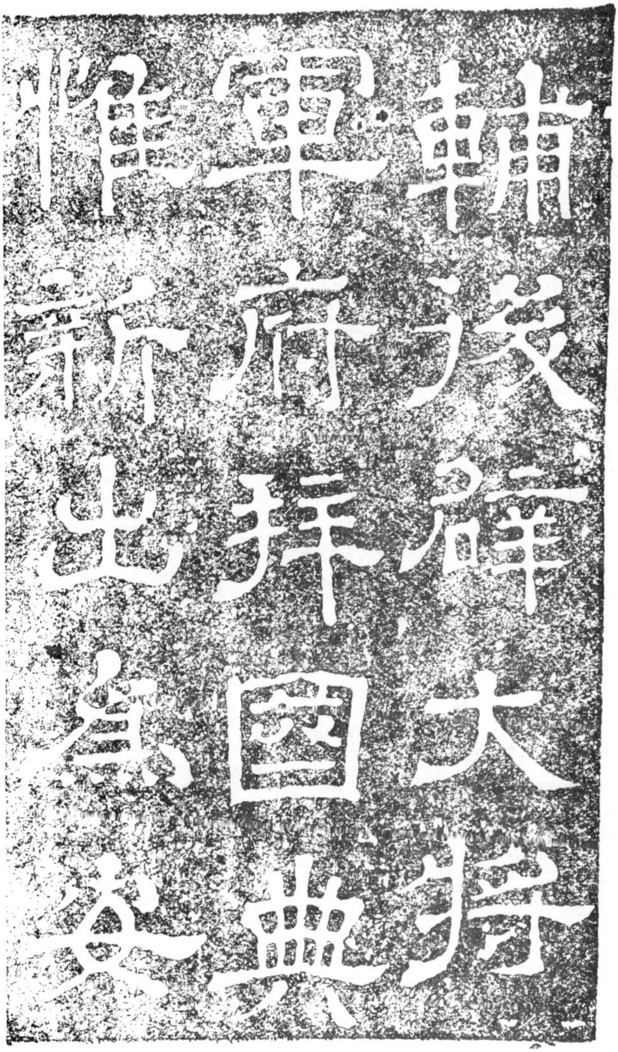

思王曹植詞，梁鵠書。』三體石經，近世或以爲邯鄲淳書，蓋亦想當然耳。

吳天發神讖碑，或作吳天璽紀功碑，天璽元年，江蘇江寧。其石已亡；東觀餘論云：「相傳爲皇象

吳九眞太守谷朗碑（鳳凰元年四月　湖南耒陽）

書。」其書若篆若隸，字勢雄偉，別具一體，自來論書者多重之，以次於石鼓秦碑之後云。衡陽太守葛祚碑，（江蘇句容）。僅存碑額。禹陵窆石題字（浙江會稽）。孫氏訪碑錄據太平寰宇記定爲孫皓時刻。此外惟九眞太守谷朗碑（鳳皇元年湖南耒陽）。及禪國山碑（天璽元年，江蘇宜興）。爲尙完好可信耳。

蜀無片石。侍中楊公闕，始見於金石圖，錢大昕定爲褚峻僞作。

吳天發神讖碑（天璽元年八月　江蘇江寧）

吳衡陽太守葛府君碑額（無年月　江蘇句容）

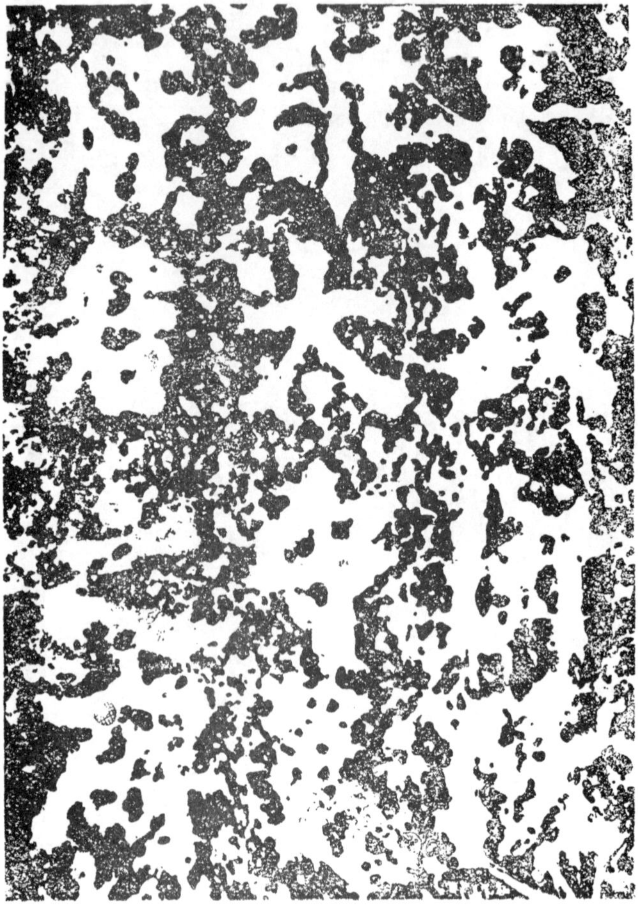

近出之章武石琴題字，更依託不足信。吳蕭二將祠堂記亦僞。然蜀石不獨今無一存，即歐趙洪三家，亦未聞著錄。惟輿地碑目有涪陵太守龐肱闕，肱，統子。忠州有嚴顏碑，南平軍有姜維碑，不著年月，未詳其爲蜀刻否。蓋蜀之君臣，倉皇戎馬，不遑文事，於此可見，是亦攷古者之憾已。

晉

宋書禮志：建安十年，魏武帝以天下彫敝，禁立碑。高貴鄉公甘露二年，大將軍參軍王倫卒，倫兄俊述其遺美云：「祇畏王典，不得爲銘，」此則碑禁尚嚴也。晉武帝咸寧四年，又詔曰：「碑表私美，興長虛僞，莫大於此，一禁斷之！」義熙中，尚書祠部郎中裴松之，又議禁斷。觀此，則魏晉兩朝，屢申立碑之禁。然大臣長吏，人皆私立。晉書孫綽傳：「於時文士，綽爲其冠。溫王郗庾諸公之薨，必須綽爲碑文，然後刊石。」可見當時法綱雖嚴，未嘗禁絕，是以趙氏金石錄所收晉碑，自鄭烈彭祈以下，逾二十種，但皆澌滅。今僅有存者，惟任城太守羊口夫人孫氏碑，泰始六年，山東新泰。明威將軍郛休碑泰始二年，山東掖縣。太公呂望表，太康十年，河南汲縣。擬威將軍建寧太守爨寶子碑，太亨四年，雲南南寧。按太亨無四年，詳碑側鄧爾恒跋。及新出土大王碑，無年月，遼寧輯安。此外惟石室題名，孝堂山石室有其迪題名，侯泰明題名，泰山高全明題名。及[illegible]門之闕，蜀中書賈公闕，巴郡騎都尉楊君闕，安邱長城陽王君神道，驃騎將軍韓府君神道。隧道之碣潘宗伯等造橋碑。而已。至於墓誌之作，世或據劉韜無年月，河南偃師。房宣太康二年，山東。兩石，謂始於晉。

晉任城太守夫人孫氏碑（泰始六年十二月　山東新泰）

晉振威將軍建寧太守爨寶子碑（太亨四年四月　雲南南寧）

然兩石僅書歷官諱字，年月世系，非如唐人之鋪敘功德，文詞詳贍，則雖謂晉尙無墓誌可也。

好大王碑（無年月　遼寧輯安）

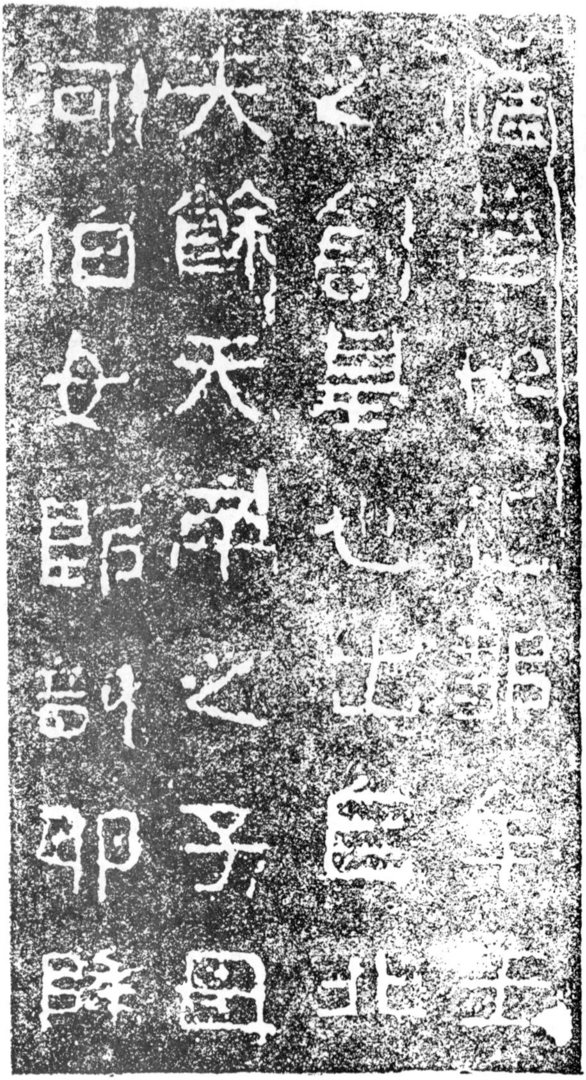

東晉僭號諸國

永嘉以後五胡之亂，晉室遂東。其在北國，則燕慕容儁元璽二年，有主簿程烑家題名，在漢白石神君碑陰。前秦苻氏，亦有數刻：廣武將軍□產碑，（建元二年立。）出於陝西宜城；鄧太尉祠碑（建元三年立。）出於陝西蒲城。後秦姚氏有呂憲墓表。（弘始四年立。）北涼沮渠氏有沮渠安周造象碑。（無年月，今藏柏林博物館。）皆近年新出也。趙氏金石錄收漢劉聰嘉平五年司徒公劉雄碑，劉曜光初五年佛圖澄造象碑，及後趙石虎建武六年橫山神李君碑，西門豹祠殿基記，今並佚。

南朝

阮元謂南書長於簡札，北書長於碑榜，是已。然南朝非無碑版文字，昭明文選即有王儉王融沈約碑文三首。庾徐兩集，鉅製如林。庾信猶入周後作，若徐陵所撰諸碑，皆在江左。嚴觀江寧金石待訪目采摭佚刻，得於張敦頤六朝事跡及輿地碑目，寶刻類編者，尚裒然成帙；但閱歲綿遠，銷沈烏有。今存宋龍驤將軍護鎮蠻校尉寧州刺史爨龍顏碑，（爨道慶文，大明二年，雲南陸涼。）及梁始興忠武王蕭憺墓碑，（徐勉撰，貝義淵書。無年月，江蘇上元。）以及神道諸闕，（吳平忠侯蕭景神道闕，（上元）侍中大將軍臨川靖惠王蕭宏神道二闕，（上元）太祖神道左右二闕，（丹陽）侍中中軍將軍南康簡王神道東西二闕，（句容）侍中左衛將軍建安敏侯神道東西二闕，（上元）侍中仁威將軍新渝寬侯神道闕。（上元））其筆勢即不異北朝諸碑。此外宋有建威將軍齊北海二郡太守劉懷民墓誌，（大明八年，清末端方陶齋藏石。）則或以爲僞。梁有焦山瘞鶴銘殘石，相傳爲華陽眞逸陶宏景撰書，論者推爲南朝第一，謂如天際眞人，蟬蛻塵滓，書中之仙也。上清眞人許長史舊館壇碑，（天監十五年。）亦陶宏景撰書；程虔墓志，（太清三年，湖北襄陽。）與陶書相似。齊陳更稀如星鳳，歐陽修所錄齊宗慤母，陳張慧湛兩誌，皆不可

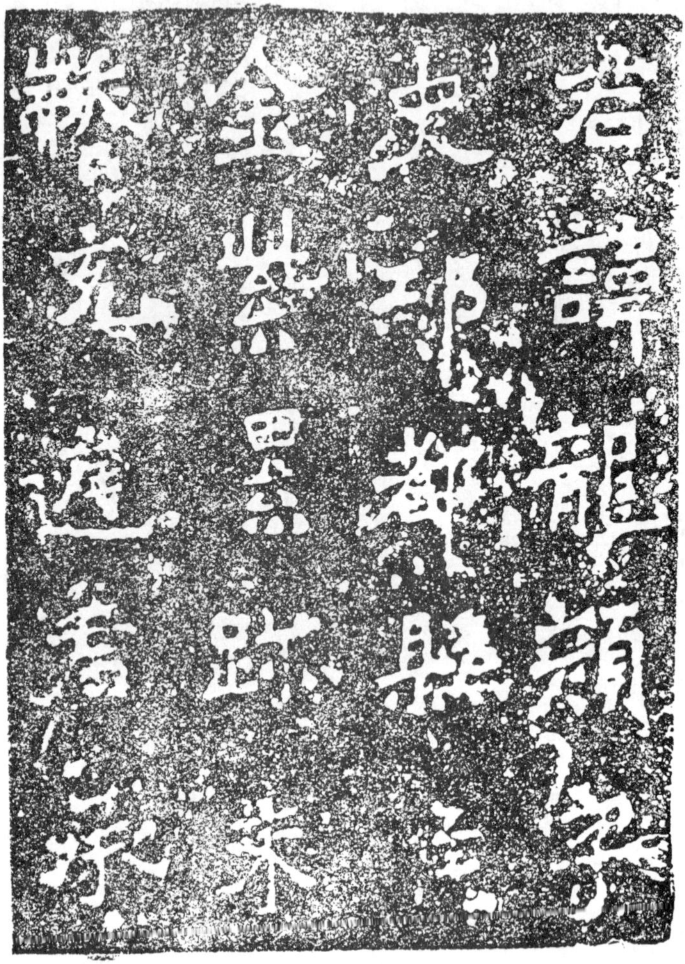

宋龍驤將軍寧州刺史爨龍顏碑（大明二年九月　雲南陸涼）

梁程虔墓誌（太清二年　湖北襄陽）

得見。今浙江會稽出吳郡造維衛尊佛記，齊永明六年刻；新羅眞興王定界碑，在朝鮮咸興道中嶺鎮廨，題戊子秋八月，當陳光大二年，中土則竟無孑遺。錢大昕云：「相傳明祖營治都城，盡輦碑石爲街道，」殆爲所毀無疑，斯亦石刻之一劫已！

北朝

南朝碑禁甚嚴，尙多私立。況崔盧世族，雅善屬文；衛索遺風，兼精分隸。蕭雲上表，不以晉令爲嫌；阮略樹碑，無待齊民之請。宜其照耀四裔矣。阮元謂「宋潭、絳、閣帖，刻石盛行；而中原碑碣，任其蘚蝕。」然正惟世所罕見，故椎拓者少。縣官亦無供億之苦，不至曳倒而椎碎之。此所以西北諸省，魏齊周之碑，往往至今存焉。釋氏之教，雖東漢即入震旦；精藍

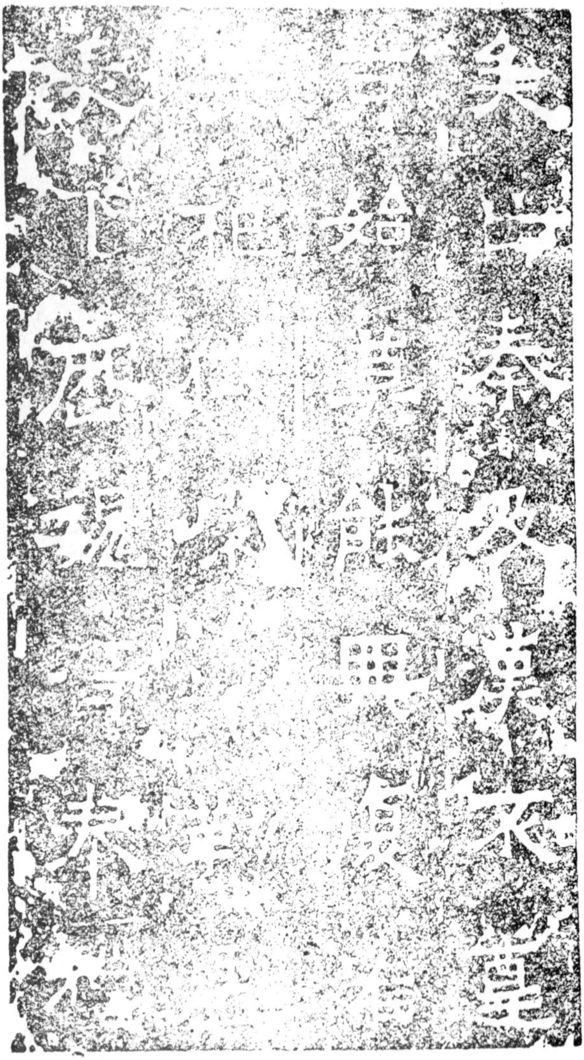

北魏大代華岳廟碑（太延五年五月 河南洛陽）

北魏洛州刺史始平公造象記（孟達撰朱義章書　太和十二年九月　河南洛陽）

象設，六朝始盛。寇謙之嵩高靈廟碑北魏太安二年，河南登封。爲道流立碑之始。嵩顯寺北魏永平二年，河南登封。嵩陽寺東魏天平二年，河南登封。諸碑，爲梵刹立碑之始。他如造象，刻經，浮圖由三級而七級而九級，幢柱由四面而六面而八面，踵事增華，莫不始於是時。其風尙之盛，實有過於東漢桓靈之際也。

今就諸家著錄而統計之，凡碑碣，墓誌，塔銘，造象，浮圖，幢柱，以至刻經，題名，題

北魏兗州刺史鄭羲碑（永平四年　山東掖縣）

北魏處士元顯儁墓志銘（延昌二年　河南洛陽）

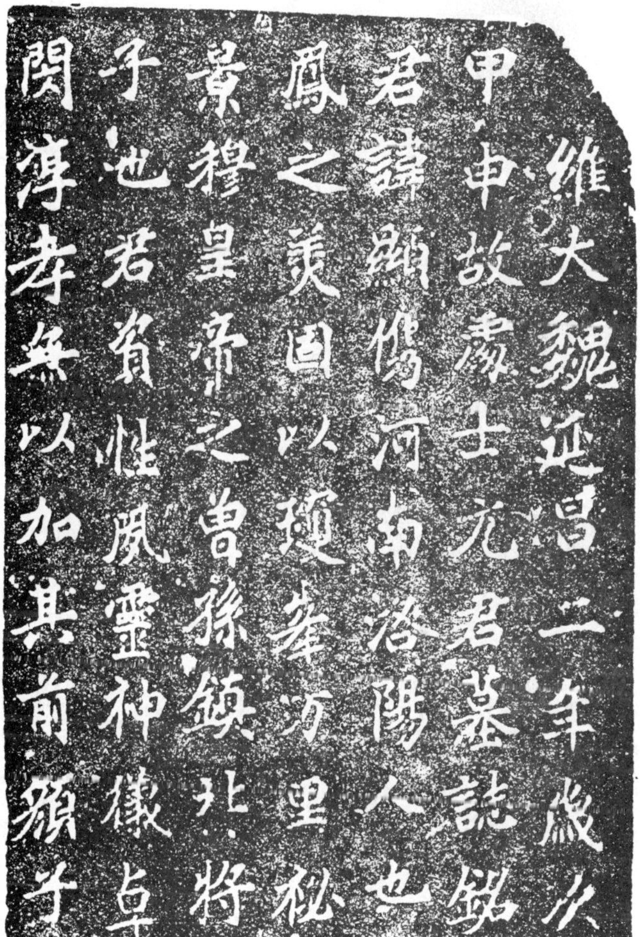

字，題詩，自北魏以訖北周，無慮數千；而霾沒未出，不爲人世所見者，尚不知有幾多也！然其撰書人名，亦寥寥可考。自寇謙之外；大代華嶽廟碑，太延五年，河南洛陽。爲趙文淵書；孫秋生等二百人造象記，太和七年，河南洛陽。爲孟廣達撰，蕭顯慶書；洛州刺史始平公造象記太和十二年，河南洛陽。爲孟達撰，朱義章書；石門銘，永平二年，陝西褒城。爲王遠撰。鄭道昭撰書較多，

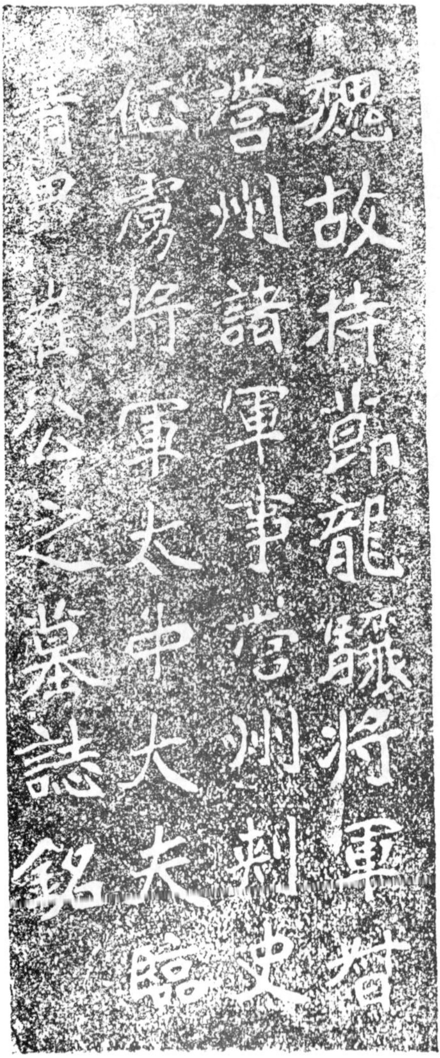

北魏龍驤將軍臨青男崔敬邕墓志銘（熙平二年十一月　石佚）

北魏魯郡太守張猛龍碑（正光三年正月　山東曲阜）

如兗州刺史鄭義碑，永平四年，山東掖縣。論經書詩，永平四年，山東掖縣。登雲峯山觀海詩，無年月，掖縣。雲峯山題字九種，無年月，掖縣。大基山詩，無年月，掖縣。大基山銘告，無年月，掖縣。白駒谷題

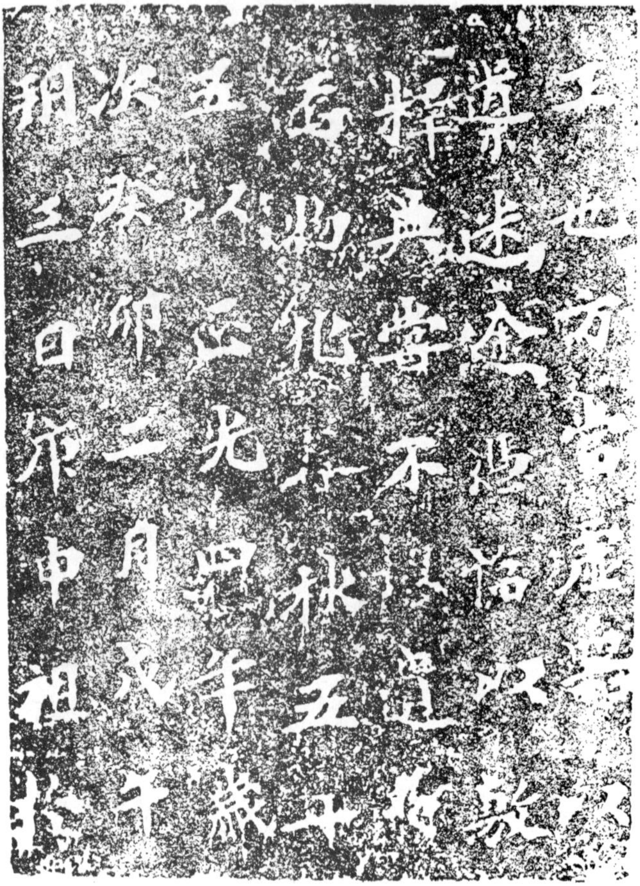

北魏馬鳴寺根法師碑（正光四年二月　河南洛陽）

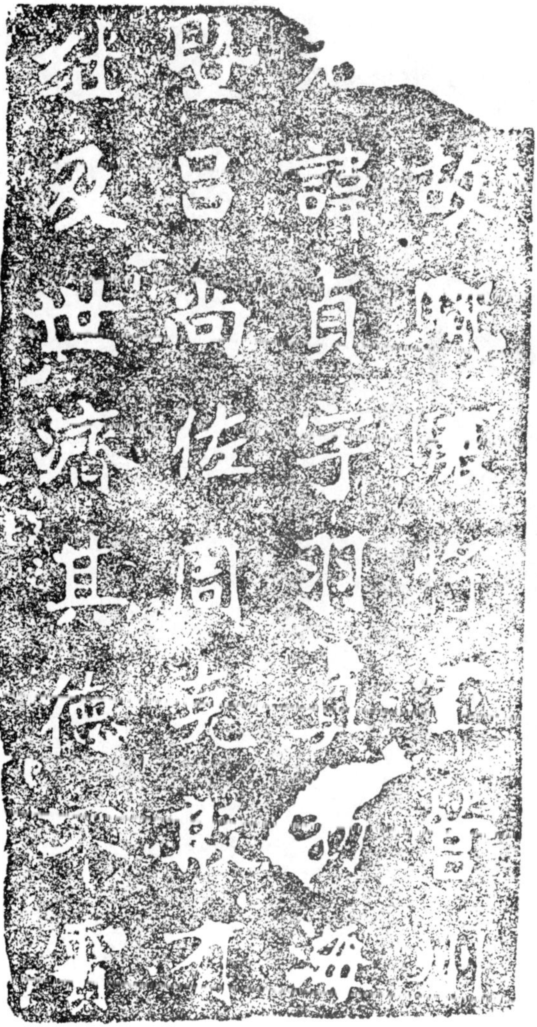

北魏龍驤將軍懿侯高貞碑（正光四年十一月　山東德州）

名，無年月，山東益都。皆出其筆。論者以為筆力矯健，全以神運，不獨北朝宜居首選，自有真書以來，一人而已。然蕭顯慶朱義章書兩造象記，及魯郡太守張猛龍碑，正光三年，山東曲阜。其方

北魏樂陵王元彥墓志銘

魏故持節督幽豫二州諸軍事
將軍豫州刺史樂陵王元
君墓誌銘
君諱彥字景略河南洛陽都鄉
光穆里人也
恭宗景穆皇帝之曾孫侍中樂
陵之孫鎮北將軍樂陵王之
世子襲封樂陵王王

東魏齊州刺史高湛墓志銘（元象二年十月　山東德州）

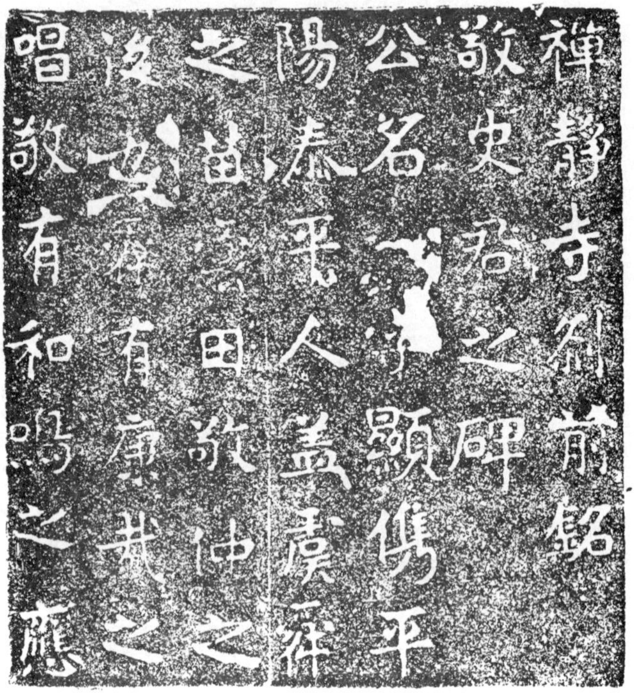

東魏敬使君碑（興和二年　河南洛陽）

東魏李仲琁修孔子廟碑（興和三年十二月　山東東阿）

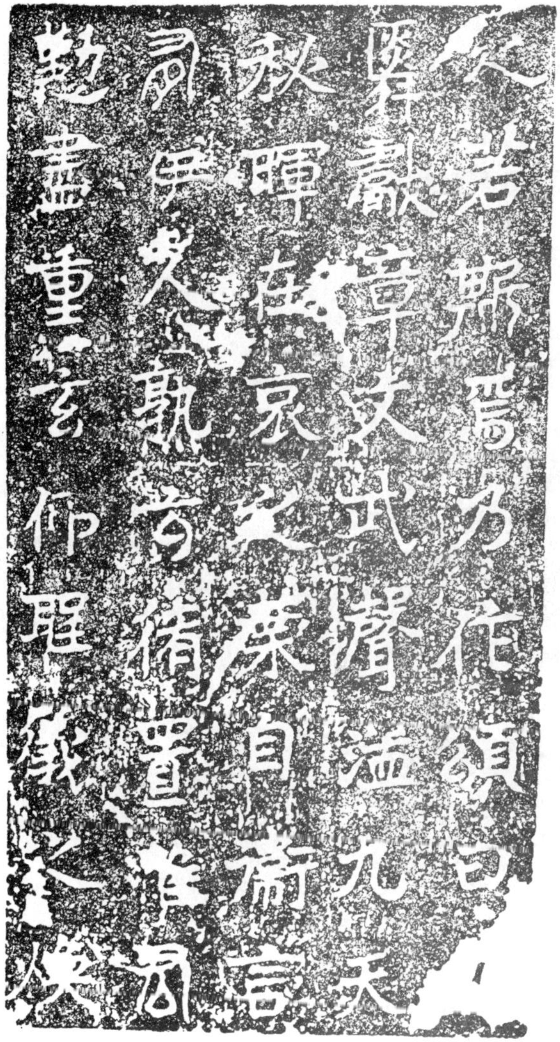

勁實勝於圓渾。而雒州刺史刁遵墓誌，熙平二年，河北南皮。龍驤將軍臨清男崔敬邕墓誌，熙平二年，河北安平。遒麗溫雅，亦無多讓，惜皆未詳其撰書之人耳。此北魏之刻也。其在北齊：鄭述祖有撰書重登雲峯山記，河清三年，山東掖縣。天柱山銘，天統元年，山東平度。及雲居觀題字。天統元年，掖縣。隴東王感孝頌，武平元年，山東肥城。爲申嗣邕撰，梁恭之書。朱岱林墓志，武平二年，山東壽光。子敬脩撰序，姪敬範撰銘。北周：華岳頌，天和二年，陝西華陰。爲万紐于撰，周文淵書。

北齊清河王高岳造西門豹祠堂碑（天保五年　河南安陽）

北齊隴東王感孝頌（申嗣邕撰梁恭之書 武平元年正月 山東肥城）

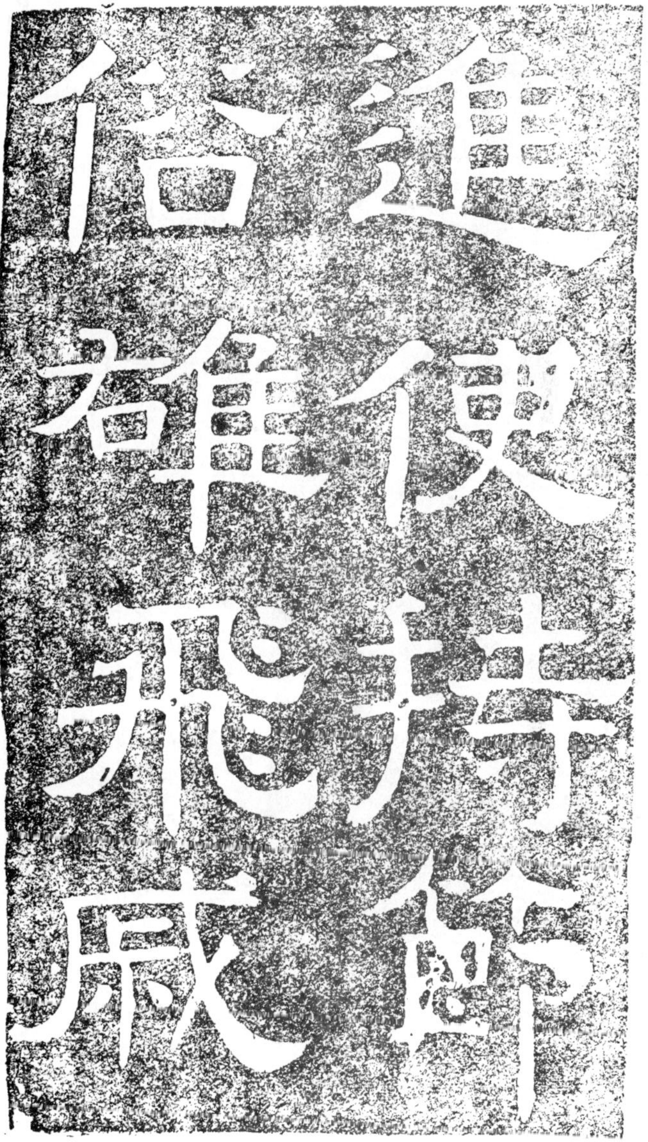

（51）

小鐵山刻經頌，大象元年，山東鄒縣。爲匡喆撰書。小鐵山摩厓佛經銘，仝上。爲□咸韜書。此外皆未詳也。

按書學自北宋以來，惟重晉唐，未有言及北朝者。自清安吳包世臣作歷下筆譚，而世始知有道昭其人。風會所趨，直至清末南海康有爲更推衍其說，而風益熾。於是北朝碑版，家喻戶

北齊泰山金剛經（無年月　山東泰安　摩厓）

北齊水牛山文殊般若經碑（無年月　山東寧陽）

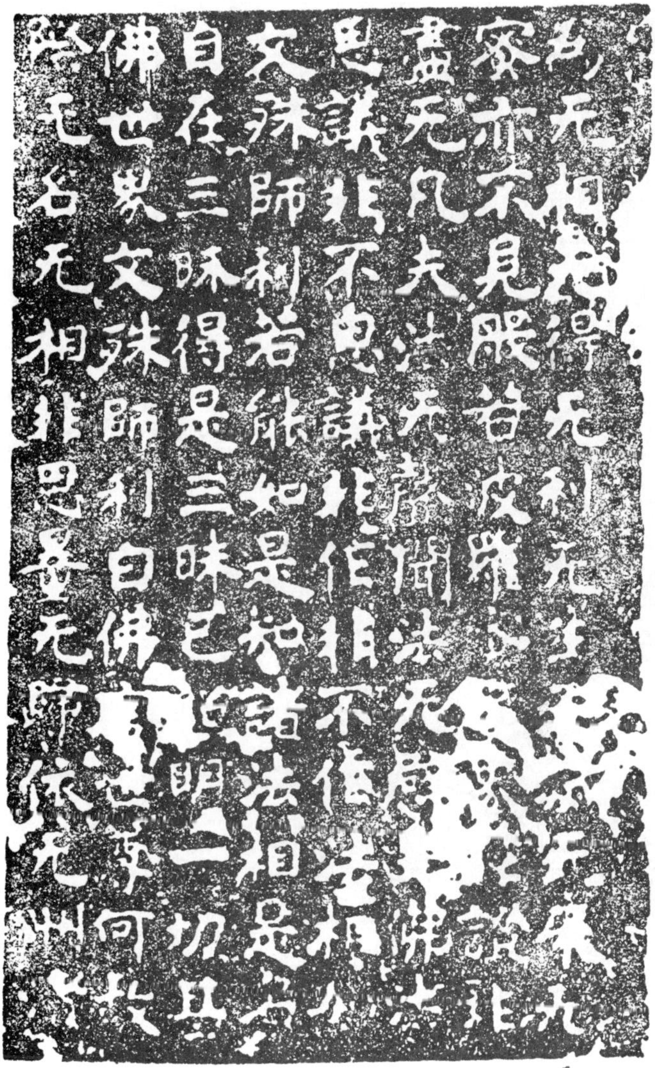

曉，幾莫不入手一編，實則未免矯枉過正耳。北碑佳品固多；然大抵出於石工之手，別字連篇，結體獰惡，未必盡如包安吳之所許也。

隋

隋碑上承六代，下啓三唐，由小篆八分，趨於隸楷，至是而巧力兼至，神明變化，而不離

隋龍藏寺碑　張公禮撰（開皇六年十二月　河北正定）

隋美人董氏墓志銘（開皇十七年十月　陝西長安）

於規矩。蓋承險怪之後，漸入坦夷；而在整齊之中，仍饒渾古。古法未亡，精華已泄。唐：歐虞褚薛徐李顏柳諸家精詣，無不有之，此誠古今書學一大關鍵也。尤可異者，前人謂北書方嚴遒勁，南書疏放妍妙，囿於風氣，未可強合；至隋則渾一區宇，天下同文，並無南北之限。乃審其字體，上而廟堂之制作，下而閭巷之鐫題，其石具在，未有如世所傳法帖者。豈平陳之後，江左書派，亦與國步俱遷乎？以此愈可知宋時閣帖，轉展響搨，鍾王郗謝，半由虛造。而阮文達南北兩派之說，猶不免調停之見；翁覃溪論唐初歐褚諸家，一歸之於山陰法乳，更爲町畦未化已。

龍門佛象一千餘龕，而隋刻寥寥無幾。開皇裴悲明，大業李子斌，梁□仁，僅三刻。燕秦晉趙亦無。蓮臺百億，涌現於層厓峭壁間，惟歷城之千佛山，益都之雲門玉函兩山，巖洞纍纍，皆隋刻也。其次則沂州琅邪書院，亦多隋人造象碑。蓋開皇大業之間，惟齊魯濱海之地，此風爲盛行耳。

隋洪州總管安平公蘇孝慈墓志銘（仁壽三年三月　山西蒲城）

究金石之學者，自六朝以下，惟重書迹。蓋其事其文，除足示釋教之盛行，願力之宏大，此外有裨於考訂者少。降至唐代，更以時主崇文，雅好八法；書體演變，至是而極。當時所重，固在此而不在彼也。其時造象刻經，一如前代，三百年間，不減千數。語石謂：「世競稱魏造象；不知唐刻之精，不可思議，皆棋子方格，小眞書，有似歐者，有似褚者，永徽以後，長安以前，多似薛少保。香山洞涅槃經，卽相傳爲少保筆，其秀逸不減靈飛，而遒整過之。」又謂：「唐人喜刻陁羅尼經。其餘金剛經，心經，觀音普門品經，亦尚有刻本，惟未聞刻四大部經者。」（般若，華嚴，蓮華，法華。）此則不如前人耳。

至於立碑之盛，過於後漢。其所撰書，皆出名筆，眞行篆隸，各極其致。大抵以眞書爲最多，隸書次之，行又次之，篆爲最少，草書書碑則絕無也。眞書，在唐初，虞世南褚遂良爲一派，書多柔婉；歐陽詢及其子通爲一派，書多遒勁。其後顏眞卿柳公權徐浩又各爲一派，顏豐肥，柳挺秀，徐則似歐似虞，實未足成家。薛稷與虞褚並稱，而書不多見。其他雖多，俱在此諸家之籠罩中矣。行書，則太宗高宗，俱稱精能。太宗喜右軍書，一時以爲風尚。懷仁聖教序出，舉世奉爲圭臬。東觀餘論引書苑云：「近世翰林侍書，多學此碑，學弗能至，了無高韻，因自目其書爲院體。由唐吳通微昆弟已有此目。」開元以後，李邕蘇靈芝亦以此體擅場。而靈芝傷於俗媚，不爲世重。北海碑版照四裔，其書如龍跳天門，虎臥鳳闕，筆勢縱橫，殆由天授。然自是而漢魏以來古法蕩然。繼之者，蕭誠范的，皆稱後勁，張從申尤卓絕。八分，自玄宗雅好此體，天下翕然從之。開天之際，豐碑大碣，八分書居泰半。如盧藏用，韓擇木，崔逸，田義晊，梁昇卿，史惟則，蔡有鄰，皆稱能品。至建中以後，此風稍稍衰矣。篆書皆推李陽冰，然其書死學秦碑，板直而無風韻。同時有瞿令問袁滋，鼎足而三。其先有李訓誼尹元凱。李書碧落碑，實同衡岳禹碑，不過為道家之祕文而已；尹書美原神泉詩，尚不惡。此有唐書學之大凡也。至諸家書碑，列舉如下：

唐孔子廟堂碑　虞世南撰并書　（武德九年十二月　山東城武）

唐九成宮醴泉銘（魏徵撰歐陽詢書　貞觀六年四月　陝西麟游）

虞世南

孔子廟堂碑　撰文并正書，武德九年十二月，（元至元間摹刻）山東城武。

汝南公主墓誌銘　撰文并行書，貞觀十年十一月，（重刻本）江蘇常熟。

褚遂良

伊闕佛龕碑　岑文本撰，正書，貞觀十五年十一月，河南洛陽。

梁文昭公房元齡碑　正書，無年月，陝西醴泉。

唐道因法師碑　（李儼撰歐陽通書　龍朔三年十月　陝西長安）

唐三藏聖教序（僧懷仁集晉王羲之書　咸亨三年十二月　陝西長安）

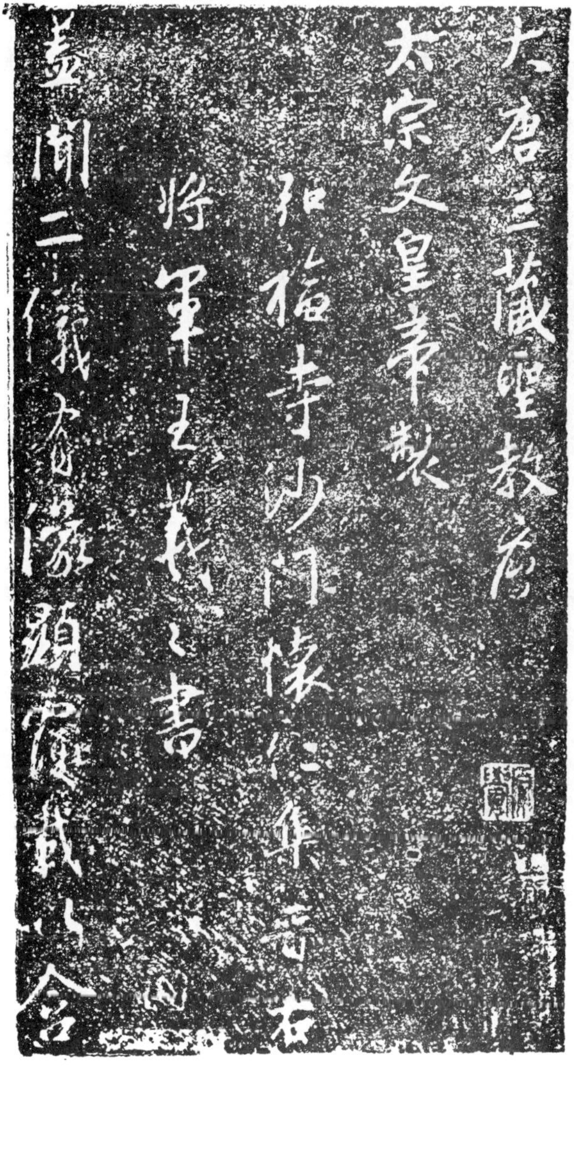

孟法師碑　岑文本撰，正書，年月泐。

三藏聖教序　太宗御製，正書，永徽四年十月，陝西長安。

三藏聖教序并記　高宗御製，正書，永徽四年十二月，陝西長安。

歐陽詢（八分書諸碑略）

隋柱國弘義明公皇甫誕碑　于志寧撰，正書，無年月，當在貞觀初，陝西長安。

化度寺邕禪師舍利塔銘　李百藥撰，正書，貞觀五年十一月，（重摹本）直隸大興翁氏。

九成宮醴泉銘　魏徵撰，正書，貞觀六年四月，陝西麟游。

虞恭公溫彥博碑　岑文本撰，正書，貞觀十一年十月，陝西醴泉。

歐陽通

道因法師碑　李儼撰，正書，龍朔三年十月，陝西長安。

顏眞卿（行草書略）

錢塘縣丞殷履直妻顏氏碑　撰文并正書，開元二十六年七月，河南洛陽。

千福寺多寶塔感應碑　岑勛撰，正書，天寶十一載四月，陝西長安。

東方先生畫象贊　夏侯湛撰正書，天寶十三載十二月，山東陵縣。

謁金天王神祠題記　正書，乾元元年十月，在北周天和碑側，陝西華陰。

贈工部尚書臧懷恪碑　撰文并正書，廣德元年十月，陝西三原。

贈太保郭敬之家廟碑　撰文并正書，廣德二年十一月，陝西長安。

麻姑山仙壇記　撰文并正書，小字本，大歷六年四月，江西南城。大字本，今但存拓本，石佚。

唐千福寺多寶塔感應碑文（岑勛撰顏眞卿書　天寶十一載四月　陝西長安）

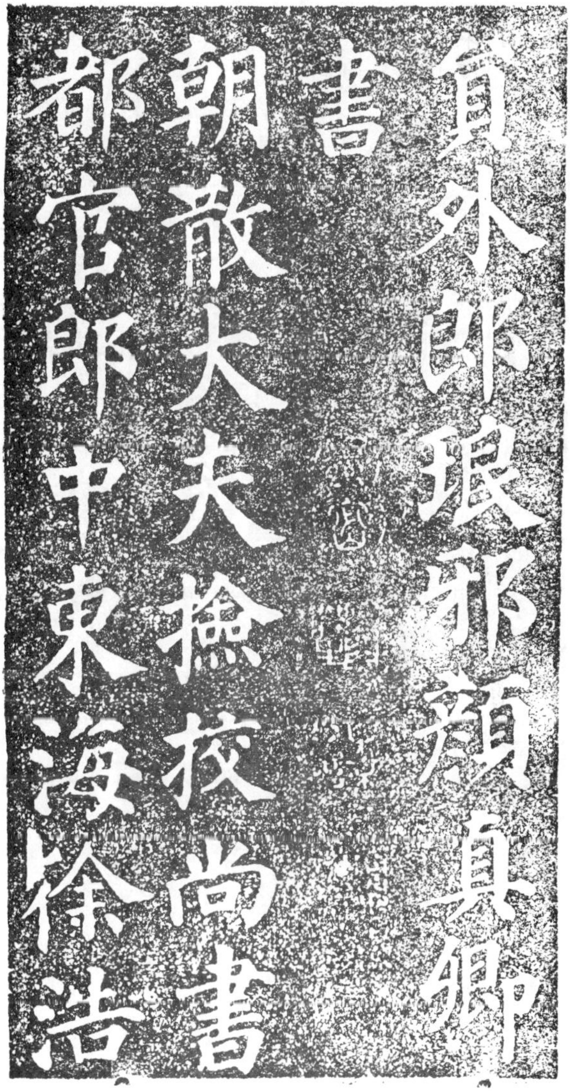

唐麻姑仙壇記大字本（顏眞卿撰并書　石佚）

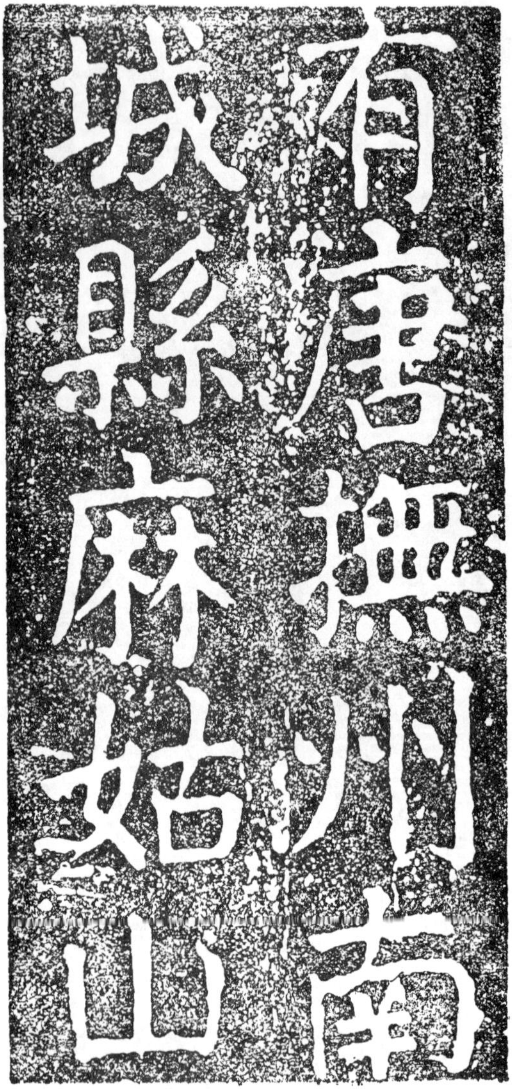

茅山玄靜先生李君碑 撰文并正書，大歷六年五月。

中興頌 元結撰，正書，大歷六年六月，湖南祁陽。

廣平文貞公宋璟碑 撰文并正書，大歷七年九月，直隸沙河。

八關齋會報德記 撰文并正書，大歷七年，河南商邱。

干祿字書 顏元孫撰，正書，大歷九年正月（宋人重刻）四川潼州。

玄靖先生李含光碑 撰文并正書，大歷十二年五月，江蘇句容。

容州都督元結墓碑 撰文并正書，大歷□□年十一月，河南魯山。

贈太子太保顏惟貞廟碑 撰文并正書，建中元年七月，陝西長安。

柳公權

金剛經 正書，長慶四年四月，今藏法國巴黎圖書館。

平西郡王李晟神道碑 裴度撰，正書，太和三年四月，陝西高陵。

義陽郡王苻璘碑 李宗閔撰，正書，太和七年，陝西富平。

梓州刺史馮宿神道碑 王起撰，正書，開成二年五月，陝西長安。

大達法師玄祕塔碑 裴休撰，正書，會昌元年十二月，陝西長安。

吏部尚書高元裕碑 蕭鄴撰，正書，大中六年十一月，河南洛陽。

魏公舊先廟碑銘 崔絢撰，正書，大中六年十一月，陝西□□。

唐大達法師玄祕塔碑銘并序（裴休撰柳公權書　會昌元年十二月　陝西長安）

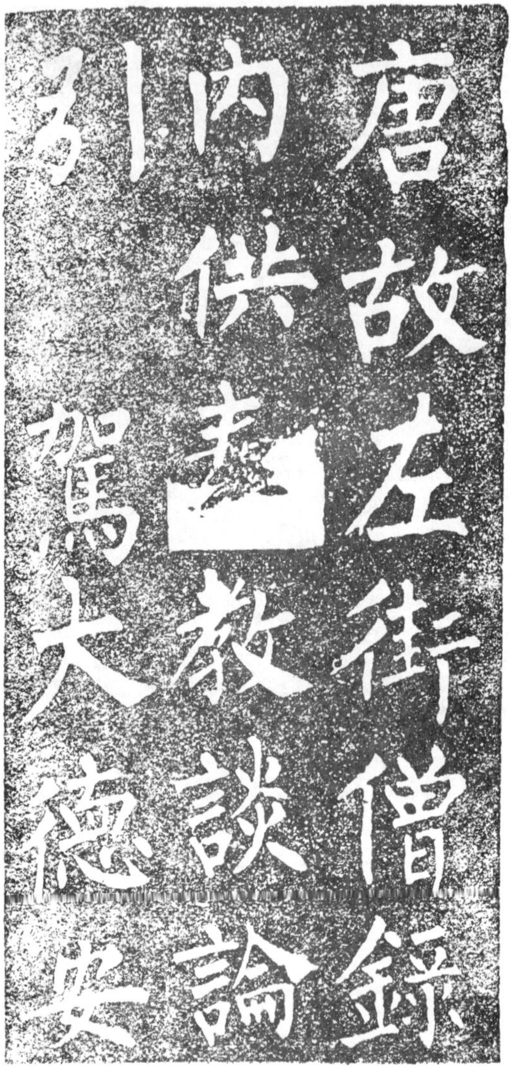

圭峯定慧禪師碑　裴休撰，正書，大中九年十月，陝西鄠縣。

徐浩（八分書碑略）

唐圭峯定慧禪師碑（裴休撰柳公權書　大中九年十月　陝西鄠縣）

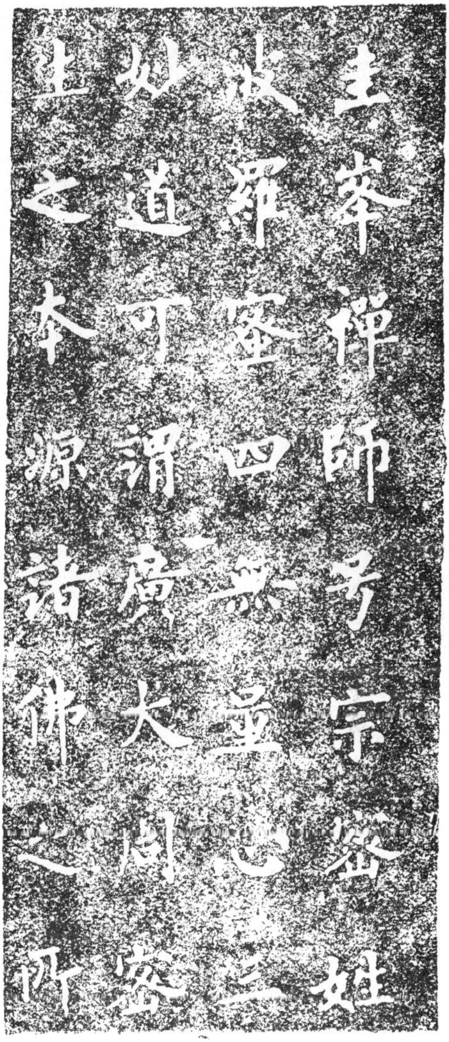

龍門山虢國公造象記　行書，開元□□□年，河南洛陽。

不空和尚碑　嚴郢撰，正書，建中二年十一月，陝西長安。

中書令張九齡碑　撰文并正書，長慶三年，廣東曲江。

太宗

晉祠銘 御製并行書，貞觀二十一年七月，山西太原。

高宗

萬年宮銘 御製并行書，永徽五年五月，陝西麟游。

紀功頌 御製并行書，顯慶四年十月，河南汜水。

孝敬皇帝叡德碑 御製并行書，上元二年八月，河南偃師。

贈太尉英貞武公李勣碑 御製并行書，儀鳳二年十月，陝西醴泉。

李邕

有道先生葉國重神道碑 撰文并行書，開元五年三月，浙江松陽。

雲麾將軍李思訓碑 撰文并行書，開元八年六月，陝西蒲城。

秦望山法華寺碑 撰文并行書，開元十一年二月，浙江山陰。

娑羅樹碑 撰文并行書，開元十一年十月，江蘇淮安。

端州石室記 撰文并正書，開元十五年正月，廣東高要。

岳麓寺碑 撰文并行書，開元十八年九月，湖南長沙。

廬山東林寺碑 撰文并行書，開元十九年七月，江西星子。

雲麾將軍李秀殘碑 撰文并行書，天寶元年正月，直隸宛平。

鄂州刺史盧正道碑 撰文并行書，天寶元年二月，河南洛陽。

唐雲麾將軍李思訓碑 （李邕撰并書 開元八年六月 陝西蒲城）

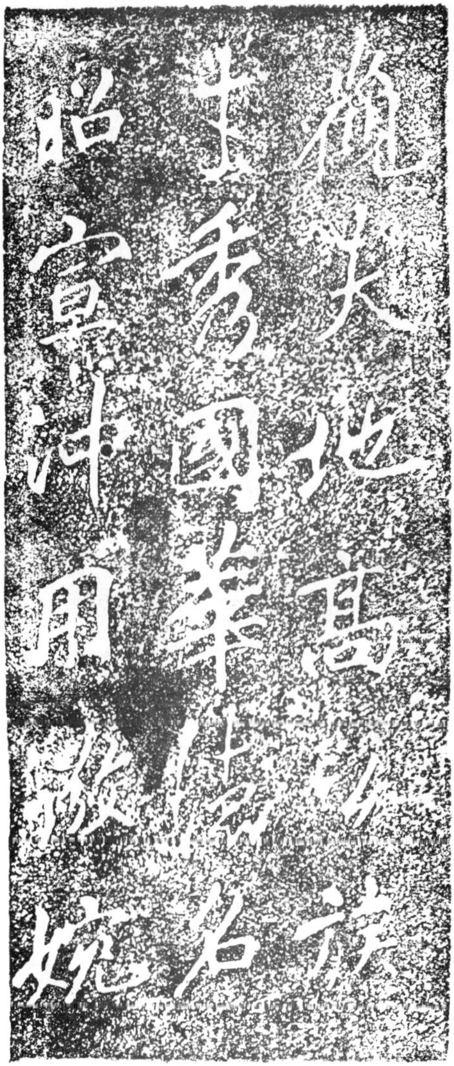

靈巖寺碑 行書，天寶元年，山東長清。（佚）（浙江錢塘黃氏拓本）

大照禪師碑 撰文并行書，天寶元年。（江蘇嘉定錢氏拓本）

蘇靈芝

易州鐵象頌 王端撰，行書，開元二十七年五月，直隸易州。

易州刺史田仁琬德政碑 徐安貞撰，行書，開元二十八年十月，直隸清苑。

夢真容碑 行書，開元二十九年六月。按有兩碑，一張九齡奏，在陝西盩厔；一牛仙客奏，在直隸易州；兩碑石年月同。

蕭誠

憫忠寺寶塔頌 張不矜撰，行書，至德二載十一月，直隸大興。

玉真公主靈壇祥應記 蔡瑋撰，行書，天寶二年，河南濟源。按中州金石記誤爲道士元丹邱書，不知丹邱乃建碑人，非書碑人也。孫氏訪碑錄仍沿其誤。茲據語石訂正。

范的

阿育王寺常住田碑 萬齊融撰，行書，大和七年十二月，浙江鄞縣。按大和，孫氏訪碑錄誤作「太」和。

張從申

銅牙鎮福興寺碑 許登撰，行書，大歷五年六月，江蘇上元。

玄宗（正書及行書碑略）

贈太尉祁國公王仁皎碑 張說撰，八分書，開元七年十月，陝西大荔。

京國長公主神道碑 蘇珽撰，八分書，開元十二年十一月，陝西蒲城。

華山銘殘字 御製幷八分書，開元十二年十一月，陝西華陰。

唐紀太山銘（玄宗御製幷書　開元十四載九月　山東泰安）

鄎國長公主神道碑 張說撰，八分書，開元十三年四月，陝西蒲城。

紀太山銘 御製幷八分書，開元十四年九月，山東泰安。

慶唐觀紀聖銘 御製幷八分書，開元十七年九月，山西浮山。

石臺孝經 御注幷八分書，天寶四載九月，陝西大安。

贈武部尚書楊珣碑 御製幷八分書，天寶十二載二月，陝西扶風。

盧藏用

漢忠烈紀信墓碑 撰文幷八分書，長安二年七月，河南滎澤。

大通禪師碑 張說撰，八分書，缺年月，湖北當陽。（孫氏訪碑錄又有玉泉寺大通禪師碑，亦張說撰，藏用八分書，疑係重出。）

許公蘇瓌神道碑 張說撰銘，藏用撰序，幷八分書，景雲元年十一月，陝西武功。

韓擇木

欽州刺史葉慧明神道碑 李邕撰，八分書，開元五年七月。

告華嶽府君文 韓賁撰，八分書，天寶元年四月，陝西華陰。

崔逸

鬱林觀東巖壁記 撰文幷書，開元七年正月，江蘇海州。（按語石甚推此碑，以爲唐隸之最精者，可以上擬東漢。）

唐告華岳府君碑（韓賞撰韓擇木書　天寶元年四月　陝西華陰）

田義晊（孫氏訪碑錄誤作白義晊）

右武衛大將軍乙速孤行儼碑　劉憲撰，開元十三年二月，陝西醴泉。

梁昇卿

古義士伯夷叔齊碑　撰文并八分書，開元十三年，陝西蒲城。

慈州刺史鄭曾碑　撰文并八分書，開元二十四年五月，河南滎澤。

史惟則

龍角山元元宮碑　崔明元撰，八分書，開元十六年，山西浮山。

大智禪師碑　嚴挺之撰，八分書，開元二十四年九月，陝西長安。（又有碑陰記，開元二十九年五月，陽伯成撰。）

慶唐觀金籙齋頌　崔明允撰，八分書，天寶二年十月，山西浮山。

營州都督李楷洛碑　楊炎撰，八分書，大歷三年三月，陝西富平。

蔡有鄰

元氏令龐履温碑　郜混之撰，八分書，開元二十四年二月，直隸元氏。

周太師蜀國公尉遲迥廟碑　閻伯璵撰序，顏眞卿撰銘，八分書，開元二十六年正月，河南安陽。

東平太守章仇元素碑　韋述撰，八分書，天寶七載十月，山東濟寧。

李陽冰

城隍廟碑　撰文幷篆書，乾元二年八月，浙江縉雲。

怡亭銘幷序　李筥八分書銘，陽冰篆書序。永泰元年五月，湖北江夏。

李氏遷先塋碑　李季卿撰，篆書，大歷二年，陝西長安。

李氏三墳記　李季卿撰，篆書，大歷二年，陝西長安。

龔邱令庚賁德政頌　撰文幷篆書，大歷五年九月，山東寧陽。

謙卦爻辭　篆書，無年月，安徽蕪湖。

瞿令問

唐李氏三墳記 （李季卿撰李陽冰書　大歷二年　陝西長安）

陽華巖銘　元結撰，正篆隸三體書，永泰二年五月。

峿臺銘　元結撰，篆書，大歷二年六月，湖南祁陽。

袁滋

唐廎銘　元結撰，篆書，大歷三年閏六月，湖南祁陽。

軒轅黃帝鑄鼎原銘　王顏撰，篆書，貞元十七年正月，湖南閿鄉。

書壁功德記　撰文并篆書，元和四年二月。

唐僭號諸國

竇建德王世充輩，與高祖同時逐鹿；下逮唐末董昌，皆稱制改元。而僭號之碑，夙所未聞。語石載：徐懷隱墓誌，聖武二年，安祿山僭號也；當唐至德二載。宋文博墓誌，順天二年，史思明僭號也；當唐上元元年。宋誌並冠以「大燕」字。又稱：唐縣龍聖寺造象，其中有李崇珣李曠□婆三刻，皆順天年號。盧嗣治墓誌，書聖武□年十一月十六日卒。亦僭號之刻也。推而上之，新出之王世充開明兩石，一鄧國公夫人元氏墓誌，大鄭開明元年；一韋匡伯墓誌，開明二年。皆洛陽出土。亦皆可信。有唐三百年僭號之碑，不先不後，一時並出，信乎隱見之有時也。

五代十國

五代以書名者，郭忠恕，孫崇望，爲鐵中錚錚。忠恕工分篆，其所書三體陰符經，宋乾德中刻於懷惲禪師碑陰，別無他碑可見。孫崇望書郭進景範兩碑，皆在周顯德中。衛州刺史郭進屏盜碑，杜韡撰，崇望行書，顯德二年五月，河南汲縣。中書侍郎平章事景範神道碑，扈載撰，崇望行書，顯德二年十二月，山東鄒平。至宋太祖受禪，敕建諸碑，亦皆命崇望書之，則其爲當時推重可知。然其書肉餘於骨，拖沓無韻，實未足以稱焉。其他書人之可見者：梁有李宏懿，匡國軍節度使馮行襲德政碑，正書，無年月，河南許州。僧彥脩，寄獻衣詩，裴說撰，草書，乾化四年，陝西長安。沙門志明，楂山大師塔銘，撰文并正書，貞明元年。張璡；昭義軍節度使葛從周神道碑，薛廷珪撰，行書，貞明二年十月，河南偃師。唐有梁邕，振武節度使李存進碑，呂夢琦撰，正書，同光二年十一月，山西太原。沙門欽緣，少林寺主法華鈞大德塔銘，沙門處受撰，正書，同光四年二月，河南登封。劉紹；乾明寺尊勝陀羅尼經，正書，天成三年四月，山西澤州。晉有王繼美，眞福寺經幢，正書，天福二年三月，山東泰安。成知訓，建雄節度使相里金碑，李相撰，正書，天福五年，山西汾陽。陳渥，陀羅尼經幢，正書，天福六年七月，山東益都。權分詢，錢文穆王神道碑，和凝撰，行書，天福八年四月，浙江錢唐。閻光遠，贈太保義成軍節度使史匡翰碑，陶穀撰，行書，天福八年六月，山西太原。蘇曉，開化寺琉璃閣記，蘇禹珪撰，行書，開運二年七月，山西太原。楊思進，移文宣王廟記，馮道撰，行書，開運三年正月，陝西大荔。漢無可考；周有張光振，濟州刺史任公屏盜碑，李昉撰，行書，顯德二年閏九月，山東鉅野。王獻可，龍泉禪寺記，徐綸撰，獻可撰後序，并正書，顯德三年九月，山西陽城。僧惠林，敕留啓母少姨廟記，許中孚撰，正書，顯德五年，河南偃師。沙門惠深。龍興寺經幢記，許□撰，正書，顯德□年閏九月，山東淄川。凡一十八人。至有巖穴之士，身沈而名不顯者，不知凡幾矣。（五代）

十國石刻，以經幢、塔銘、造象爲多；其碑碣、題名，亦大抵關於禪門，佛法猶未替也。就中流傳之富，首推吳越，南漢次之，西蜀南唐又次之，楊吳北漢及閩，僅存一二而已。其書人可考，亦至寥寥：南漢有雲門山匡聖大師碑，爲僧行脩正書，陳守中撰，大寶七年四月，廣東番禺。餘無可考。清吳蘭修輯南漢金石志二卷，收錄甚富；然近時出土者猶不少，如馬二十四娘墓券，都嶠山經幢造象，及中峯五百羅漢記，靈景□慶讚齋記，皆蘭修所未見也。西蜀石刻，詳見於劉喜海三巴孴古志，近時亦尚有新出者。至孟氏所刻石經，詳第二章。前後歷八年而成，在諸國中爲出類拔萃矣。南唐有本業寺記，爲任德鈞正書；僧契□撰，乾德五年七月，江蘇上元。紫陽觀殘碑，爲楊元鼎正書；徐鉉撰，己未十二年，江蘇句容。元寂禪師塔碑，爲張藻正書。韓熙載撰，開寶二年五月，江蘇吉水。而徐鉉徐鍇精於篆書，竟無碑版傳世；惟繆荃孫於棲霞山訪得衡陽寺三幢座，有其篆書題名，洵爲罕見。吳越君臣，佞佛特甚。浙江：臨安錢塘武康蕭山，經幢造象，均有遺刻，而錢塘爲尤多，惜書人無可考耳。其餘楊吳兩刻：一爲尊勝陀羅尼眞言，周從建，正書，天祚二年閏十一月。一爲尋陽公主墓誌，危德興撰，正書，乾貞三年三月，江蘇江都。俱無書人。北漢有天龍寺千佛樓碑，李惲撰，廣運二年八月，山西太原。爲劉守清行書。閩有崇妙保聖堅牢塔記，李同穎撰，永隆三年，福建閩縣。爲僧无逸書。（十國）

北宋

宋初承五季之敝，書學榛蕪。建隆以後，豐碑鉅製，皆出於袁正己，重修開元寺行廊功德碑，劉從義撰，正書，建隆四年七月，陝西咸寧；嵩山會善寺重修佛殿碑，王著撰，正書，開寶五年閏二月，河南登封。孫崇望，新修周武王廟碑銘，新修周康王廟碑，新修唐太宗廟碑銘，新修嵩岳中天王廟碑，修漢光武廟碑，皆行書，開寶六年，前三碑在陝西，後二碑在河南。其次則張仁愿，修商王成湯廟碑，正書，河南；修唐高祖廟碑，行書，陝西；皆開寶六年。書實不工。尹熙古，封禪朝覲壇頌，天貺殿碑，棣州防禦使檢校太保石僧興神道碑，祀汾陰碑，以上皆行書；東岳天齊仁聖帝碑，正書；皆大中祥符中立。楊虛己，濟源縣令諫省華善政碑，正書；賜賀蘭栖眞敕書并贈詩碑，行書；延慶禪院新修舍利塔記，行書；上二碑天聖中立，後一碑景祐中立。後來居上，然亦囿於院體。至蘇黃米蔡四家出，脫去古人畦徑，別開生面，書派爲之一變。然漢魏以來醇古之氣，亦發洩無餘矣。蘇書遭元祐黨禁，劃除殆盡；今世傳者，皆重開本。山谷，元章，君謨三家，後人瓣香，亦以簡牘爲多；碑版傳世，寥寥無幾，茲輯錄如下：

東坡所書碑版，僅表忠觀碑，撰文并正書，元豐元年八月，浙江錢塘。司馬文正公神道碑，撰文并正書，元祐二年正月。阿育王寺宸奎閣碑，撰文并正書，元祐六年正月，浙江鄞縣。韓文公廟碑，撰文并正書，元祐七年三月，廣東潮陽。九成宮臺銘，撰文并正書，建中靖國元年，廣東曲江。五石。其他有墓誌一石，乳母任氏墓志銘，元豐三年十月。佛經二通，雙塔寺如意輪陁羅尼經，紹聖四年五月，安徽宣城。又金剛經一本，無年月，江西清江。詩，詞，賦，贊，書札，雜文，題字，題名，約近百刻。其書豪放雄健，如其爲文，不専一家，而各有衆長。

山谷書碑，所傳較多，有黃龍晦庵和尚開堂疏，行書，元豐五年。南山順濟龍王廟記，撰文并行書，元豐癸亥，浙江錢塘。伯夷叔齊墓碑，撰文并正書，元祐六年六月。廬山七佛偈，正書，元祐六年十二月，江西星子。少林寺初祖達摩頌，撰文并行書，無年月，河南登封。宋太祖戒石銘，行書，無年月。狄梁公碑行書，無年月。七石。其他詩文，則僅十餘種而已。其書似從瘞鶴銘出，秀美遒勁，竊意較東坡尤精。

元章書碑，有太平州蕪湖縣新學記，黃裳撰，正書，熙寧元年七月，安徽蕪湖。龍井山方圓庵記，僧守一撰，行書，元豐六年四月，浙江錢塘。顏魯公祠堂碑，撰文并正書，元祐三年九月，山東費縣。海寧縣雙仁祠二顏公碑，行書，元祐三年，浙江海寧。蕪湖縣學記，黃裳撰，行書，崇寧元年十月，安徽蕪湖。章吉老墓表，撰文并行書，大觀元年，安徽無爲州。露筋寺碑，行書，無年月，江蘇高郵。七石。其他詩賦題字，約二十餘刻。其書似學二王而稍恣肆耳。

君謨所書碑誌最少，惟萬安橋記，撰文并正書，嘉祐四年十二月，福建晉江。朝奉郎劉奭墓誌，撰文并正書，嘉祐六年四月。晝錦堂記，歐陽修撰，正書，治平二年三月，河南安陽。韓魏公祠堂記司馬光撰，正書，元豐七年六月，在晝錦堂記之陰。四石。其他書簡，皆收於法帖，多係行草，惟碑誌則概作正書，尤可寶也。

此外蔡京蔡卞兄弟，行草皆入能品，誠未可以人廢。司馬光，歐陽修，韓琦，范仲淹，無書名，爲其功業所掩也。韓范皆學顏書；司馬精八分，今所傳者，多摩厓大字；歐陽雄健豪邁，不減東坡。帝王之中，太宗眞宗仁宗，書碑亦多，不讓唐代；徽宗藝事尤精，其書出於古銅甬書，瘦硬通神，有如切玉，世所稱瘦金書是也。

篆書之工者，亦有數家，僧夢英爲最著，所傳有千字文，江淹擬休上人詩十八體篆書，皆乾德中書，在陝西長安。次則蘇唐卿，所書有東海鬱林觀三言詩，慶曆二年，江蘇海州。重刻醉翁亭記，嘉祐七年，山東費縣。此外又有上官佖，黃載，王壽卿諸家，書或僅傳，不足稱也。

南宋 附僞齊

南渡以後，河淮以北，無復有趙宋石刻。其時國步雖艱，士大夫雅好文章，游宦登臨，往往濡毫以誌歲月，名山洞壑，不乏留題。名臣如李綱胡銓，理學如朱熹張栻，詩人如范成大，陸游，楊億，皆有遺跡。其書多跌蕩可喜，與遼金石刻，不啻有雅鄭之別，然皆不必以書名。惟張即之行書，號爲精妙，今所存有息心銘，淳祐元年九月，山東城武。焦山金剛經寶祐二年，江蘇丹徒。等，仙風道骨，迴出塵表，然非碑版正派。

上述諸家，題名以外，惟朱子有崇安縣學三公祠記，八分書，乾道四年五月，福建崇安。友石臺記，行書，淳熙十六年。丹陽公祠堂記正書，慶元五年六月，江蘇常熟。三刻。陸游有重建華嚴寺碑，行書，慶元五年八月。重修智者廣福禪寺記正書，嘉泰三年十月，浙江金華。二刻。范成大有復水月洞銘幷序，正書，乾道九年九月，廣西臨桂。碧虛銘，正書，淳熙元年十二月，廣西臨桂。三高祠記正書，淳熙六年八月，江蘇吳縣。三刻。其書最精。岳武穆文信國兩公書亦有傳刻，但無碑版，即不以人重，書自不惡也。帝王則高宗，理宗，均有御書刻石，而高宗之石經爲尤著云。

宋建炎四年，金人立劉豫爲帝，奉金正朔，初稱天會八年；其年十一月，改明年元爲阜昌元年，至七年十一月，仍爲金人所廢，先後不過七載。且覥顏臣虜，更非南北孿雄可比。然陝西齊豫之境，頗有阜昌石刻，孫氏著錄者，有饒益寺藏春塢記，齊徐州觀察使孟邦雄墓誌，勅祭渾忠武王文，幷記，幷牒，禹蹟圖，華夷圖，薛待伊浮圖銘側劉漢題字，共六種；趙氏著錄者，有永慶寺大殿記。孟誌字迹工秀，頗得虞褚規模。華夷禹蹟兩圖，唐宋以來地圖莫古於此，未可以僞朝廢也。

遼金 附西夏，吐番

遼碑文字，皆出自釋子及村學究，絕無佳蹟。同治以前，出土尚少，孫氏訪碑錄，不及五十種。趙氏所續，皆朝鮮碑系遼紀年者；中國惟咸雍四年清水院藏經記一刻。光緒四五年間，重修順天府志，碑估李雲從承當事之命，裹糧襆被，狂走京畿諸邑，荒郊古剎，足跡殆遍，所得遼碑，視孫趙倍蓰過之。長洲葉氏錄遼幢五十餘通，皆其時拓本也。其中多唐梵兩體，惟劉李河白氏兩幢，結構尚可觀。此外行列整齊者，如今刻書之宋體字；潦草者，如市中計簿。滿幅題名，皆某兒某郎婦之類，北傖喬野之風，於此可見。

金雖與遼同起朔方，而戎馬之餘，頗能講求文字。沂州普照寺碑，仲汝尚撰，集柳公權正書，皇統四年十月，山東蘭山。學柳誠懸，世有出藍之譽，金碑第一。党懷英之分篆，王庭筠楊廷秀之行草，王瑨任詢之眞書，皆稱名筆。懷英撰書尤多，凡十五石，當時碑版，且多其篆額。其分書自佳；篆則細如蠆尾，銳如懸針，了無渾古之氣。蓋與石鼓文既不類，與古金文亦不類；惟魏正始三體石經，其所列籀文，始作此態，自後宋人摹錄金文，皆沿此體，懷英並以之書碑題額，皆不學之過也。

遼碑多釋子之文，其法名可見者，如志愿，知光，德麟，眞延，志隆，志延，善製，義中，悔勍，方偁，智化，性煦，藴回，善堅，行鮮，圓融，慧材，志才，惟和，幾二十人。金自大定以後，崇尙道流，馬丹陽，邱長春，王重陽，其最著也。其次則杜天師，譚眞人，皆有詩詞刻石。沿及元初，此風未革。長春入元，其教益昌。道書刻石者，終南有篆書道德經，岳元有昂元經，常清靜經，五臺有孫眞人福壽論。自入元朝，孫氏著錄，釋氏之碑十之三，道家之碑十之七，於此可覘彼教之盛衰，時君之好惡焉。

西夏石刻，近時出土者，惟感通塔碑，及葉氏訪得之黑河建橋敕兩種。感通塔碑，天祐民安五年立，在今涼州武威縣，土人謂之番字碑，以其一面爲西夏文也。黑河建橋敕，在今甘州弱水東岸，距城十里一小刹中，郡志稱在下龍神廟，當卽此也。碑兩面刻，其陰亦番字，刻於乾祐六年丙申歲，卽宋孝宗淳熙三年也。語石嘗錄其全文，剝蝕甚多。西夏

敦煌縣千佛洞，卽古之莫高窟也。洞扉封閉，光緒閒十壁傾圮，豁然開朗，始顯於世。中藏碑版經象甚夥，多已流傳域外。其中有斷碑兩角，上一角存十二行，行自十一字至三字不等；下一角存七行，行自四字以下不等。年月已佚，亦無撰書人可考。惟上一石第九行，有「聖神贊普，」「万里化均，」「四鄰慶□」云云。「贊普」係吐番君長之號，猶匈奴之稱「單于，」突厥之稱「可汗。」冠以「聖神」二字，則彼國人士尊其君之詞，猶中國皇帝之有徽號也。以是定爲吐番刻，無可疑矣。可黎可足以後文字出土者，僅此一通耳。吐番

元 附淮張

宋人書長於簡札，而不宜於碑版。至趙孟頫出，重規疊矩，鴻朗莊嚴，奄有顏李之長，有元一代豐碑，皆出其手，可謂起兩宋之衰矣。其所書碑版，雜文，照耀四裔，見於孫氏著錄者，卽有一百餘通。其最精者，如追封魯郡公許熙載神道碑，歐陽元撰，正書，至元四年八月，河南安陽。上卿玄教大宗師張留孫碑，撰文幷正書，至正四年，江西貴溪。爲書學正矩。至於華亭居竹記，方回撰，正書，大德二年二月。眉州青神陳氏墳道碑，行書，至大四年四月。則純乎化境，當爲趙書第

一，亦為元碑第一。他若鮮于樞，精於鑒藏，亦負重望。虞集，揭傒斯，書亦不惡，盡為文名所掩。然較之孟頫，自未能逮。後來惟宋仲温學鍾太傅，而參以章草之法，沖淡古質，自成一家，能脫去趙書面目。王元恭行書至精，然不為世重。此兩家足稱後勁。

元末羣雄並起，惟淮張崇獎文士，闢館延賓，東南士流多歸之。今湖州尚有迎禧門記，臨湖門記，皆天祐三年饒介撰書。天祐即士誠僭號；其三年，當至正之十六年；饒介時攝湖州守。

明清

歐陽修集古錄，近收五季。明初距今，將六百年，不啻歐公之視六朝也，豈可以近而賤之？乾嘉諸子，如畢沅王昶，皆以趙宋為斷；至阮元孫星衍，始推廣其例至元末；翁方綱輯粵東金石略，兼收明碑。夫明碑誠不勝收；然必俟之罕而見珍，則杞宋無徵，滄桑已易，其存者，亦如缺月娟娟隱雲霧，不重可惜乎？明代書家，如宋濂，宋璲，解縉，楊士奇，姜立綱，李東陽，李應禎，王守仁，祝允明，文徵明，徐霖，陸深，董其昌，米萬鍾，皆各具一格，有名於時。而董香光書碑遍於南北，輯而錄之，可與趙文敏埒。其他則亦多如宋人之長於簡札，但見於法帖耳。

以清代金石學之極盛，書法家之輩出，建碑刻石，豈無名蹟；然世人貴古賤今，往往忽之，且墨蹟流傳，世所恆有，故石刻之文，反無人寶之，殆亦將俟其湮沒罕見而始珍也。

第四章　石刻之厄

歷代石刻之富，著錄之多，過於吉金，而豐碑大碣，摩厓千尺，其製亦鉅於鼎彝。龔定盦曰：「石在天地之間，壽非金匹也。其材巨形豐，其徙也難，則壽侔於金者有之。」然古器之厄，石亦有之；且以「材巨形豐，其徙也難，」寶藏之艱，視古器爲尤甚。孫覺之墨妙亭，宋孫覺守湖州，建墨妙亭以藏古刻。趙抃之藏春軒，關中有宋趙抃重置饒益寺石刻記，文云：自唐宋以來，名臣賢士，往還稅駕，或題名於壁，或留詩於碑。寺遭兵火，焚毀殆盡。暇日命僮僕搜抉於荊榛瓦礫之間，皆斷折訛缺，讀之令人悲惋。即其稍完者，萃而置於藏春軒壁。蜀綿州之集古堂，蜀綿州有宋湻熙十二年集古堂記，文云：舉近郊石刻，列植秦漢隋唐其碑凡十。然其所謂蔣公琰碑，及孫德碣，已淪於灌莽矣。洛陽之存古閣，西安之碑林，除碑林曾經畢沅之修繕，今尚完好外，其餘所藏，尚有幾何！蓋我國人士，素無護惜古物之觀念；有之，則惟據爲己有，而居爲奇貨，從不公開，卒之亦歸於烏有而已！觀夫自北宋以來諸家著錄之刻，時有銷亡，可勝慨哉！茲就葉昌熾語石所言，略加分析，述之如次：

崩溺

高岸爲谷，深谷爲陵，地震崩摧，河流漂溺，斯由天災，無與人事，如漢華山碑，唐順陵碑，皆爲地震崩裂；唐薛純陀砥柱銘，爲洪濤所沒。似此浩劫，皆非人力所得而挽，亦猶雨淋日炙，漸歸銷亡，莫可誰何也。（語石卷九「碑厄」二則七厄之一）

遷徙

遷徙寶藏，意亦良佳，然一經移動，往往失所。如熹平石經，周大象中自洛竊載還鄴，船壞淪溺，其尤著者。蓋石刻者，所以留一方之掌故，非鎮庫之奇珍。而海內藏家，敝帚自享，宦游所至，不吝兼金，或裝廉吏之舟，亦入估人之橐。奪人所好，遷地弗良，展轉貿遷，必致失所。近代以來，如畢秋帆中丞，自關中攜四唐石歸，置之靈巖山館，庚申之劫，與平泉花石，同付劫灰。端陶齋尚書，亦最喜爲之，其京邸廊廡，古碑充斥，然今皆不可問矣。其他以遷徙而遭劫者，尙不知其幾何！欲益反損，可不戒哉！（七厄之七）

摧殘

摧殘碑石，多出無識，或斷爲柱礎，北海李秀碑，爲一教官斷爲柱礎六。漢石經，隋開皇六年載入長安，置於祕書省內，營造司亦用爲柱礎。或支作竈陘，郃陽魏十三字殘碑，康強跋云：是夏陽人家支竈物。或爲耕場之礓礴，齊魯間經幢，農民皆斷爲礓礴。或爲廢寺之甗甑。元許有壬興元閣記，見圭唐小稿，今殘碑百餘字尙在。和林寺僧毀爲香案。亦有仆作街道，相傳六朝刻石，明太祖時皆用以甃治街道。破爲橋基，廣川書跋：熹平石經，周大象後破爲橋基。荒墳蔓草，偏臥蟠螭，廢壘長楊，聊資刻雉，其劫尤不勝言。（七厄之二）

此皆無識之故，然更有有所爲而爲之者，一則以遠礙遭殃，再則以苞苴貽患，請試言之：

裴李爭功，熙豐鉤黨。李義山云：「長繩百尺拽碑倒，麤沙大石相磨治。」蘇子由云：「北客若來休問訊，西湖雖好莫題詩。」韓蘇之文，毀於謠詠。又若閏朝僭號，諱於納土之餘；吳越錢氏諸碑，有建元者，宋初納土後皆毀去，所毀經幢尤多。叛鎭紀年，削自收京以後。（憫忠寺寶塔頌，史思明紀年，皆磨去，重刻唐號。）或碎裂全文，或削除違字。後賢考訂，聚訟轉滋。此其一也。（七厄之五）

又新唐書武宗本紀：會昌五年八月壬午，大毀佛寺，復僧尼爲民。王圻續通考：上惡僧尼耗蠹，敕上都東都，各留二寺；天下節鎭，各留一寺。凡天下所毀寺，四千六百餘區。其時官吏奉行，至於碑幢銘贊之類，無不鑿毀，或坎地而瘞之。其見於石刻者，如魯公八關齋報德記，後有宋州刺史崔倬書石幢事云：會昌中，詔大除佛寺，凡銘塑象刻，堂閣室宇，梵滅銷破，一無遺餘，分遣御史覆視之。此州開元寺，有顏魯公八關齋會鐫記大幢，刺史邑宰以不可折，遂鑿鑿缺口以仆之。又大中八年，牟瓚方山證明功德紀：會昌五年，毀去額寺五千餘所，蘭若三萬餘所，麗名僧尼二十六萬七百餘人。所奉驅除，略無孑遺。又大雲寺殘幢，後有題記云：此幢五年□月，奉勅毀寺，其幢隨□□□。至大中四年庚午，溧水尉劉皋等，同再建立。蓋驅除未幾，至大中初而甦復矣。然元魏以後造象，所毀當已不少，經幢尤多殃及。此其二也。（三小厄之二）

又漢唐以來石刻，有「王」字者，其碑幸存，亦多鑱毀，此金海陵之虐政也。顧亭林金石文字記云；裴漼少林寺碑內「王」字，俱鐫去。按金史：海陵正隆二年二月，故定親王以下封爵等第，追取存亡告身，公私文書，但有王爵字者，皆立限毀抹，碑誌並發而毀之。此碑「王

宮、」「王言、」「夏壬、」「有王」等字，亦從而鐫去。完顏之不通文義，而肆爲無道，可勝歎哉！此其三也。（三小厄之一）

以上因違礙而遭殃也。至於津要訪求，友朋持贈，輶車往返，以代苞苴。官符視若催科，匠役疲於奔命，一紙之費，可以傾家，千里之遙，不殊轉餉。里有名迹，重爲閭閻之累；拔本塞源，除之務盡。今昭陵諸碑，無一瓦全，關隴鞏洛之交，往往談虎色變。此苞苴之貽患也。（七厄之六）

鑱毀

唐宋題名，摩厓漫刻，後來居上，有如積薪。唐賢名迹，宋人從而磨刻之；宋賢名迹，明人迺更加甚焉。賀方回之題字，惆悵武邱；虎邱賀方回題名，庚申前尚完好，今爲茗上一傖父鑿損。史延福之刻經，模餬伊闕。龍門如意元年史延福刻陁羅尼經，明提學趙岩刻「伊闕」兩大字於上。邠原攬古，容譚大佛因緣；邠州大佛寺，吳窓齋中丞爲學使時，烈炬訪之，觀壁間題名纍纍，有唐刻一通，爲宋人羃刻其上。岱頂勒崇，莫問從臣姓氏。唐玄宗泰山銘，後附刻從臣姓氏，皆爲後游者刻損。莫不屋中架屋，牀上安牀。此其一也。（七厄之三）

武人俗吏，目不識丁；匃工選材，艱於伐石。或去前賢之姓字，而改竄己名；余所藏宋元幢，其字跡有絕類唐人者，蓋皆屬吏媚其府主作功德，俗僧爲取舊幢，磨去年月姓名，而改刻之。或磨背面之文章，而更刊他作。唐華嶽精享昭應碑，即刊於天和碑之陰。授堂金石跋曰：水經注：樊城西南，有曹仁記水碑，杜元凱重刻其後，書伐吳之事。古人簡便，不重煩如此。又渭水內，載漢文帝廟一碑，建安中立，漢鎮遠將軍段煨文，給事黃門侍郎張昶書。魏文帝又刻其碑陰二十餘字，又在杜征南之前。然碑陰本無字則可；若如顏魯公廟碑，有碑陰記，或有故吏題名，亦從而磨刻之，則前賢名迹，已失其半矣。甚或盡鏟舊文，別鐫新製，改爲改作，澌滅無遺。如唐姜行本傳，高昌之役，磨去漢班超紀功碑，更刊頌陳國威靈，即貞觀十四年姜行本碑是也。陸務觀老學庵筆記云：北都有魏博節度使田緒遺愛碑，張宏靖書；何進滔德政碑，柳公權書；皆石刻之傑也。政和中，梁左丞子美爲尹，皆毀之，以其石刻新頒五禮新義。趙德甫跋何進滔碑，亦云：政和中，大名尹建言磨去舊文，別刻新制，好古者爲之歎惜。孫淵如述何夢華之言云：金承安三年，牛顯祖書唐相魏文貞廟記，亦磨去唐碑重刻，碑首猶存唐字。唐深州刺史墓誌蓋，明人刻作金牛禪師塔碑趺。元時學宮所刻至元大德聖旨碑，大半磨治舊石而更刻之。此其二也。（七厄之四）

貞石之壽，遇傖父而不永，猶可言也。惟有明一代，如前所紀提學趙岩者，儼然學者師。蘇許公朝覲壇頌，梁昇卿八分書，在玄宗紀泰山銘之側；朱竹垞云：明有俗吏，以忠孝廉節四大字鑱其上，頌文毀去者半；以弇州尚書之言證之，所謂俗吏，洒閩人林焞也。又北海麓山寺碑陰，刻官屬銜名，每列姓名下，各繫以贊；武虛谷云：爲妄庸人題字，交午橫貫，以致損蝕，不可次第，其大書橫勒者，則前明提學郭登庸也。宋眞宗登泰山、謝天書述功德銘，明鄞人俗吏汪坦，大書題名於上，每行毀三四十字不等。古刻遭此厄者非一。操刃者，大抵皆科目中人，空腹高心，以衞道自命，遇二氏之碑輒毀之。此其三也。（三小厄之二）

妄刻

上述三者，或盡鏟舊文，或一部被毀；此外又有鐫於空處者，原刻固未損也；惟同爲古碑之厄則一。語石：「項子京得名蹟，自書價值於幀尾，遍加藏印；余有句云：十斛明珠聘麗人，爲防奔月替文身。古刻之遭黥者，其剝膚愈酷。新出隋蘇孝慈誌，一達官跋其上，惡札也。黃子壽師在關中，磨而去之，今尚有斧鑿痕，碑估以此定拓本之先後。魏高植墓誌左空處，後人題龍飛鳳舞四字。隋山一唐幢，爲明人李得淵題字其上，極鄙拙。又見一金剛經幢，經文之末，鐫一陽字。又一殘幢，有泰山石敢當五字。此皆所謂毀丸畫墁也。棲霞明徵君碑，尚未損，而滿石皆有小圓圈，縱橫歷落，如以筆管印成者。又見一魏造象，原刻本淺細，後人又從而劖刖之，望之如叢蘭修竹，枝葉紛披，而所存殘字，益在有無間矣。」（又卷九「妄人題字」一則）此其一也。

又晉以前碑，多無撰書之人名，南北朝偶或有之，隋唐亦不盡有。而後人好事，往往添此蛇足，亦石刻之一厄也。其最著者，如漢乙瑛碑，後刻「後漢鍾太尉書，」魏孔廟碑，後刻「魏陳思王曹植詞，梁鵠書，」而皆爲「宋嘉祐七年張稚圭按圖題（一作「謹。」）記。」其果爲鍾梁之筆與否，姑置弗論；鍾繇於獻帝初始爲黃門侍郎；乙瑛碑在其前四十年，必非繇書。孔廟碑指爲鵠書，亦無確證。而添此蛇足，同於妄人題字，則一舉而二失也。又語石：「唐人刻經及誌墓之文，不盡有撰書人。蕭勝墓誌，題爲褚遂良書，邢臺無量壽佛經，題爲歐陽詢書，皆後添蛇足，藉歐褚兩公名爲重耳。龍門奉先寺盧舍那象龕記，後有進士都仲容記六字，筆法凡近，當是明人添刻。

平津訪碑錄誤爲撰人，都字不甚晰，或是郝字。又臆釋爲殷仲容，則誤之誤矣。殷仲容，唐初人；此則開元十年造，遠不相及。」——卷九「添刻撰書人」一則。然所以致平津之誤者，未始非增刻之過也。是又不獨石刻之一厄，且足貽誤後學矣。此其二也。

拓損

夫碑以舊搨爲佳，非必經風雨之剝蝕，而椎拓之繁亦足使其漫漶也。語石：「西安碑林，開成石經在焉。其餘漢唐以下，石刻林立。碑估資爲衣食，朝夕椎拓。曩顧皞民方伯觀察陝鹺，嘗貽書來告云：碑林中當當搨石之聲，終年不絕。廟堂、皇甫、元祕塔諸碑，旬月之間，化身千億，以應四方之求。由窪漸淺，由淺漸平，由平漸泐，馴至沒字，僅存魂魄。余適得殘幢四紙，皆漫漶無字，因合裝爲四幀，而題之曰幢魄。」——卷二「陝西石刻」三則之一。又：「前人名跡，固以摹搨過多致損，然受病亦有不同。歐褚諸碑，瘦硬通神，愈拓愈細，今醴泉碑僅存一絲，若斷若續，再久之，則無字矣。此一病也。顏柳諸碑，拓工先礲之使平，又從而刀挖之，愈挖愈肥，亦愈清朗，久之，浮面一層盡揭，而字遂漸移向下，遂至惡俗之態，不可嚮邇。圭峯禪師碑，前三十年拓本，尚清勁有力；今則精神面目，迥非本來。此又一病也。魯公東方朔畫贊，余曾見一南宋拓，虬筋槃結，波礫飛動，與今顏書絕異。以明拓本校之，字固未損也，而蒼秀之氣不逮矣。以新拓本校之，字仍未損也，而癡肥之狀難堪矣。同此一碑，幷未重刻，先後工拙，霄壤懸絕。使三本並陳於几，謂卽從一碑出，其誰信之！家廟、玄祕諸碑，皆可類推。友人自關中來者，爲言碑林中搨石，聲當當晝夜不絕，碑安得不亡！貞石雖堅，其如此拓者何也！」（卷九「碑石拓損，受病不同」一則。）夫歷代碑版之著名者，幾於無不病此。是亦石刻之一厄也。

僞造

銅器僞造甚多，石刻亦所不免。然其間亦有分別：一則就原有之物摹刻以亂眞，如世所傳崔敬邕張黑女之類是也。又如石鼓；經五代之亂，而亡其一，當時即有僞爲一鼓者。至皇祐四年向傳師搜訪民間足之，眞鼓始復。（見金石學錄卷二。）此尙可恕。一則憑空結撰，全屬子虛，其爲淆亂石刻，熒惑鑒家，罪不可逭也。語石云：「舊碑摹本，已如犂軒之善眩。更有憑空結撰者，如世傳涼州刺史郭雲誌，女子蘇玉華墓誌，黃葉和尙墓誌，皆題爲歐陽詢書。無其人，無其事，謬種流傳，稍有識者能辨之。李邕之戒壇銘，雖有所本，亦是重起爐竈，與原碑渺不相涉。因焦山有瘞鶴銘，遂有瘞馬銘，瘞琴銘。琴銘小楷妍媚，世頗好之，余知爲吾吳顧南雅先生作。馬銘字亦不惡，其石出於關中。安陽有漢殘碑五種。齊魯之間，斷碑一角，時時出土，文多者，不過數十字，無人名地名年號可證，益復不可究詰。人言熹平殘碑，卽不可信。若朱博頌，確知爲諸城尹祝年明經所造。李昭養奮破張郃銘，亦皆後人所僞託。造象北朝多，南朝少，今蜀中新出梁造象數十通，似刻於甎，多天監大同年號，皆贋造也。大抵贋造者，墓誌造象居多，不能爲豐碑。其文或有所本；其字雖有工拙，古今氣息，總可摩挲得之。」（卷十「贋本」一則）是亦石刻之一厄也。

封禁

語石云：「甚矣，陰陽鬼神之說之中於人心也。定興標義鄉石柱頌，自唐以來，無著錄者。前十餘年，碑估李雲從始訪得之，一字不損，新出於硎。土人以此石爲一方之鎮，風水攸關，封禁甚嚴。其後潘文勤師兼管順天府尹，始檄下邑宰拓之，至今傳本稀如星鳳。長安暉福寺碑，土人云：碑有神，能爲祟。非昏夜不能潛拓；碑估恐其聲之聞也，不敢用椎，咄嗟氈蠟，安有精本。余官京師十年，屢欲拓戒壇寺兩遼幢，碑估述寺僧之言云：拓此幢，寺中必有僧示寂。竟失之眉睫。趙撝叔云：海寧扶風馬夫人墓誌，唐咸通四年，李直文并書。其墓在安國寺址。出土時，鬼爲厲，懼而埋之。此眞所謂妖由人興也；而古刻遂因此不傳矣。」卷十「封禁碑文」一則。是亦石刻之一厄也。

綜前石刻之厄凡八，而此外如椎拓不精，或裝池潦草，雖直接無損於原石，然亦足礙鑒賞之目，損庋藏之趣，因而減原石之聲價者，則亦石刻之小厄也。